《世界政治研究》
WORLD POLITICS STUDIES

学术顾问	时殷弘　杨光斌　黄嘉树　陈　岳　宋新宁
	黄大慧　周淑真　蒲国良　陈新明　王续添
主　　编	田　野
副主编	尹继武　韩冬临　李　巍
编辑委员会（按姓氏汉语拼音排序）	

包刚升（复旦大学）	保建云（中国人民大学）
陈定定（暨南大学）	戴长征（对外经济贸易大学）
方长平（中国人民大学）	何俊志（中山大学）
黄　平（中国社会科学院）	黄琪轩（上海交通大学）
蒋俊彦（香港中文大学）	金灿荣（中国人民大学）
刘　丰（南开大学）	卢春龙（中国政法大学）
马得勇（中国人民大学）	曲　博（外交学院）
宋　伟（中国人民大学）	苏长和（复旦大学）
孙　龙（中国人民大学）	王缉思（北京大学）
王逸舟（北京大学）	王英津（中国人民大学）
王正绪（复旦大学）	王正毅（北京大学）
谢　韬（北京外国语大学）	阎学通（清华大学）
袁正清（中国社会科学院）	张顺洪（中国社会科学院）
张宇燕（中国社会科学院）	赵鼎新（浙江大学）
赵可金（清华大学）	钟飞腾（中国社会科学院）
周　强（北京大学）	

编辑部　田　野　尹继武　韩冬临　李　巍　段占元
　　　　　左希迎　金晓文

图书在版编目（CIP）数据

世界政治研究.2019 年.第一辑：总第三辑／中国人民大学国际关系学院主办.—北京：中国社会科学出版社，2019.5
ISBN 978－7－5203－4414－2

Ⅰ.①世… Ⅱ.①中… Ⅲ.①国际政治—研究 Ⅳ.①D5

中国版本图书馆 CIP 数据核字（2019）第 085014 号

出 版 人	赵剑英
责任编辑	王　茵
特约编辑	郭　枭
责任校对	赵雪姣
责任印制	王　超

出　　版	中国社会科学出版社
社　　址	北京鼓楼西大街甲 158 号
邮　　编	100720
网　　址	http://www.csspw.cn
发 行 部	010－84083685
门 市 部	010－84029450
经　　销	新华书店及其他书店
印　　刷	北京君升印刷有限公司
装　　订	廊坊市广阳区广增装订厂
版　　次	2019 年 5 月第 1 版
印　　次	2019 年 5 月第 1 次印刷
开　　本	787×1092　1/16
印　　张	14
字　　数	288 千字
定　　价	55.00 元

凡购买中国社会科学出版社图书，如有质量问题请与本社营销中心联系调换
电话：010－84083683
版权所有　侵权必究

世界政治研究

2019年第一辑(总第三辑)　　5月20日出版

笔谈:金融危机十年来的世界政治变迁 ……………………………………（1）
　　全球经济治理体系的瓦解、重构和新创 ………………… 张宇燕（1）
　　全球巨变中的特朗普与中国 …………………………… 时殷弘（5）
　　中国迈向核心区:世界体系的变革与挑战 ……………… 王正毅（10）
　　从周期视角看新自由主义在现行国际经济秩序中的兴衰 …… 雷　达（14）
　　金融危机十年来国际金融监管改革:进展与问题 ………… 曲　博（19）
　　自由化浪潮与世界政治变迁 …………………………… 杨光斌（23）
　　金融危机以来美国国家治理体系的困境 ………………… 朱文莉（26）
　　危机、调适与进化:西方民主国家历史上的三次大转型 ……… 包刚升（30）
　　欧洲民粹主义的兴起及影响 …………………………… 冯仲平（37）
　　欧洲左翼思想与政治的分化及其挑战 …………………… 林德山（41）
　　中美能避免修昔底德陷阱吗？ ………………… 格雷厄姆·艾利森（45）
改良主义而非修正主义:中国全球角色的浮现 …………………… 朱云汉（50）
威胁退出与国际制度改革:以英国寻求减少欧共体
　　预算摊款为例 ………………………………… 刘宏松　刘玲玲（74）
身份焦虑与偏好伪装
　　——2016年美国大选期间民调偏差的社会心理机制
　　　研究 ……………………………………… 曾向红　李琳琳（101）

"富国强兵"的遗产
　　——军工技术产业化与战后日本的经济复兴 …………… 王广涛（140）
劳动力流动性的内生化：一个党派政治的解释 …………… 周　强（167）
考克斯对新的世界秩序的探索 …………………………… 李　滨（197）
　Abstracts ……………………………………………………………（217）

笔谈：金融危机十年来的世界政治变迁

【编者按】 2008年美国爆发的金融危机产生了全球性影响，并构成了世界政治变迁的一个重要分水岭。金融危机爆发十年来，世界政治发生了若干根本性变化，给学术研究提出了诸多尚待回答的重要研究问题。为此，我们约请相关学术领域的11位学者，就以下四个基本问题进行讨论：（1）金融危机与国际权力结构的变迁；（2）金融危机与全球治理机制的改革；（3）金融危机与国家治理体系的重构；（4）金融危机与社会和政治运动的发展。我们期待通过这组稿件激发学界对近年来世界政治变迁的深入思考。

全球经济治理体系的瓦解、重构和新创

张宇燕[*]

特朗普当政以后全球治理发生了深刻变化，总体上在笔者看来全球或区域经济治理正在进入一个瓦解、重构和新创的过程。特朗普退出《巴黎气候变化协定》和联合国人权理事会等的"退群"行为，由于美国的阻挠WTO争端解决机

---

[*] 张宇燕，中国社会科学院学部委员，世界经济与政治研究所所长、研究员。

制危机四伏等，让我们看到了很多全球治理架构开始瓦解的证据。然而在它们开始瓦解的同时，我们也看到很多关于未来全球治理架构的新设想在出现，比如，2018年9月美欧日三方的贸易部长发表联合声明，对WTO未来改革提出了比较完整的方案。换句话说，瓦解与重构至少看上去在并肩前行。在现实中，全球治理体系或区域治理体系的演变大致有三种可能形态：其一是连续，其二是间断，其三是无中生有。1995年WTO替代关贸总协定，便是全球治理体系在连续中实现升级的典型事例。间断的情况稍微复杂一点，既可能是寿终正寝，比如1991年解散的经济互助委员会，也可能是原有体系经过一段时间的沉寂或边缘化后浴火重生，比如1945年联合国在名义上取代第一次世界大战后建立但功能逐渐丧失的国际联盟。至于"无中生有"，近期的例子是《巴黎气候变化协定》，早一点的例子是《联合国海洋法公约》。顺带说一句，其实所有的全球治理方案都有一个时间上的起点。

关于怎么看特朗普政府的政策和国际体系瓦解进程，各种各样的说法都有，笔者倾向于认为今天美国的所作所为，其根本意图还不是要"退群"，而是以退为进，以破求立。特朗普政府想通过"退"的方式来实现国际秩序重建。有人说特朗普行为非理性，讲特朗普政府的政策与美国利益相违背。这些评论在一定范围内或一定意义上是有道理的。然而总体来看，笔者还是认为特朗普政府的政策是有很强的逻辑一致性的。从经济学理上讲，打贸易战的后果一定是双输，至少中短期来看是没有赢家的。从历史上看，1978年我们开启改革开放进程时，人均GDP不足200美元，40年后的2018年，中国人均GDP已近1万美元。同期美国的人均GDP从1万美元增长到近6万美元。比较而言，中国取得的成就巨大，但美国的受益更大。不仅美国，其实几乎所有发达国家都是这样。美国等发达国家受益巨大的主要原因之一，就在于中国大规模地参与由发达国家主导的全球化进程，而支撑这一进程的基础就是美国在第二次世界大战后精心策划并打造的国际体系。

美国放弃使自身获益颇大的国际体系的深层原因，在于中国这样一个大国的崛起，已经开始威胁到美国的全球主导地位。在此笔者想特别强调一下国家规模在国际博弈中的主要意义。新加坡人均收入正在逼近美国，对此美国并不在意，因为新加坡规模太小。然而中国与新加坡在国际政治经济学中的含义完全不同。在中国所有的小事乘上14亿都是大事。大国间博弈的不仅是经济利益，还有政治权力。政治和经济一个根本性区别在于，经济是大家寻求互利共赢，政治则是寻求基于综合实力差距的权力。在后一层意义上，国际政治经济中的竞争，本质是做强做大自身并打压竞争对手。中国改革开放之初的 GDP 不到美国的 10%，现在则是美国的近 70%。美国精英层对中美两国实力相对差距缩小感到不安甚至恐惧并诉诸经济战以应对，从某种意义上讲也是自然而然，因为根据定义，经济战的基本要素之一就是为打压对手不惜牺牲本国利益。

2018 年 4 月以来笔者多次去了美国，访问了不少机构，见了不少人，印象深刻的是和美国右翼智库人士的对话。好像各国的右翼人士都有这个特点，就是直言不讳。他们说与中国打贸易战美国是受损，但只要中国的损失更大我们就赢了。他们对输赢的理解还有更深一层的含义，那就是能否通过重新构造一个世界体系并利于美国来确保与中国的差距。所谓体系，实质无非是一组规则或制度安排。国际规则或国际制度的一个最重要的特质，在于它们的"非中性"，亦即同样的制度对不同的国家意味影响不同。国家规模和综合国力在全球治理中的决定性作用，其充分体现之处就在于制定于己有利的国际制度。国家规模和制度设定，是我们观察和理解国际问题的两个基本点。国家规模与综合国力密切相连，而作为综合国力物质层面的基础，非科学技术莫属，正所谓科学技术是第一生产力。中国快速成长故事背后的一个关键情节，是中国制造业在全球价值链上的高速提升。世界知识产权组织在 2017 年的报告中特别考察了中国在咖啡、太阳能和移动通信领域取得的进步，并得出结论：最近十几年在无形资本价值提升方面，中国人开始了由中低端向高端的加速攀升。

当今世界局势变化的深层次原因归结为一点，就在于中国快速进入高科技产业。有人说中美关系进入新冷战，对此我有些不同看法。冷战期间美国对苏政策的基本特征是遏制，而遏制的本意在于隔离，即尽可能不与苏联及其盟国发生任何经贸和社会往来，最终让苏联因效率低下而自生自灭。美国对华政策在冷战期间及后来十几年奉行的是接触政策，其核心是将中国纳入由美国主导的国际体系，并通过让中国承担责任来改变中国。接触政策的一个重要结果是中美经贸联系如此之紧密，以至于即使有一部分美国人希望与中国"脱钩"并最终实施遏制政策，美国在未来 5 到 10 年也难以做到完全孤立中国且没有太大必要这样做。说它难是因为隔离至少需要世界主要经济体和相当多的发展中国家采取集体行动，说它没必要是因为中国对美国等发达经济体形成的威胁主要来自高科技赶超而非中低端竞争。正是基于这样一种分析，特朗普政府对华政策的轮廓就逐渐变得清晰起来：它处于介于"接触"和"遏制"之间的某一位置，既要继续享受中国在全球价值链中低端提供的好处，又要规避或阻止中国在高端科技领域的赶超。为了简洁而准确地描述这一政策，我们创造了一个中文词"规锁"，对应的英文词是 confine 或 confinement。

"规锁"的基本意思有两个，一是用一套新的国际规则来规范或限定中国在高科技领域的行为，二是借此把中国在全球价值链的位势予以锁定，使中美在科技层级上维持一个恒定且尽可能大的差距。美国之所以动不动就援引国内法来对付其贸易伙伴，主要原因在于现有的 WTO 体制无法按照其意愿实现对中国的制约，这其中典型的例子就是美国贸易谈判代表处 2018 年 4 月公布的 "301 报告"，所有焦点问题都和技术有关，诸如所谓的技术盗窃、强制技术转移、知识产权保护等，而中美两国贸易不平衡几乎没有被提及。美国以及欧洲和日本联合发表声明要改革 WTO，其主要意图之一也正在于此。美欧等国家坚持不承认中国是市场经济国家并要求中国接受诸如增加政府补贴透明度等新规则，其主要意图亦在于此。2018 年 10 月美国、墨西哥、加拿大签署的新版自贸协定中包含有"毒丸条款"，简单地说就是为将来和非市场经济国家签订自贸协定设限，其暗中针对的国家也还是中国。需要强调的一点是，美国等发达国家对中国的"规锁"政策是否是一个稳定解，主要取决于双方的博弈策略。从长期来看，由"规锁"过渡到"遏制"的可能性不能完全排除。

关于中国参与全球治理的目标，在一般意义上讲无非是实现全球治理均衡，也就是世界各国对全球治理的贡献和它们从全球治理这一公共产品中得到的好处在边际上相等。换句话说就是全球治理中性的实现，亦即表现为国际规则或国际制度的全球治理得到了所有参与国的无条件的一致同意。当然达到这种状态非常困难，其间不仅要花大力气去克服"搭便车"现象，更重要的是抵御个别发达国家为求得不对称好处而打造非中性国际制度的努力，尤其是当这种努力是损人利己的时候。具体到眼前，中国参与全球治理的现实目标主要是努力实现全球治理的"中性化改进"，也可以说是推动全球治理改革朝着更加开放包容的方向发展。中国面临的约束条件一方面体现在与美国等发达国家的博弈过程中，另一方面也和国内改革开放进入深水区以及经济发展进入转型期有关。至于中国参与全球治理改革进程的路径选择，简单地说有三个方向：一是在坚守核心国家利益的前提下最小化中美贸易纠纷造成的损失；二是绕到中美双边关系之外，通过积极参与以维护 WTO 等多边机制的谈判以及推动多边或区域经贸合作的谈判，最大化广大参与国际分工和交换国的收益；三是继续深化国内改革和扩大对外开放。这最后一点，习近平主席在 2018 年博鳌亚洲论坛所作的主旨演讲中说得非常清楚。

全球巨变中的特朗普与中国

时殷弘[*]

一

全球越来越多的人已经发现，全球治理和全球开明秩序以一种急剧的方式面对严重危险。必须将自由主义精英本身视为根源意义上的首要挑战者，它们以冷战后美国绝大多数行政当局、发达世界跨国资本、主流大媒体和精英自由派学者为主干。他们以一种充分辩证因而大为讽刺性的方式，危害了他们自己溺爱、从中得益以致放肆地滥用了的自由主义国内和国际秩序，而这秩序本身就有深刻和广泛的易受滥用性。他们多年来以自私、傲慢、盲目和殆无节制的挥霍疏离了他们国内的那么多"草根民众"，尤其是"白人草根"。2008年秋季爆发的非常广泛和严重的金融危机和经济衰退，就已经以经济金融方式对他们发出再清楚不过的警告。然而，他们的盲目和其他恶习竟使之差不多如同过眼云烟，以致非得以英国全民公决脱欧和唐纳德·特朗普（Donald Trump）竞选美国总统并且获胜这样的政治/社会方式，才能震醒业已失败的他们。一句话，全球既有秩序——在自由国际主义精英们那里的全球开明秩序——已经或至少正在失去它的一个极重要条件：它在发达世界内的很大部分国内社会基础，甚或政治基础。

特朗普当选美国总统和他在入主白宫后至今的基本政策行为表明，世人自冷战结束前后至今大部分时间里大致一直熟悉的世界面临严重危险。什么是这熟悉的世界？在这个世界里，有世界绝大多数重要国家以其基本政策赞护的愈益增进的全球化，还有愈益增进的全球化在世界各处粗略而言大致比较有益的经济效应甚或社会效应；在这个世界里，很广泛地存在着相信上述这两点的意识形态信念，或者说有占显著优势的全球开明政治文化；在这个世界里，不仅中国怀抱主要出自改革开放和经济腾飞的自信，而且各发达国家也怀抱自信，那特别在

---

[*] 时殷弘，中国人民大学国际关系学院教授、国务院参事。

2008年金融危机和经济衰退以前相当充分;在这个世界里,大国之间的关系大体而言相对稳定,而且比较互容和协调;在这个世界里,从战略心理和军事态势上说,美国不那么神经质,中国不那么奋进,俄罗斯不那么不顾一切(desperate),日本不那么"修正主义"。

现在,所有这些都已改变了,或者正在显著地改变!换句话说,世人自冷战结束前后至今大部分时间里一直熟悉的世界已经大致结束,或者至少正在结束。

二

需要回过来强调前面的一个基本论点:大致自由和开放的全球贸易秩序已经或正在失去它在发达世界内的很大部分国内社会/政治基础。这就表明,既有的全球化要扬长弃短、改造更新,从而获得真正的可持续性,就不仅需要像中国政府多年反复提倡的那样,在更加有利于发展中国家的方向上变得比较公正、比较均衡,而且首先需要参照发达国家愈益增进的愤怒作适当的调整,以便争取它在这些国家内部恢复上述基础。后一点,是中国多年来一直认识大为不足的。就此而言,中国长久未认识到全球化面对的首要大问题,而是将其次要大问题误认为唯一大问题,从而使"中国方案"有重大缺口。与此相关,在这首要大问题上,中国举措长久地过慢过微,主要是长久地保持巨额贸易顺差,资本市场准入长久停滞甚而局部收缩,对国内的和对外的经济活动愈益加强相当广泛和严密的国家控制(特别是政府大力规划、发动、投资和管控中国的系列广泛的技术更新和升级),相对于外国在华企业和中国民营企业,中国国有大公司受中国政府种种特惠。这些除其他复杂的原因外,相当程度上来自中国深化和拓展国内改革的决心不够大、措施不够实,世界观和基本政策方面多少故步自封。现今,我们正在就此面临急剧的冲击和考验,首先是几乎急剧到来的中美贸易对抗乃至贸易战,而在剧增的压力下就不能不付出大得多的代价。粗略地说,这个世界的问题不但是发展中国家和发达国家的共同富裕问题,也是中国与其余国家的共同富裕问题和发达国家内部的共同富裕问题。不经过中国可做的适当调整,对中国有利的全球化就不大可能持续下去。

在世界大局势复杂能动、扑朔迷离的情况下,中国在战略实践中除坚决阻止和回击对中国核心利益的重要伤害外,首先要"保底",在"保底"的前提下审慎地积极进取,无论在"战略军事"还是在"战略经济"方面都须如此。或者说,必须将"维稳"应用到保护中国经济和金融,而且坚持当作一个时期内头号国务优先。"保底"和"维稳",就是集中致力于中国自身的稳定和进步。鉴于中国当前的总体国内外经济和金融形势,扩内需、稳增长、调结构、深化改革和扩大开放应该成为今后一个时期内的压倒性的战略重心。

此外,还需要有以下四大分支战略。第一,针对特朗普政府在不同程度上、不同时段内疏离美国在东亚西太平洋区域的盟国、准盟国和战略伙伴,中国应坚决确立基本的战略轻重缓急次序,本着很大的决心和支付必要代价的意识,继续显著改善与美国的这些现有伙伴的关系,继续大幅度地优化中国在东部和东南部周边的战略性外交。第二,通过真正大力度和持久的调结构和全面深化改革,争取实质性地大大开发中国潜能依然巨大的国内市场和国内资源,从而相应地减小中国对外部市场、外部资源和外部技术的依赖程度。今后一段时期内要继续将贸易和投资上已持续多年的"走出去"大热潮适当地冷静化,严格地抑制中国资本过度外流和严重的入不抵出。这对"一带一路"也是适用的。第三,中国虽然仍要继续建设自己的战略性军事能力,但必须改变就此过分地公开宣扬的近年习惯做法,从而避免军事力量越强则外部反应越大、潜在树敌越严重的"效应彼此抵消"局面,同时积极考虑与美国进行初始的军备控制谈判,以局部调整中国战略军力建设换取抑制美国战略力量的全面技术更新。第四,如上所述,中国需要多少参照发达国家愈益增进的愤怒做适当的调整,以便争取既有的全球化在这些国家内部恢复必不可少的那部分社会和政治基础,为此首先需要切实和加快地优化中国的进出口基本结构,显著减少贸易顺差,同时言行一致地真正大幅度放宽中国市场准入,减少对中国内外经济活动的国家控制中的那些不必要甚或有害的成分。总之,问题涉及中国内外基本方针的较大幅度优化性调整。

三

2016年11月至2017年12月,面临特朗普在朝鲜问题上空前烈度的对华压力、威胁和哄骗,中国就该问题"接六连七"地对他做重大让步。2018年开始后,特朗普显然认为他在朝鲜问题上已将中国的用处大致"榨干",从而迫不及待地在战略和贸易两条"战线"对中国大翻脸。

在对华关系上,特朗普是个残忍的战略家和精明的战术家,阶段性地集中在一个他发动的战役,然后经过时间不长的休战,又集中在同样是他发动的又一个战役。他的战略战术是施加空前程度的压力和空前程度的威胁,间或又给对方"甜枣"吃,都是为在一个接一个战役中获得尽可能最大的利得。2017年全年他在朝鲜问题上对中国就是这么做的，斩获可谓巨大，而2018年年初开始他就将这一套残忍和决绝地应用于对华经贸关系甚至更多领域。现在，必须有以下的心理准备和战略准备，即经过一段时间针锋相对的中美贸易摩擦，不管暂时的"输赢"情况，中国都必须适时在对美经贸问题上做出一些空前的让步，主要是巨量增进中国对美进口和大幅度扩大美资中国市场准入，否则就过不去，或者说就争取不到一段较长的"休战"，为中国调整和优化经济、金融和技术格局争取一段较长的时间。目前，这种调整的最严峻两难就是"去杠杆"与稳增长之间的矛盾，前者也许是中国消减严重金融风险的唯一的出路，但同时它也可能正导致中国提供社会产值和就业的主干即民营企业（特别是小微企业）凋敝的真实危险。

对中美贸易对抗和冲突，不仅需要"治标"性质的综合对策，即坚决有力的贸易报复及其威胁与谈判妥协意愿相结合，而且需要有"治本"性质的基本认识和战略决心。更重要的是，这些对美经贸让步贯彻得妥当，会大有利于中国国内的经济体制改革，大有利于中国自己的高质量发展。2018年4月10日在博鳌亚洲论坛开幕式上，习近平主席作意义重大的主旨演讲，其中宣告了中国政府在上述"治本"意义上决定采取的一系列重大举措，包括大幅度放宽市场准入、创造更有吸引力的投资环境、加强知识产权保护以及主动扩大进口。中国确实需要参照发达国家愈益增进的愤怒作适当的调整，而且这调整必须是真正得到贯彻的，以便——再说一遍——争取既有的全球化在这些国家内部恢复必不可少的那部分基础。更重要的，这些让步贯彻得妥当，会大有利于中国国内的经济体制改革，大有利于中国自己的高质量发展。

从2018年7月6日起，特朗普残忍地将中美贸易摩擦强加给中国。首先是他的第一轮，即对340亿美元+160亿美元的中国对美出口征收25%的高税，然后是数额剧增的已经升级的第二轮，甚至可能有第三轮，直至中国全部年度对美出口5000多亿美元都成为施加高税（甚至颇可能高达25%）的对象，同时伴之以现在已经开始的对中国高技术贸易和发展的种种接近于封锁的严厉限制。这历史性的事态发展，已必然迫使中国政府将它多少扩散和分散的对外政策议程定出一个分明的轻重缓急次序。

正确应对中美贸易摩擦已无疑成为首要优先，以便保护中国多少易受伤害的国内经济和金融免遭过大损伤，以至于令中国社会甚或政治过分不稳定。战略阵线（包括朝鲜问题、台湾和南海东海事务操作、中美西太平洋军备竞赛、对俄战略/军事协作、"一带一路"倡议等）已经必然总的来说退居次要地位，特别是因为上述事态发展,即贸易摩擦和经济/金融易受伤害性,还有可得可用的国家资源的减少。

不仅如此,由于同样的原因,与过去六年的情况相比战略阵线将显著收缩。在这阵线上,只有台湾问题操作和与美国的军备竞赛才会被当作与其他战略事务相比的优先,而且即使它们本身也可能变得比晚近的过去温和。这些新的轻重缓急次序安排对中国外交来说肯定是个福音,因为以协调、和解、共商和在世界上争取尽可能多的朋友或中立者为主题,它必定将受高度重视和被优化。全方位的与诸多邻国关系的改善将继续下去,将得到进一步发展,以利中国在一个不确定的、险恶的由特朗普美国驱动的世界上的总体利益。

四

现在回想起来,过去五六年中国在对外关系方面取得了空前伟大的成就,但也有欠缺,即在战略阵线不免"蹦"得过高过快,在贸易阵线如前所述少有作为。其结果,是在我们的对手的"劣根性"和严重病变之外,终于参与作用,将它们"动员"了起来。今后一段时期的紧迫任务,可以说是依据有张有弛、"进两步退一步"的常理,用五六年时间实施新形态的"韬光养晦"和"有所作为",即够大幅度的战略态势收缩和贸易调整奋进,以求在相当程度上使中国的对手回到被"动员"以前的较松垮状况,然后再谋求新的显著进取。能否如此,对中国的战略眼界和战略耐力是个重要考验。

2018年年初以来,加剧变更的世界政治经济开始至少隐约地透露出一种危险的"两分"(dichotomy)可能性:一方面,美国政府趋于经双边谈判显著缓解与其他发达经济体的经贸矛盾,进而愈益可能与它们分别达成自由贸易安排,并且在单边废弃全球性WTO体制以后,成功地谋求与之一起构建新经贸规则体制,那大致只涵盖发达世界及其紧密伙伴;另一方面,中美之间所有各类基本矛盾严重加剧,连同美国政府施行这种"集团经贸"方针,可能迫使中国少有选择,即只能在越来越大的程度上主要依靠与友好的发展中国家(特别是其中的"一带一路"合作国家)从事主要的对外经贸活动。显而易见,总的来说此类经贸活动从长期看利润前景将相当有限,中国资金将低回报甚或无回报地大量外流,与在发展中世界非常广泛、深入和颇为急速的介入相伴的各类有关风险将显著增进,同时不会给中国带来关键裨益,即大大促进自身系列广泛的技术更新和升级。

中国必须尽最大努力争取减小甚至杜绝这世界经济"两分"的可能性，否则中国的长远前景将受到严重的历史性的损害。如果从这样的视野看，中欧、中日、中韩、中澳、中加等双边关系的尽可能最大限度地经久改善，连同中国积极支持的"区域全面经济伙伴关系"（RCEP）等有选择的区域或次区域多边经贸合作体制，就无疑可具有重大的历史意义。也许两岸之间的、虽有重要困难的经济技术合作推进也是如此。

中国迈向核心区：世界体系的变革与挑战

王正毅[*]

进入 21 世纪第一个十年之后，有两个事件引起了国际社会的广泛关注，并引起了关于世界秩序的争论。其中第一个事件是 2008 年发生的国际金融危机以及随后世界经济的相对衰退，这引发了国际社会关于美国霸权是否衰退的争论。另一个事件则是中国经济经过 30 年的持续增长并于 2010 年取代日本成为世界经济的第二大经济体，之后中国开启了新一轮的改革开放，这引发了国际社会关于中国和美国是否在争夺世界体系主导权的广泛讨论。

一 三个认知偏差

2008 年和 2010 年这两个事件的发生，在中国学术界，无论是对中国的认知还是对世界政治的认知都产生了重大影响。十年过去了，现在回头看，笔者觉得我们至少在某种程度上存在着以下三个认知偏差。

第一个认知偏差是关于全球化的。冷战结束以后，随着经济全球化的深入，全世界都认为世界是平的，结论自然是所有国家都受益于经济全球化，发展中国家受益于经济全球化，发达国家更受益于经济全球化。但是我们没有想到的是，经济全球化虽然给发展中国家带来了福利，但在发达国家却引发了部分发达国家

---

[*] 王正毅，北京大学国际关系学院教授、长江学者特聘教授。

国内的不满情绪，所谓的"逆全球化"或"反全球化"主要发生在发达国家。

第二个认知偏差是关于地区合作的。2008年欧元危机之后，人们普遍认为地区制度合作面临着重大挑战，2016年英国宣布脱欧更使得部分学者认为，地区合作的时代已经结束或让位于民族主义。但是仔细观察一下，这个认知也出现了偏差。在亚洲地区，东南亚国家却在不断拥抱经济全球化和地区合作，东南亚国家从1997年亚洲金融危机之后，近十个国家都进行了工业化战略调整，这十个国家在1997—2017年的二十年期间不断进行工业化战略调整，而在不断调整的工业化战略里，经济全球化和地区一体化一直是他们重大调整最最重要的两个目标。

第三个更大的认知偏差是关于美国霸权衰退的。这是从20世纪70年代以来一直在讨论的问题，霸权稳定论正是在回答这一问题的过程中产生的。2008年国际金融危机爆发以后，这个问题再次成为人们争论的焦点。美国学术界主流的观点认为，美国主导的自由的世界秩序虽然面临着各种挑战，但这并不意味着美国霸权的衰退。而中国学术界普遍认为美国霸权衰退了，世界秩序迫切需要重建，在世界秩序重建的过程中，中国应该而且能够发挥更大的引领作用。甚至有学者认为，中国已经超越美国成为世界第一了。所以，两国学术界对美国和中国的实力存在着很大的认知偏差。

之所以产生这些认知偏差，既与美国主导的世界体系的结构性特征相关联，也与崛起后的中国在世界体系中的地位和身份定位相关联。

二 世界体系的结构及其特征

今天我们所处的世界体系，既是起源于1500年并在之后不断向全球扩展的世界体系，也是第二次世界大战后由美国取代英国霸权而赋予其某些特征的世界体系。资本主义世界体系自第二次世界大战以来在美国主导下主要呈现出四个基本趋势。

第一，世界体系所涵盖的国家与地区范围更为广泛，有西方发达国家，也有第二次世界大战后脱离西方殖民体系的发展中国家，还有冷战后崛起中的新兴经济体和转型国家。20世纪50年代以来，"资本主义世界经济"作为一个体系，其范围达到了前所未有的广度，既包括老牌的工业化强国，诸如西班牙、葡萄牙、英国、法国、德国、荷兰、美国；也包括脱离西方殖民体系而在政治上独立的发展中国家和地区，诸如非洲的尼日利亚和南非、南亚的印度、拉丁美洲的巴西;包括亚洲"四小龙"(韩国、新加坡、中国香港和中国台湾)以及东盟四国(菲律宾、印度尼西亚、马来西亚和泰国);还包括放弃社会主义的独联体和东欧国家,以及实行"改革开放"的中国和实行"革新开放"的越南。

第二,世界体系中各国的制度选择更为多样,呈现出"混合主义"特征。与先前相对单一的"重商主义"(16—18世纪)或"自由主义"(19世纪后半叶和20世纪50—70年代)占主导地位相比,在20世纪50年代之后,这些国家在制度选择上明显呈现出多样化趋势:既有英美式的"自由放任式市场经济"和北欧国家的"社会福利主导的市场经济",也有日本、韩国的"发展型国家"和新加坡的"儒家资本主义",还有德国的"社会市场体系"以及中国的"社会主义市场经济"。

第三,世界体系中国家之间相互竞争更为激烈,最突出的是世界体系的主导权之争。在资本主义世界体系的发展过程中,关于霸权或主导权的竞争一刻都没有停止过,17世纪中叶的荷兰如此,19世纪中叶的英国如此,20世纪中叶的美国也如此。美国在成为世界体系的霸权国家或主导国家之后,一直受到其他国家的挑战。先是20世纪60年代欧洲国家成立"欧洲共同体",在农业领域(共同农业政策)以及金融领域(特别提款权)向美国提出挑战。然后是日本在1968年成为世界经济的第二大经济体之后,1968—1985年在贸易领域向美国挑战。最近是发展中国家(特别是新兴经济体)在贸易和金融领域向美国主导的国际机制(世界贸易组织和国际货币基金组织)提出了挑战,这些在贸易领域和金融领域的挑战因2007—2008年国际金融危机而进一步加强。如何加强国家之间的合作,构建新的全球治理机制成为几乎所有国家关心的重要议题。

第四,世界体系的时间转折点更不确定,这不但缘于"美国世纪"是否终结的争论,更主要缘于中国的崛起。资本主义世界体系已经延续了500年,作为一个经济体系,它还能持续多久?这一问题因中国的加入以及中国经济的持续增长而不断被问及。中国自从1978年实行改革开放政策以后,积极主动地融入这个"世界体系",2001年中国在经过15年的艰辛历程之后最终加入作为这个"世界体系"在贸易领域的全球性组织"世界贸易组织",2010年中国取代日本而成为这个世界体系中的第二大经济体。就像20世纪70—80年代国际社会关心日本一样,20世纪90年代中期以来,国际社会将关心的目标从日本转向经济崛起中的中国。国际社会对中国的关心主要集中在以下两个问题:第一个问题是,中国是否或能否在2035年左右取代美国成为"世界体系"的主导性国家?另一个问题是,如果中国成为"世界体系"的主导性国家,中国是否会改变或修正世界体系持续多年的基本规则？

然而这些趋势并没有从根本上改变世界体系长期以来形成的两个结构性特征：（1）核心区和边缘区。在世界体系的经济结构中，一直存在着核心区—半边缘区—边缘区的结构。所谓核心区，是指技术含量高、资本密集以及高工资产品所在的地区，所谓边缘区，则是指技术含量低、劳动密集以及低工资产品所在的地区。与这种经济结构相对应的是，处于核心区的国家通常称为强国，他们为争夺世界体系的主导权而在政治上相互竞争。（2）半边缘区国家的困境。在世界体系中存在着一个半边缘区，而所谓半边缘区，主要是指那些介于核心区和边缘区的地区：对于核心区而言，它呈现出一种边缘化过程，而对于边缘区而言，它又呈现出一种核心化过程。而处于半边缘区国家的双重身份也使得其面临一个困境：因为其相对于边缘区国家而言的核心身份，它自然会表现出核心区国家的行为，但这又容易被核心区的强国，特别是霸权国家视为竞争性国家。因为其相对于核心区国家而言的边缘身份，它自然会表现出其边缘区国家的行为，但它自身又不甘于边缘区国家身份因而经常制定出一些超越自身能力的战略。

三 中国迈向核心区：终结世界体系还是修正或发展世界体系？

尽管中国在过去 40 年经济上取得了令世人震惊的成就，但对于中国在世界体系中的定位以及中国的身份，无论是国际学术界还是政策制定者，远没有达成一致。到目前为止，关于中国在世界体系中的身份，存在着各种争论：有认为中国是利益攸关者，也有认为中国是霸权挑战者，还有认为中国是世界秩序重塑者或修正者。

关于中国在世界体系中的定位，在笔者看来，今天的中国在世界体系的经济结构中处于一种半边缘区状态，也就是说，相对于核心区国家而言，中国在许多领域仍属于边缘区，因而呈现出边缘区国家的特征；但相对于边缘区国家而言，中国又呈现出某些核心区的特征。换句话说，在世界体系的经济结构中，相对于处于核心区的美国、日本、德国等而言，中国处于边缘区，因而中国特别希望通过追赶战略突破边缘区的困境；但相对于处于世界体系边缘区的非洲、拉丁美洲等国家而言，中国又具有核心区国家的特征，因而经常引起核心区国家对其竞争力的担忧。

中国在世界体系中的这种兼具核心区和边缘区特征的双重身份，使得中国在国际社会中的角色显得越来越重要，面临的挑战也越来越大。在世界体系的发展进程中，一方面，中国希望更多体现中国国家利益的"中国方案"能够得到国际社会的认可，而另一方面，国际社会则希望中国所提供的"中国方案"能够承担更多的国际责任。

世界体系由于崛起中的中国不断迈向核心区而面临着以下四个主要挑战。

第一个挑战涉及世界体系的未来。随着中国成功融入这个世界体系并不断迈向核心区，中国最终是要建立一个全新的体系以终结目前这个世界体系，还是继续发展或修正这个业已存在的世界体系？

第二个挑战是崛起的中国与霸权美国是否存在着世界体系主导权的竞争，如果存在主导权的竞争，如何避免在经济和政治领域出现世界范围内的冲突？如何管控两国之间的恶性竞争？

第三个挑战是经济全球化是否可以延续，如果全球化得以延续，如何应对那些自认为是全球化受损者的民族主义和国家主义的挑战？

第四个挑战是如果经济全球化得以持续，是否需要全球治理，如果需要进行全球治理，是通过大国之间的协调进行治理还是通过建立国际机制（国际制度）进行治理？

从周期视角看新自由主义在现行国际经济秩序中的兴衰

雷 达[*]

一 新自由主义兴起并不是一个趋势性的现象

在2008年以后，经济学的知识谱系就比较乱了，不知道在什么样的体系下讨论问题。在经济学界，直接用计量经济学的实证逻辑去替代理论经济学的规范逻辑，这似乎已经成了一种新的学术时尚。这一变化与2008年的危机有关，因

---

[*] 雷达，中国人民大学经济学院教授。

为我们相当长时期是在新自由主义或者新古典经济学分析框架下谈论问题。很显然，2008年以后，特别是唐纳德·特朗普（Donald Trump）上台以后，新自由主义也好，新古典经济学也好，原来的分析范式肯定解释不了特朗普的行为，特朗普的行为和新自由主义、新古典经济学是相违背的。现在特别是在经济学领域当中要用什么样的大家普遍认可的知识谱系共同讨论问题，对我们来说是挺困难的一个事情。

回顾中国改革开放的历史，我觉得有一个很重要问题是值得我们反思的。40年前，当我们打开国门，开始东西方经济文化交流时，正值新自由主义在西方社会再度兴起。尽管我们在国内制度的改革上并没有全盘接受新自由主义的世俗版的改革方案——华盛顿共识，但至少与苏联、东欧国家和绝大多数发展中国家相比，中国的做法是成功的。应该说新自由主义对中国思想界和学术界的影响还是很大的，具体不是一两句话就能说清楚的，估计这类的争论也还会长期存在。但有一个重要的现象是需要中国学术界反思的，当年新自由主义在西方盛行时，我们往往将这种现象视为是西方社会发展的一种趋势性的现象，但是，当今天的特朗普政府的政策与新自由主义的理念渐行渐远的时候，我们能够很清楚地判断，在第二次世界大战之后的历史上，新自由主义的兴起也只是一个周期性现象。认识到这点是有现实意义的，因为，今天我们所遇到的特朗普现象，也只是美国历史上的一个周期性时间，也许这种现象持续的时间并不会太长。

笔者在本文谈的是如何从国际经济秩序的变化中看新自由主义兴起的周期性特征。笔者的第一个观点是新自由主义的兴起源自于现行国际经济秩序的制度缺陷，而非美国国内凯恩斯主义宏观经济政策的失灵。如果我们看一下米尔顿·弗里德曼（Milton Friedman）1962年出版的《资本主义与自由》那本书，我们就会发现，这是新古典经济学产生的一本标志性著作，在现实的世界中我们发现，它对应的年代在美国正是政府干预的顶峰时期，肯尼迪政府、约翰逊政府不仅将凯恩斯主义的政策主张运用于反危机领域，同时还将政府的扩张性政策运用于对经济增长的刺激，使得美国出现了持续106个月的经济增长。保罗·萨缪尔森（Paul A. Samuelson）在《经济学》一书也提到，"后凯恩斯主流经济学是流行于美国和斯堪的纳维亚半岛、流行于英国和荷兰又日益流行于日本、法国、德国、意大利以及西方世界大多数地区的主流经济学"。由此，我们可以判断，在凯恩斯主义如日中天的背景下，弗里德曼的经济自由主义学说在美国的现实经济生活中是缺乏实证支持的，因此，如果我们将弗里德曼的著作视为新古典经济学再度兴起的标志的话，那么它对应的现实并不是美国国内凯恩斯政策的失灵。在探究新自由主义在战后再度兴起的原因时，我们有必要另辟蹊径，在这方面国际政治经济学的成果可能比纯经济学的解释更为客观，他们认为1958年出现的欧洲美元市场和1960年出现了欧洲美元债券市场是新自由主义复兴的现实基础。西方国际政治经济学者的这种观点，我们也可以在1960年另一部影响深远的著作中得到佐证，它就是罗伯特·特里芬（Robert Triffen）所著的《美元与黄金危机》。在书中作者非常准确地指出了布雷顿森林体系在推动世界贸易发展的实践中存在着明显的制度缺陷，而初见端倪的境外美元市场映衬出了这种缺陷存在。从这个视角看，新自由主义的兴起对应的是现行国际经济秩序的制度缺陷，至少在历史时点上二者是吻合的。

二 现行国际经济秩序建立的初期为何排除了自由主义的方案？

笔者的第二个观点是现行的国际经济秩序经历了从管制到自由化的转变。我把欧洲美元市场的出现作为一个标志性的历史事件，把现行的国际经济秩序的运行分为两个阶段，第一个阶段是1945—1960年，第二个阶段是1960—2008年，目前的现行国际经济秩序正面临着多重的质疑和挑战，能否继续有效地运营下去，还有待进一步观察。显然，第二次世界大战之后经济全球化的发展是与第二个阶段相契合的。

现行的国际经济秩序运营的第一个阶段是典型的凯恩斯主义的政府管制时期，传统的自由主义思想从制度设计者的视野中被彻底排除，通常人们从当时资本管制、外汇管制的事实来理解布雷顿森林体系的管制制度特征，并认为这种国际经济秩序的特点是用牺牲资本流动的自由来确保国际贸易的自由化，而实际上，当时国际贸易秩序也并非符合古典经济学的逻辑，因为无论是关贸总协定（GATTS）还是后来的世界贸易组织（WTO），互惠原则是贸易伙伴之间关税减让的基本原则，只不过这种关税相互减让是在多边谈判体制下进行的，而这种建立在互惠原则基础之上的关税减让并不符合经典的自由贸易的学说。如果自由贸易能改善一国的福利，那么该国就应该单边地减让关税，而无须以对方的关税减让作为前提条件，克鲁格曼曾明确指出"没有普遍可接受的用于对GATTS进行解释的经济学标准，我宁愿用GATTS思维来解释贸易协商的主要依据，但是它并没有形成经济学意义上的观念，……而GATTS思维之所以有效，是它把握了某些政治程序的现实"，这说明GATTS和WTO的逻辑也不是自由主义的逻辑，而是政府需求管理的逻辑。这里需要解释的是为何在国际经济秩序建立的初期传统自由主义的方案被排除在外？其理由是：第一，美国和英国受1929—1933年大危机的困扰，人们对自由市场体系已经失去了信心，凯恩斯主义成了重振经济的治国良方。第二，在第一次世界大战之后，美国华尔街的利益集团和西欧一些中央银行曾尝试建立传统自由主义的国际经济秩序，但是这种尝试的效果并不理想，特别是在第二次世界大战期间，西方主要发达国家都采用了汇率和资本管制的措施，在这一期间金融管制成了发达国家普遍奉行的政策。第三，在20世纪40年代，美国国内产业资本和银行资本的利益诉求并不一致，产业资本的自由流动会干扰欧洲国家的经济复苏，影响到欧洲国家对美国商品的购买，因此，制造业资本赞成通过资本管制来实现国际贸易的稳定发展，这样，银行资本想通过资本自由流动实现华尔街替代伦敦成为世界金融中心的方案无法被美国社会所普遍接受。这段历史和美国今天国内社会的分裂状况有几分相似，制造业和金融业利益集团的分化，也使得美国的政策选择与新自由主义的主张背道而驰。

三　现行国际经济秩序的演变与新自由主义的兴起

20世纪60年代，欧洲美元市场的出现，从某种意义上讲是马歇尔计划的后果。因为，从1945年开始，旨在通过汇率稳定和资本管制来促进国际贸易增长的制度安排，并没有使得国际贸易得到长足的发展，其主要原因是欧洲国家在经济尚未恢复的情况下，始终受到国际支付手段短缺的制约，无力购买美国的商品，加上布雷顿森林体系对资本流动的限制，使作为国际货币的美元只能起到支付手段的作用，而不具备任何融资的资本职能，直到20世纪50年代后期，美国为了解决欧洲国家的支付困难实施了马歇尔计划，用官方援助的手段加快欧洲的复兴，当然，这一计划的实施也与当时东西方对峙的冷战有关。当欧洲经济复苏之后，很快出现了美国对欧洲的经常性账户赤字，加之通过官方援助的资本流出，在国际市场上很快出现了由美元荒向美元充斥的转变。根据特里芬书中所提供的数据，1952—1957年，美国的国际收支逆差只有18亿美元，而且经常性账户保持着顺差，到1958年、1959年国际收支逆差分别上升到39亿和50亿美元，而最初的欧洲美元市场的规模也仅仅在30亿美元左右，可见，欧洲美元市场的出现是与美国国际收支逆差的出现相关联的，至少最早出现的逆差是由美国的官方援助项所构成的，同时我们还可以看到欧洲美元市场的出现开启了美元作为国际货币的资本职能的新历史，而这一职能在凯恩斯和怀特的最初设计方案中是不存在的。

欧洲美元市场是一个满足美元作为资本逐利的充分自由的无政府市场，因此，这个市场的运行规则与布雷顿森林体系资本管制和外汇管制制度是相冲突的。然而，作为参与布雷顿森林体系设计的两个大国，英国和美国对这个市场的出现都采取了积极支持的态度。战后初期，伦敦作为世界金融中心的地位因英镑疲软而下降，当境外美元市场在伦敦出现时，美元业务正好弥补了英镑业务下降的利益损失，英国货币当局自然欢迎这样的国际金融业务。需要指出的是伦敦的美元业务在英国金融"大爆炸"的自由化改革之前，一直与英国的国内金融业务是相分离的，因此，欧洲美元市场出现并没有改变当时英国的金融管制制度。美国国际收支出现逆差后，美元的外流使得美国货币当局维持美元和黄金的比价越来越困难，因为，当时美国货币当局的货币用黄金储备已经明显不能满足美元发行的需求，欧洲美元市场为非美国居民持有的美元寻找到了有利可图的投资场所，减轻了美国政府对非居民持有美元要求兑换黄金的压力，美国自然能够接受一个缓解美国货币当局压力的境外美元市场的存在，同时，美国政府的这种态度激励了美国的银行登陆欧洲美元市场从事离岸美元业务。

由于英美两国政府的支持，欧洲美元市场得以迅速发展，它的自由的无政府的特性也得以充分体现。该市场与一国国内市场不同之处是无政府作为最终贷款者，也无利率的监管，伦敦隔夜拆借市场利率完全由市场决定，这符合传统自由主义的思想。与此相关，市场利率波动的风险也只能通过金融衍生和资产组合的方式来进行转移和化解，这是金融自由化的基本逻辑和发展方向。沿着这个方向发展，新出现的欧洲美元市场很快对现存的国际经济持续产生了冲击，即当美国国际收支逆差日趋扩大时，外汇市场投资者开始利用欧洲美元市场做空美元，美元开始流向欧洲各国，在固定汇率的情况下，引发了欧洲的输入型通货膨胀，为此欧洲各国，包括日本要求美国进一步在资本项下加强合作监管。而美国政府这时的态度却发生了变化，因为美国人发现，面对大量美元的流入，这些国家或选择维持对美元的汇率，这样做的好处在于能够保持对美出口的竞争力，弊端是在固定汇率体系下美元储备的增加，会丧失一国货币政策对本国通货膨胀的控制功能；或者选择本币对美元的升值，这种政策又会影响到西欧国家商品的竞争力。欧洲国家面临的两难困境，对美国而言实际上是美国霸权的"结构性权力"的体现：如果西欧诸国选择对美元升值，那么，美国的贸易逆差就会被自动纠正，贸易不平衡的负担在浮动汇率的体系中自动转移到了顺差国一方。从这一时刻开始，美国人发现布雷顿森林体系的汇率和资本管制，限制了美元"结构性权利"

的实现，为此，他们不但在20世纪60年代拒绝了欧洲国家管制资本的合作要求，而且还在1973年单边宣布美元和黄金脱钩，国际经济秩序进入了新自由主义的阶段。在这一过程，美国的新古典主义经济学主要的作用在于论证了浮动汇率的制度优势和市场配置资源的效率。

金融危机十年来国际金融监管改革：进展与问题

曲　博[*]

2008年金融危机爆发之后，国际金融监管体系改革首当其冲。主要国家都认为金融危机的爆发是因为美国金融监管的失灵，而且因为金融危机的外溢性，使得世界经济处于危险的边缘。因此，为了应对国际金融危机，重视金融消费国的利益，有必要加强国际金融监管。这是二十国集团领导人峰会前三次会议的主题之一。

二十国集团领导人峰会的前三次峰会，非常明确地指出金融危机爆发的原因，主要是美国金融市场失灵问题，是金融监管失效的问题。为了解决这个问题，美国必须要强化金融监管。因此，在二十国集团前几次领导人会议上，强化国际金融监管是会议的主题。在2009年4月的伦敦峰会上，旧有的金融稳定论坛被改造为金融稳定委员会（Financial Stability Board）。但是，韩国首尔峰会之后，对金融危机爆发原因的判断发生了改变，不再是金融市场失灵和金融监管失效，而是世界经济的不平衡。而世界经济不平衡不只是美国造成的，包括中国在内的东亚国家也是问题的原因。东亚国家不仅向美国出口大量商品，而且还用持有的美元购买美国的金融产品，支持美国金融市场和维持低利率水平。因此，在首尔峰会的时候就提出了世界经济再平衡的问题。当时设计了一个相互评估机制（mutual assessment mechanism），就是要求每个国家的贸易不平衡占GDP的比例必须控制在3%以下。二十国集团首尔峰会之后，除了在法国戛纳峰会再次提到金融监管问题之外，强化金融监管几乎不再是二十国集团领导人会议的重要议

---

[*] 曲博，外交学院国际关系研究所所长、教授。

题。二十国集团领导人峰会集中于讨论持续增长、稳定、就业等议题。国际金融监管改革的变化是如何发生的？原来的国际金融监管存在什么样的问题？金融危机十年后，现在的国际金融监管体系处于什么状态、存在什么问题呢？

当前国际金融监管根据业务内容由不同的国际机构来监管，比如监管银行的巴塞尔委员会，监管证券的国际证券监督管理委员会（IOSCO），此外还有保险、审计、会计等国际监管合作机构。信用评级则是基于市场原则的：第一，金融危机爆发之前，国际金融相关领域规则的制定主要遵循最好实践（best practice）的原则。当时的规则主要由相关金融业务从业者的代表来制定。银行行业、证券行业、保险行业或者审计行业的代表来商议怎么监管这个行业，达成一致意见后，被美国或欧洲主要国家采纳，再通过经合组织（OECD）的推广，进而扩散到全世界。国际金融监管规则的制定与扩散基本上就是这样一个过程。国际金融监管被认为是一个专业性问题，应当是最好实践的集合。第二，因为它是专业性问题，所以应当由专业人士进行独立监管、避免政治介入。这与设立独立的中央银行是基于相同的逻辑。金融监管应当避免政治干预，通过制度设计来保证监管的独立。第三，在世界范围内，相信市场的力量。因为资本的高流动性，所以对国家行为的制约更强。国际金融监管也应当相信市场逻辑，我们不需要一个像联合国或者WTO或者世界银行这样的组织，通过公共权威强制推广和执行某些规则、规范或政策。国际金融监管规则，只要基于市场原则就可以得到推广。世界范围内的国际金融监管规则政策网络的形成，不是靠国际组织执行实现的，而是主要通过跨国协商实现的。第四，规则的扩散主要靠榜样。既然金融监管是最好实践，那么谁的市场大，谁发展的好，它的金融市场监管规则自然就会扩散。比如，美国证券交易委员会在2005年宣布采用欧洲的会计标准。一般来讲，有欧洲和美国两个不同的会计体系。2005年美国证券交易委员会制定了时间表要采取欧洲的会计准则，这是前所未有的。这项决定会产生明显的分配性结果。依据不同的会计方法，企业是否盈利、盈利多少都会显著不同。比如，按照美国会计标准计算企业可能是盈利的，但是按照欧洲会计标准计算的话，企业可能就是亏损的，从而影响融资能力。为什么美国宣布将采取欧洲的会计标准呢？为什么美国愿意做出这种有成本的调整呢？很多人认为是模范的力量，是市场力量导致了欧洲会计准则的扩散。这是原来金融监管模式的四个特征：基于最好实践、独立的监管者、全球范围内的政策网络协调以及基于市场力量扩散规范。金融危机爆发之前，最重要的金融监管规则的产生与扩散就是这样的。

多数文献认为国际金融监管是一个专业性问题，而不是政治经济学问题。但是，国际金融监管的确是一个政治经济学问题。国际金融相关领域的规则应当如何制定，不仅是个最好实践的问题，也是一个需要协调各方利益的政治过程。

金融危机爆发之后，为了应对金融危机造成的后果，主要国家开始意识到金融监管是具有分配性后果的，也就是说它是一个政治经济问题。不同国家、不同产业、不同集团存在着相互不一致的利益，如何协调、整合这些利益，就成了一个国际政治经济问题。

从国际上讲，最重要的利益不一致是金融产品供给国或者叫金融中心与金融产品消费国之间的不一致。美国和英国是国际金融产品的主要提供者，具有国际金融市场地位，而国际金融消费国是像中国这样的有大量外汇储备的国家。其他大国会感到美国金融市场的问题，为什么要其他国家帮助买单？因此，很多国家都提出了改革国际货币金融体系的建议。国际货币基金组织和世界银行的份额改革，某种意义上就是通过象征性的权力转移，换取中国和二十国集团其他国家对金融救援方案的支持。这是在国际层面上，分配性后果或者是利益上的不一致。

第二个重要的利益不一致是国内集团间的利益不一致。金融部门和非金融部门、华尔街和一般老百姓，都存在极为分歧的利益，它们进而变成了严重的国内问题。金融危机爆发之后，金融监管的政治经济本质充分表现出来。因此，二十国集团领导人需要从政治经济角度考虑国际金融监管的改革，包括如何制定规则，规则应当是什么，如何让金融监管更具责任性等。

二十国集团领导人伦敦峰会同意建立金融稳定委员会，由金融稳定委员会承担国际金融监管的责任，推动改革。金融稳定委员会和原来国际金融监管模式的差别主要体现在三个方面：第一，金融稳定委员会的逻辑基础或者说实现基础并不是基于所谓的最好实践，而是认为所有的监管都是具有分配性结果的，是一个政治过程，怎么能让金融部门变得对老百姓来讲更有责任性才是关键。第二，金融监管不应该是所谓的独立监管者来执行，必须要有政治家的介入。所以在人员组成上，与之前金融稳定论坛相比，金融稳定委员会与之最大的差别就是不仅有原来的基于知识的专家或者是行会、银行代表，而且增加了政府官员，财政部长、金融部长都加入了金融稳定委员会。他们不仅考虑金融这个行业本身的问题，更要考虑分配性后果。所以后来关于资本充足率、系统性重要银行这些规则开始被强调，并且有关规则也被制定出来。因此金融稳定委员会的组成和原则是不同于之前体系的。在金融监管上，原来主要是政策协调，然后再扩散。而金融稳定委员会则尝试制定更高水平的规则，比如《巴塞尔协议Ⅲ》，也就是提高资本充足率、降低杠杆水平等。这些规则是硬的，需要国家兑现承诺的。今天看来，离完全执行协定还有相当距离。第三是关于监督的，也就是如何提供信息，降低信息不对称。金融稳定委员会曾经建议成立工作委员会，对主要国家的金融监管情况进行评估，但是最后没能执行下去。

金融危机十年过去了，今天来看，在金融监管改革上取得的进展并没有那么大。金融稳定委员会也没有成为今天全球金融监管的核心。其主要原因在于各个国家自己的金融监管逻辑和改革步骤。具体而言，第一，英美金融模式和欧洲大陆金融模式存在差距。无论是最早的二十国集团领导人华盛顿峰会、第二次伦敦峰会，还是后来的法国戛纳峰会，可以非常明显看到美英与欧洲大陆在金融监管上的不同主张。一般认为美英的金融体系是基于资本市场的金融体系，德国、法国这样的国家是基于银行的。英美与欧陆因为不同的金融利益，所以在如何加强金融监管上存在分歧。法国前总统萨科齐在金融监管问题上，特别想拉中国一起限制美国，但是最后也没有成功。美英和欧洲之间因为不同的金融体系特征，有不同的金融监管偏好。第二，国际金融监管规则制定与国内金融监管执行制度上的不一致。在国际上，金融稳定委员会将金融消费国家纳入进来，而且是为了纠正所谓专业考量，不考虑社会后果的监管原则。但是，如果国内金融监管制度仍然是所谓的独立的专家委员会，或者说以独立于政治干预为目的的话，那么国际金融监管改革的落实仍然相当困难。第三，与金融体系本身特征有关，金融供给者和金融消费者之间明显存在着权力不对等。像中国这样的金融消费国，尽管经济实力和储备货币很高，但是并没有足够影响金融强国的能力。在这种权力不对称关系中，我们也想了很多办法，比如人民币国际化，发行以人民币为基础的债券，试图制衡美国金融权力，但是效果仍不明显。第四，与前述第二点相关，金融监管往往需要通过国内立法，而国内立法就涉及复杂的国内政治过程。国际金融监管规则往往需要根据国家具体条件变化，所以总体来讲，当我们看国际金融监管改革时，需要关注规则是谁定的、规则是怎么扩散的这两个核心问题。目前在规则制定上，已经将公共权威纳入进来，更多的体现了国家间利益平衡，社会不同集团间的利益平衡。但是在规则扩散上，主要还是靠市场逻辑，金融市场发展完善的国家，还是具有规则扩散的优势。

讨论国际金融监管改革，需要充分考虑历史。每一次改革都是历史性的，都是在特定历史背景下展开的。金融危机总会推动变化，但是历史的惯性又会制约根本性改变。国际金融监管体系就是渐进改革的过程，在合适的历史机遇，才会迈出改革的大步。

自由化浪潮与世界政治变迁

杨光斌[*]

自由化是一种政治思潮，而政治思潮与世界秩序的形成有着与生俱来的关系。我们一般把 1500 年视为"西方的兴起"的转折点。西方是如何兴起的？其实，1500 年还是典型的中世纪，在此前的几百年里，有过十来次的"十字军东征"，就是基督教与伊斯兰教或者基督教与东正教之间的宗教战争。在欧洲内部，宗教战争连绵不断，先是 16 世纪法国南北之间的 30 年宗教战争，17 世纪即 1618—1648 年的 30 年宗教战争还直接打出一个威斯特伐利亚体系，即所谓的民族国家之间的国际关系。民族国家取代神权政治，看上去具有现代性，但是这个民族国家具有双重属性，一方面具有现代性即所谓的现代国家，另一方面具有民族主义属性，所谓的"一族一国"必然导致扩张，西方的历史就是这样清楚。因此，大家一定要清楚，谈论现代世界体系，有两个东西是少不了的，一个是以宗教为核心的文明，一个是民族主义。结果，"文明的冲突"和民族国家之间的冲突，就构成了世界政治变迁的主旋律。也就是说，政治思潮是理解世界秩序形成的"基因"。

理解世界秩序形成的背景，就容易理解作为一种政治思潮的自由化浪潮对世界政治的影响。政治思潮不但是一种政治学科和思想，思想还直接演化为国家政策和政治运动，它的内在机制就是，人是观念的产物，政治思潮通过影响关键角色，或者采取激进的革命，或者采取温和的社会运动，或者作为政策决定者去改变政策现状，从而影响政治走向，这是它的内在逻辑和理论背景。

如前，世界政治的形成是 1500 年以来的事，政治思潮在每个世纪都直接起到一种推动作用。以过去 100 年为例，出现了大约以 30 年为周期的百年政治思潮。考察过去 100 年，大致可以 30 年为一个周期，从 1900—1930 年，是放任自由主义。放任自由主义的失败就是大萧条，带来了社会主义思潮的兴起，从 20 世纪 40—70 年代在西方表现为凯恩斯主义。20 世纪 80 年代到 2018 年是新自由主义 30 年。在这个过程中，在新自由主义 30 年当中一个非常重要的理论是社会

---

[*] 杨光斌，中国人民大学国际关系学院院长、教授，全国政协外事委员会委员。

主义一词被民主所解构。到20世纪90年代冷战结束后，随着社会主义被民主所解构，世界政治不再是资本主义与社会主义之争，取而代之的是民主与非民主之争，西方社会在道德上的优势由此而生，带来的后果是非西方的都是非民主的。这是过去100年时间的世界政治思潮。

现在重点谈谈自由化思潮。新自由主义30年推动了全球化对世界政治的影响，新自由主义全球化主要是自由化浪潮，由三个方面构成，即经济自由化、政治民主化、社会自由化，三化一体。经济自由化就是市场化、私有化，从撒切尔主义开始。政治民主化其实就是去政治化、政治学上的转型，比较政治学上最典型的研究范式就是转型学，不管是发生在哪里，转型都要转型到美国，这就是历史终结，就是政治民主化。社会自由化伴随着经济自由化和政治民主化，第三个理论就是流行的治理理论，从20世纪90年代开始联合国说发现了治理理论。社会自由化就是"投资人民、政府滚蛋"。这"三化"构成了全球化的主线，自由化推动的全球化存在着内在冲突。

第一，"三化"共同的指向是去国家化。经济自由化、政治民主化和社会自由化的共同敌人都是国家或者政府作用，而现在国家的出现正是现代性的标志。因此，20世纪90年代以来的全球化既有反现代政治特征，过去看到的全球化，一方面滚滚而来，好像有一定进步性；另一方面又具有反现代性政治特征，很多建设尚未完成的国家接受了去国家化的"三化"运动，使国家陷入更加无能力乃至无政府状态。这是一个发现。

第二，"三化"之间存在着内在张力。经济自由化和政治民主化具有与生俱来的冲突性，经济自由化是资本权利的自由，政治民主化是大众的平等化，二者出现在西方有先后，在发展中国家同时出现，往往会使资本权力吞噬社会平等，这就是俄罗斯转型中两次私有化运动摧毁了人民对民主的信念。就民主化和社会自由化以及治理而言，如果社会结构得不到现代性革命，民主化是强化了既有社会结构，因此所谓的治理最终变成了强化了亨廷顿所说的"普力夺社会"或者米格代尔所说的"强社会"的权力而已，因此很多转型国家由无效民主变成无效治理。

这两大发现是全球化出现逆转的根本原因，这是以自由化为核心的全球化的本质特性所决定的。

自由化思潮对世界政治走向有着重要影响。一是自由化浪潮导致产业转移和收入差距扩大，以美国为代表的西方国家更不平等，从而招致"事实上的社会主义运动"。法国的托马斯·皮凯蒂（Thomas Piketty）的《21世纪资本论》的数据很多，从1945年到1980年，西方社会趋向平等化，一个企业内部最高收入与最低收入的差距不会超过50倍，但是到20世纪80年代以后，收入差距急剧扩大到550倍。不平等招致事实性社会主义运动，国际学术界和国际思想界都非常偷懒，一言以蔽之曰"民粹主义"。民族主义称为"右翼民粹主义"，底层运动称为"左翼民粹主义"，民粹主义这个概念很简单，但解释不了社会结构的真相，笔者称为事实性社会主义运动。

二是自由化浪潮对南美一些国家的社会结构带来了根本性的伤害。1994年北美自由贸易协定达成，在生效那一天墨西哥出现了两件事，一是墨西哥国立自治大学出现了长达9个月的罢课。这个大学规模非常之大，学生人数达35万人，这是一个令我们匪夷所思的规模。另一件事就是出现了民族解放军起义，一个民族地区出现农民暴动。北美自由贸易协定生效那一天出现了这个东西，我们有专门的研究，土地私有化使农民失去了土地，失地农民不得不大规模移民美国，有的去种毒品，墨西哥20世纪90年代以来毒品经济泛滥，2018年换届选举中，墨西哥32个州中凡是提出禁毒的候选人基本都被干掉了。因此，一部分人种毒品，几千万人移民美国，从而刺激美国民族主义，诱发美国国民性危机，导致极右政治势力的强力反弹。"国民性危机"是塞缪尔·亨廷顿（Samuel P. Huntington）在其最后一本书《谁是美国人》中提出来的。

三是以民主化之名的自由化搞乱大中东地区和很多非洲国家，从而出现了大规模的难民，难民冲击了欧洲的社会秩序，并诱发了欧洲的极右政治势力及民族主义政治势力的出现，我们看到欧洲很多国家极右政党纷纷登上历史舞台。

在这个自由化的过程中，中国则意外地成了赢家。全球化浪潮中的产业转移和资金自由流动给以中国为代表的新兴经济体以资源和活力，目前发展中国家的经济总量已经占全球的40%。1840年西方与非西方国家提供的工业制造品各占50%，1980年西方国家提供的工业制造品占90%，非西方国家包括中国只有10%，2010年非西方国家随着GDP的崛起已经达到40%，西方国家是60%。我相信，这个结构一定朝着更均衡化的方向演化，即非西方国家将占有更大的权重。

这个结构意味着什么呢？意味着世界政治结构发生了根本性变化，世界政治的一些新现象诸如极端宗教势力、民族主义、民粹主义等，都是根源于这个经济基础的变化，中国人搞世界政治研究不能忘了"初心"，即马克思主义的世界政治理论。1980年以前的世界政治，大家都认为西方还不错，福利政治，有它的优势，但有"两进一出"的背景。"两进"是什么呢？一个是战争掠夺，另一个是它的制造品全世界消费，财富滚滚而来，因此有条件搞福利政治。"出"就是工业化过程中的社会矛盾，今天很多话好像很老派，但这是事实，社会矛盾急剧加剧，这个时候待不下去他可以走人，从而减缓国内阶级矛盾。1920—1930年，意大利总共5000多万人口中移民了600万人，但还没有解决问题，产生了法西斯，这是可以靠"进—出"解决全球化过程中产生的矛盾。今天我们要问，由于生产力对比关系发生了根本性变化，你的产品往哪儿去呢？因为市场被中国等新兴国家抢占了，人往哪儿跑？不但跑不出去了，而且大量难民——南美和非洲的人往西方国家去。

这个结构变化意味着全球治理体系随之重塑，并严重冲击了西方主宰世界三百年的世界秩序。这是今天看到的自由化，过去全球化对世界政治的影响。中国是意外的大赢家，但对很多发展中国家来说，包括西方发达国家来说，却不都是这样。因此我们在理论上做了反思，过去30年的制度变迁具有典型的非预期性，在以自由化为典型的全球化浪潮中，自由化的结果是多方面的，也是非常复杂的，比如自由化让中国成为意外的大赢家，但给国家治理带来的结构性挑战也是空前的。因此，无论从哪方面说，自由化的结果都具有非预期性和无比复杂性，必须对自由化浪潮做出理论反思，使人类变得更理性。

金融危机以来美国国家治理体系的困境

朱文莉[*]

一 金融危机后美国国家治理遇到的问题

目前美国治理确实遇到了很大问题，说是难题也行，说是困境也不夸张。我们按十年时间线来看，首先是经济治理，谁都没有预想到金融海啸爆发在世界金融中心，几乎搞垮了资本市场，需要全世界的国家共同承担责任、拯救市场，美国政府用了纳税人一大笔资金来救市，金融高歌猛进、金融自由化大量受益的时候，绝大多数美国人没有享受到应有份额，危机以后，让所有纳税人来救济，从

---

[*] 朱文莉，北京大学国际关系学院教授。

公益和道德角度来说都是说不通的。由此引起了持续至今的关于政府监管的博弈和辩论。

接着在美国发生的事情是联邦财政遇到了僵局，遇到了断崖式危机。因为要救市，通过政府救助解决金融和经济问题，所以巴拉克·奥巴马（Barack Obama）第一任期美国联邦财政赤字每年都超过万亿美元，保守派吵得很厉害，茶党出现，把整个共和党的经济社会政策拉向极右翼，2013年迫使政府关门，以这样极端的措施体现右翼在财政问题上的抵抗。联邦财政被束缚了手脚的话，政府干预有限，造成很多问题遗留到现在，十年以后我们看还是没有解决，恐怕跟当初茶党出现导致的一些政策偏移是有关的。

我们看到了一些公共政策的危局。联邦一级我们看得比较明确、比较直接，地方政府遇到的危局其实可能比联邦更危险，特别是共和党控制的一些州推行那一套共和党经济学，总体来说基本措施就是减税、解除管制、取消很多社会福利措施。当然也要改变很多公共政策，受到冲击的包括医疗、卫生、教育、公共服务。美国学界和媒体经常提到的一个例子就是堪萨斯州，是共和党政治经济政策推行得最彻底最完整的。减税以后，削减教育部门的开支，削减消防、警务等公共服务方面的开支。2015年之后，危机开始相当明显地爆发。保罗·克鲁格曼写了系列文章谈堪萨斯州的事情。

再举一个具体例子是美国部分地区出现的教育危机。大家可能也注意到美国2018年到现在为止有六个州发生教师罢课上街抗议的活动，基本都是红州。教师抗议是因为公共教育在这些地方确实经过多年的红色经济学运行以后陷入危机，公立学校一开始砍项目，后来开始砍核心教育投入。教师工资更是和同等学力的私人部门年薪相比差距太大，导致这些地方的公立中小学老师无法养家。这些事例发出的警讯是美国公共社会结构、公共政策结构，至少在刚才我们讲的共和党长期执政地区遭到了根本性的动摇。

二 特朗普冲击与美国国家治理的困境

大家目前最关注的是当前的特朗普冲击，代表美国现代治理遇到的最大瓶颈，具体应该怎么概括和理解，无论是美国还是世界学界都还在讨论中，笔者只是从细节来看，唐纳德·特朗普（Donald Trump）在治理上造成了什么问题。

其一，特朗普治下前两年事实上是一党独大，共和党全面控制着行政权、立法权和司法权，地方层面恐怕也是共和党主要控制。奇特的是在这么一个一党独大的局面下，特朗普政府遇到了重大立法困难，大家注意到的是他的医改没有通过，其实其他重大法案通过的也只有减税一项。他在2018年《国情咨文》当中提到了四大重点，到现在唯一有所突破的就是强行调整贸易关系这一项，原来列的重点比如移民改革，没有任何动作和进展，什么万亿美元的基础设施投资，在国会连小组提案都没有进行。这是一个很奇怪的事，如果一党控制联邦几乎三权加上地方的多数，怎么没有很多很重大的实际政策结果出来呢？到底是因为他的政策和实际不相匹配，和市场、社会需要不相匹配，还是政治过程的僵局已经不只是两党之间的僵局，美国的政治意见的纷乱已经到了这个程度？我也提出供大家讨论和思考。

其二，特朗普上台以来的政治风格改变了美国政治生态，以前得到尊重、有独立地位的独立机构被轮流敲打。大家平时可能看的比较多的是联邦调查局，其实还有很多，比如美联储，它本来在各国中央银行中以独立性强而著称，美国历任总统对它也是尊重的，但是特朗普已经在公开媒体上批评美联储好几次。还有国会预算局（CBO），原来就是一帮数学家，整天处理数据，他们的专业性和独立性一直在美国朝野有非常好的口碑，因为它并不承担政策责任，只是独立评测政策可能带来的一些后果。但是从2017—2018年，CBO也被特朗普点名批评了好几次，是因为其对特朗普减税后果的评测报告对他不太有利，于是他就公开指责CBO。CBO那边的反应，在笔者看来也是属于专业人员有点"秀才遇到兵，有理说不清"那种，有点不太会为自己辩护，因为他们从来没想到会有人对他们发动政治攻击。当你把这些中立的本来在混乱政治过程之外发出一些平衡声音的机构都给污名化以后，美国社会的独立声音现在其实遭到了很大的噪声干扰。

其三，就是专业行政人员现在开始大批离开政府。时间有限，我简单说两个团队。一个是外交官团队，2017年大家也看到了美国外交官协会主席在《纽约时报》有一个公开文章，把这个事情捅开了，美国外交官特别是高级外交官离职空缺，他认为已经达到了危机的程度，对美国职业外交官队伍会造成长期伤害。另外一个团队是科技官员团队，白宫科技顾问十八个月一直空缺，新顾问上任后发现白宫科技办公室十室九空，也接近于危机的程度了。特朗普发动的政治攻击，使得这些专业人员感到留在政府内部无法影响公共政策，造成很明显的失血现象。

特朗普冲击的最后一个方面就是党争蔓延到司法。司法在三权中应该是受政治争斗影响最小的部门，现在也随着沦陷的话，当美国联邦主要机构都在民众眼里成了党派斗争工具的时候，整体国家治理的信心恐怕会受到很大的影响。

三 美国治理危机的根源在于左右共识的消失

美国从金融危机到现在十年时间先后遇到的治理难题不断累积，首先是经济问题，接着是财政问题，然后是地方危局，最后特朗普在所有问题上面的层层加码，致使目前到了很糟糕的状况。

在此，笔者想借用王缉思教授在《世界政治研究》第二期文章中提出的一个概念，即美国这个国家，恐怕从建国以后一直处在一个动态平衡的过程。按照我们习惯的政治过程来看，它总是不稳定的因素超过稳定因素，很少有全国上下统一思想、统一行动、统一目标，但最后它总是有适合自己国家发展的结果出来。我们静观它发展变化的方向，既要了解刚才提到的具体政策议题，更要关注它在关键原则问题上如何寻找新的平衡点：第一个争议是国家与市场关系，追溯到十年前的金融危机，到底是谁造成的危机，美国左右两派的答案完全不同。在美国保守派看来，美国2008年的金融海啸和金融危机应该由政府负责，而不是金融业的责任和资本界的责任，市场的力量还要被继续释放才能为未来的发展解决问题。而在左翼看来这种观点纯属胡扯，金融危机不是华尔街造成的难道是底层失业人员造成的吗？美国金融自由化程度超过我们的想象，这个过程中，很多老百姓已经作为投资者身份进入金融市场而不自知，他也不知道他的金融利益正在被别人侵犯，到了危机出现时还首先被别人推出去。第二个比较大的原则争议也是我们很熟悉的，就是国家和社会的关系。这个我不展开讲了，特朗普着重攻击像"政治正确"、多元文化那一套左翼自由的表述，理由就是保守派认为国家对社会的干预过多，而进步派则认为国家对纠正社会不公还做得远远不够。第三个争议和今天的主题更是直接有关，即美国和世界的关系，到底美国是世界的霸主，在霸主地位上维护世界利益的同时也维护了美国的霸权利益，还是相反像特朗普这套表述，因为美国精英出卖了美国利益，所以美国在世界利益的大局下损失了自己的利益，现在存在着截然相反的解释和历史认知。

四 美国治理与世界治理

美国治理和世界治理在特朗普时代面对三大挑战，第一是特朗普主张以博弈代替规则，所有的规则不在他的考虑之内，既不对他形成束缚，也不对美国未来的政策构成任何预期和指向。所以他是绝对不会向内嵌自由主义回归的,他自己不接受任何主义和原则,所有政治过程在他看来都是一个不断博弈的过程。第二就是野蛮资本主义的回归。这和笔者提到的保守派对国家与市场的关系的判断、国家与社会的关系的判断是一致的。在这个过程中,资本力量压倒社会力量,美国利益压倒世界公益。第三就是强人政治(威权政治)风险。如果给它一个定义的话,笔者觉得可以解释成民粹支撑下的反智和反制。不管在国内还是国外,特朗普都是在做这些事,动员民粹的情绪力量反对所有的制度,反对所有的既成体制和未来的规则制定。在他们看来,北美自由贸易协定(NAFTA)是支持自己主张的很好例子。他们认为NAFTA建立25年以后美、加工人受损,墨西哥工人也没受益。特朗普和美国保守派对此给了一个简化的解释,就是所有这些世界秩序都不是知识分子设想的那样,全球化和世界治理事实上是对世界各国的损害,我们应该共同打破这个世界治理的迷思,回到一个无规则、各国实力博弈的状态。

总而言之,是美国国内治理难题引发了政坛地震,特朗普执政的美国从国际治理体系的维护者一变而成破坏者,造成全球治理的困境。

危机、调适与进化:西方民主国家历史上的三次大转型

包刚升[*]

最近两三年,国内外的很多学术论著与媒体报道都昭示着民主政体似乎正处在危机之中。但如果基于长时段的历史考察,会发现这种论调并非最近一段时间的特例。实际上,历史上有很多时候,民主看起来仿佛都处在危机之中。我们很少会看到这样的情形——民主的政治秩序未曾经历任何风雨,或是在没有经受任何挑战的情形下维系很长的一个时期。当然,笔者的这个说法也许有一个例外,那就是笔者过去在文章中把西方世界1945—2015年这段时期称为"承平日久的70年",这其实是比较少见的。而正是因为西方世界19世纪以来非常罕见的这

---

[*] 包刚升,复旦大学国际关系与公共事务学院副教授。

70年时间，当民主再次遇到这样或那样的挑战与难题时，很多人就会感到不太适应，甚至会过分夸大民主所遭遇的挑战和难题。

笔者研究民主就是从危机开始的。过去，笔者专门研究过民主政体崩溃的政治逻辑；这几年，笔者已经出版或正在撰写的专著也是从基于经验的角度来考察民主的。按照笔者的一项最新研究，在世界所有新兴民主国家中，大概30%的国家转型是比较成功的，30%左右的国家转型遭遇了各种各样的挫败，中间还有40%左右的国家只能算马马虎虎，大致处于民主巩固与转型受挫之间的中间状态。

所以，笔者的一个大致感觉是，西方这套制度很少会处在一种所谓永久稳定状态或永久和谐状态；相反，这套制度更多的时候都是充满了张力与冲突。2018年正好是上一次金融危机爆发十周年。在这场金融危机十年之后，我们仍然可以看到今天的西方国家面临着很多挑战，包括金融危机与自由市场主义的难题、民主治理绩效的衰退、全球化的双刃剑效应、贫富分化与阶级政治的复兴、财政难题与主权债务危机，以及族群宗教多元主义兴起带来的挑战。根据笔者的判断，族群宗教多元主义兴起带来的挑战看起来要比其他挑战更为严重。

这些挑战固然是真实的，但如果我们按照历史学家阿诺德·汤因比（Arnold Toynbee）的视角来理解这些挑战，可能会发现很不一样的逻辑。按照汤因比的说法，文明进步的动力就来自挑战和应战之间的互动关系。那些后来比较发达的文明，本身就是对挑战进行成功回应的结果。当然，如果挑战太大，以至于一个文明体根本无力回应时，这个文明体就会垮塌或溃败。但反过来说，完全没有挑战也不行，一个文明体的进步就比较缓慢，因为它缺少足够的外来刺激。比如说，早期热带文明为什么发展不起来呢？一个简单的回答是，那里的人们不需要衣物蔽体、房屋御寒，而温带的人们必须要学会制作衣物和建造住宅。

从这个角度来看，西方国家过去200年的历史主线是：起初可能存在着政治均衡，然后出现了某种内部变化或外部冲击，而这种变化或冲击往往构成了一个难题，于是西方国家只好进行相应的结构调整，或提供某种新的解决方案，这样就走向了一种新的政治均衡。这就构成了一个从旧的政治均衡向新的政治均衡调整的周期。但是，新的政治均衡并不是一种永久性的稳定状态，它仍然会遭遇新的变化或冲突，然后步入下一个循环往复的周期。

正是基于这样的理论视角，当20世纪第二个十年国际媒体铺天盖地地讨论西方民主政体遭遇的诸多危机时，笔者一直在思考：西方民主国家历史上有没有遭遇过严重的危机呢？它们又是如何应对这些危机的呢？一个特别容易想到的问题是，100年前的今天西方人在干什么呢？它们连续打了四年世界大战，即将迎来第一次世界大战的终结。所以，当我们要评估今天西方民主面临的危机时，或者当西方国家自己说目前的困难有多么严重时，关键是参照系到底是什么。如果放在过去100年的参照系里，你就会发现，西方国家今天面临的问题似乎并没有那么严重。当然，如果以过去70年作为参照系，今天的挑战和难题看起来就更严重一些。

从逻辑上说，今天的民主政体是否整体上已经陷入危机，实际上取决于对三个问题的回答：第一，目前的挑战是否足够大？第二，西方国家的应战能力是否足够强？第三，这些应战方法是否要突破现有民主政体的既有框架？实际上，只有当西方国家无法应付这些挑战，或者应战方法必须要突破现有民主政体的既有框架时，民主政体才真正处在了危机之中，或者面临着难以维系自身的风险。

正是为了寻求对这一问题的理解，笔者梳理了西方民主国家过去200年间所遭遇的三次危机。总体上，西方国家通过调整与调适，克服了这些危机，进而完成了民主政体的一次次进化。笔者将这三次变化称为西方民主国家历史上的三次大转型。

首先是阶级政治的兴起与西方民主政体的第一次大转型。19世纪早期，美国和部分欧洲国家已经出现了不完全的民主政体。1828年，美国已经达到了塞缪尔·亨廷顿定义的民主政体标准，也就是半数以上的白人男子已拥有投票权。总体而言，当时的民主政体模型包括几个基本特点：一是受限制的投票权；二是自由市场资本主义；三是最小国家模型。当时，只有比较富有的男性才拥有投票权，穷人和女人都没有投票权。而接下来的主要挑战，是阶级政治开始兴起，其中标志性的事件，就是1848年爆发的欧洲革命和同年出版的《共产党宣言》。

当时，这个不完全的民主政体就面临着一个困境，它其实是一种结构性冲突。如果按照普通民众的要求，投票权必须要扩展，要落实普选权，但投票权一旦扩展后，卡尔·马克思提的问题就出现了：穷人会不会通过投票，掌握议会多数，最后颠覆资本主义的产权制度与市场制度呢？这就是一个非常现实的问题。所以，这里有着非常强的张力。由此，当时有很多政治上的保守力量是反对普选权的。如果回到一个半世纪之前，你会发现，这个问题就非常难解决。它是一个两难，是一个结构性问题，而不是简单的策略选择问题。

但实际上，现代民主政体通过第一次大转型解决了这个难题。一方面，是投票权逐渐普及，这样就迎来了完全民主政体的时代；另一方面，不同集团间实现了阶级大妥协，这样，完全民主政体的转型并没有威胁到财产制度与市场制度。

这种阶级大妥协，是一种关于再分配的政治平衡，穷人同意不再实施财产剥夺的政治主张，而富人则逐渐接受了所得税和社会福利政策。这样，就实现了民主政体条件下市场经济和福利国家之间的平衡。

与此相关的是，很多保守派担心，只要普通人获得了投票权，公共政策就会走向民粹化。但是，很多国家通过政党政治，过滤了民意，实现了精英治理与大众统治的平衡。拿英国来说，早期是更保守的托利党和更自由的辉格党，后来两党逐渐演变为保守党和自由党。但这两个党当时都是富人支持的党。当投票权普及后，在整个政治光谱上，自由党的左侧又兴起了一个新的大众政党——工党。随着工人力量的崛起，工党又逐渐替代了自由党。大约就在100年前的今天，英国实际上发生了政党地震。具有悠久历史、曾经影响力巨大的主要政党——自由党竟然彻底衰落了，工党完成了崛起，并在政治上完全取代了自由党。如果做一个比较，这样一种政治巨变，跟今天英国或欧美国家正在经历的政治变化相比，是更大还是更小呢？这种巨变恐怕还要更大一些。所以，历史地看，投票权的普及以及随后出现的阶级大妥协，再加上福利国家的崛起与政党政治的重构，构成了西方民主政体历史上的第一次大转型。

其次是经济不稳定、经济危机与西方民主政体的第二次大转型。到了20世纪的早期，西方民主政体的基本特点包括：一是完全民主的政体，民众拥有了普选权，比如，英国到1928年也落实了所有男女公民的投票权；二是自由放任资本主义，就是亚当·斯密主张的那一套制度与政策；三是它处在经常的经济周期与经济波动之中，但一般来说，这种经济波动并不是特别严重。

然而，1929年西方世界出现了一次非常严重的经济危机，史称"经济大萧条"。这个经济危机，今天其实有不同的解释。比如，凯恩斯学派认为，这是由自由市场经济导致的，但奥地利学派认为，这主要是政府干预不当导致的。但无论怎样，当这场严重的经济危机发生后，就引发了一个新的结构性冲突。当时的自由民主政体有一套古典教义，强调国家只能干很少的事情，最好实行自由放任政策，但经济大萧条中的普通民众发现自己朝不保夕，无论是面对经济下滑还是面对失业率上升，他们都遇到了很多实际的困难。于是，民众就要求政府出来应付危机，这就变成一种政治诉求。所以，连美国的共和党总统胡佛也不得不召集企业家开会，要求他们不要削减工人工资、不要缩减投资等。一个共和党总统这样做的背后，其实有着一整套政治逻辑。

当时西方民主政体的主要张力是古典自由主义的国家方案还能不能延续。保守派对政府干预的这套做法可以说是深恶痛绝。当时美国发生的著名案例是，针

33

对富兰克林·罗斯福实施的一系列新政方案，有人把官司打到了美国联邦最高法院，起诉罗斯福新政的多项立法违宪。在1935—1936年总共9个涉嫌违宪的官司中，最高法院竟然判决7项新政立法违宪。这意味着，如果联邦最高法院不改变立场的话，罗斯福新政中的大量措施将会被废除。可见，当时罗斯福新政，也就是政府干预的诸种做法，在美国社会遭到的抵抗是非常强的。

总的来说，西方民主国家在这一过程中经历的变迁，主要是自由放任型政府的终结与国家职能的转向。从逻辑上说，当自由市场遇到一系列问题时，由于民主政治条件下民众对政府干预的政治诉求，最终推动了干预型国家的兴起。这实际上是西方民主政体应付经济危机的新解决方案，它包括了需求管理、财政政策和货币政策等（这是经典的凯恩斯主义政策），以及政府管制和公共工程等（这代表了罗斯福新政的重要探索）。正是在这个过程中，美国这样一个"右派国家"，或者说这个在所有西方国家中最靠近保守主义的国家，当遭遇严重经济危机后，经由罗斯福新政，也不可避免地兴起了一个干预型政府。到了20世纪60—70年代，随着新古典自由主义的复兴，尽管西方知识界出现了对干预型国家的大量反思，但干预型政府几乎已经成了西方民主国家的一种标准样板。这种模式转型的背后，是西方民主政体对经济危机、经济不稳定所做的一种新的调整。这就是西方民主政体历史上的第二次大转型。

再次是国家间战争与西方民主政体的第三次大转型。从19世纪到20世纪上半叶，民主政体，国际维度的基本特点包括：一是以民族国家为单位的国际体系，国与国的关系是国际体系的核心；二是国家间冲突与国际体系的不稳定性，比如发生在20世纪上半叶的第一次世界大战和第二次世界大战；三是民主国家与威权国家共存的状态，特别是有些威权国家的力量还很强大，比如，很多中欧的民主小国当年就处在这种强大的压力之下。

总体上，西方社会在这个方面付出的代价是巨大的，特别是两次世界大战。进一步说，甚至到了20世纪60年代，古巴导弹危机意味着严重的武装冲突一触即发的风险之中。西方民主国家面临的结构性困境是，民主国家和威权国家将处于长期共存的局面，而这两类国家又不可能进入总决战的状态。尤其，不同政体类型的国家都掌握核武器之后，这种决战变得越来越不现实。那么，西方民主国家究竟应该怎么办呢？

它们的第三次大转型就发生在国际体系层面，其最后的调整与进化主要表现是：民主国家主导与创建了一整套国际规则和某种国际体系，可以称为民主规则的国际化；它们发明了一个重要的国际协调机制，也就是从起初不成功的国联到后来基本成功的联合国；它们确立一系列的国际规则，包括保障各国领土完整以及力争和平解决国际争端等——实际上，在第二次世界大战后美国主导的国际体系中，再也没有哪一个国家可以通过战胜别国而占领该国的领土；它们塑造了相对稳定的国际体系——无论是依靠霸权稳定，还是依靠军事均势；此外，民主国家之间还形成政治联盟，比如北约就是一个典型，它的特殊作用在于能够保护处在大型威权国家巨大压力之下的小国，使得那些民主小国能够生存。除了这些硬规则，主要发达民主国家还在国际体系中推行自由主义的经济体制和以自由、民主、人权为核心的全球意识形态。总体上，第二次世界大战之后，美国成了战后国际规则和国际秩序的主要创建者。这种新的国际关系与国际秩序的兴起，可以被视为西方民主国家历史上第三次大转型。

简单回顾这些历史变迁，我们会发现，西方民主国家的这套制度从来没有处在一个所谓的永久和谐状态，过去在国际层面也从未达到德国哲学家康德意义上的"内有自由、外有和平"的永久和平状态，而是一直处在矛盾、冲突乃至困境之中。

今天，西方民主国家确实面临着很多新的难题。这一点笔者当然同意，学界和媒体上所讨论的诸种挑战都是现实存在的。笔者最近更关注的，是西方社会内部族群宗教多元主义兴起所带来的挑战。比较而言，今天西方面临的很多挑战都是旧的，金融与经济危机是旧的，大政府的问题是旧的，财政困难与债务危机也是旧的。那么，什么样的主要挑战是新的呢？笔者认为，就是宗教族群多元主义在西方社会内部的兴起。

21世纪初的西方民主政体大概包括几个基本特点：一是自由民主政体在制度上的深化；二是在全球化的大背景下，各国在经济、政治、文化领域互动的增加；三是西方社会面临的移民问题及其驱动的人口结构变迁。这是族群宗教多元主义在西方社会内部兴起的基本情境。而这些现象加起来就有可能导致一个结构性冲突——就是宗教族群多元主义和自由民主政体的政治原则共存与融合的问题，能不能既维持族群宗教意义上的多样性，又维持自由、民主、平等这样一套基本规则，这就是一个现实问题。

如果深入考察，你会发现这里的张力是巨大的，它直接表现为两个困境。一是同化的无力。过去的美国主要靠同化维系着整个国家的政治认同，但现在你会发现，目前这样一个人口结构——少数族群人口比重已经相当高、总量已经相当大，它可能很难有效实施同化政策了。二是文化多元主义的困境，即文化多元主义有可能导致国内政治中的很多问题，包括构建政治认同的困难和政治分歧的加大等。因此，如果既不能搞成功的同化，又不能搞成功的文化多元主义，这个问题就会变得很难办。

如今，西方国家其实已经在做各种各样的调整，但总体来说，这些调整都不是根本性的解决方案。它们目前的第一个做法是强调回归西方本身的政治传统，特别是从古希腊、古罗马以来的欧洲古典传统以及基督教传统。比如，一个典型例子就是2017年10月欧洲十位著名的保守派知识分子发表的《巴黎宣言》，它的副标题是"一个我们可以信靠的欧洲"，里面就主张这样的立场。第二个做法是，它们考虑能不能先把门关上，从过度开放的人口和边境政策上退回来一点。英国脱欧以及特朗普总统移民政策、边境政策，大体就是这样的逻辑。第三个做法是，它们在跟别的国家互动时，更可能放弃简单的理想主义政策，更倾向于现实主义的政策。笔者2016年以来发表的一系列文章都认为，西方国家的趋势是会走向更现实主义、更民族主义、更保守主义的政策立场。这两年多的政治演化，大趋势上也符合笔者的基本判断。

至于西方国家到底会怎样应对族群宗教多元主义崛起的挑战，现在并不明朗。在这种挑战面前，今天的西方民主政体会不会经过某种重大调整，实现某种重大变革，从而实现民主政体的第四次大转型？还是说，在这种新的内外夹击之下，原先的民主制度框架会败下阵来，甚至完全无法维系？对此，笔者并没有确切的答案。我们还需更多时间才能回答这个问题。

总体上，对于民主政体未来的基本趋势，笔者比较欣赏亨廷顿教授的观点。他这样说："历史已经证明，乐观主义者和悲观主义者对民主的看法都有差错。未来的世界很可能会继续证明这一点。"换言之，在民主政体的稳定性与有效性的基本判断上，过度乐观或过度悲观的立场都容易犯错。笔者尽管总体上倾向于认为，西方国家大致会在更加自由、开放、包容、民主的大方向前行，但它们在此过程中一定会遭遇各种各样的实际困难——这里既有西方社会内部的困难，又有国际体系中不同文明、不同制度、不同意识形态之间的冲突带来的问题。

作为学者，我们要避免的一种情形是过分夸大眼前的困难，因为人不仅是一种生活在当下的动物。但困难在于，人往往是根据自己有限的数十年的生命经历来对很多重大问题做出评判的。比如，当我们讨论十年前的那场金融危机时，当时美国总统奥巴马说，这是20世纪30年代经济大萧条以来最严重的一次金融危机，但现在再回头看，这场金融危机真的有这样严重吗？如果考察美国股票市场和道琼斯指数，你会发现，它可能不过是一次中等规模的波动而已。道琼斯指数从2007年14000点左右的高位，下跌到了6000多点的低谷，但如今只是短短几年竟然又创出了 26000 多点的新高。从心理层面来看，我们在 2008 年感觉非常严重的一场金融与经济危机，今天回头再看，似乎并没有当时想象得那么严重。所以，很多事情，当我们从近处看，它可能是一个巨大的灾难；但从远处看，它可能只是一个小小的波动而已。

总之，理解今日西方民主国家面临的诸种挑战时，我们离不开两个东西，一个是学理的逻辑，另一个是历史的经验。唯有借助学理的逻辑与历史的经验，我们才能更好地理解这个世界到底在发生什么，进而能够对这个世界的未来进行更加恰如其分的判断。

欧洲民粹主义的兴起及影响

冯仲平[*]

欧洲一体化走过了六七十年，这无论对世界政治还是国际关系，都可以说是一个历史性创举。我们还可以把欧洲看作一个很大的实验室，这些年这些国家一直在做一个与过去告别的实验，力图在传统的国家间关系、国家治理、区域治理等方面超越历史，看在超越历史的进程中究竟能走到哪一步。建立共同市场、取消边境检查，放弃成员国原有货币代之以共同货币欧元，凡此种种让世人感到欧洲的实验搞得越来越大。然而，近年来欧洲一体化遇到了很大的阻力。从金融危机以后欧洲发生的变化来看，欧洲一体化不可能像以前那样继续发展下去了，因为难度明显比以往增大。这集中反映在欧洲民粹主义的兴起上。2016 年英国公投脱欧可谓是民粹主义在欧洲发展最具有标志性的事件之一。2017 年民粹主义在法国没有做成的事，2018 年在意大利做成了。3 月意大利民粹主义政党五星运动和极右翼联盟党（前北方联盟党）在议会选举中取得多数，西欧第一个民粹主义政府随之宣告成立。民粹主义在欧洲发展的下一个风向标将是 2019 年的欧洲议会选举。民粹主义的发展无疑将对欧洲产生重大的影响。下面从三个方面展开来做一些分析。

第一，我们来看看欧洲民粹主义的诉求是什么。

对精英集团的不满和对建制派的不信任，应该是普天之下所有民粹主义的共

---

[*] 冯仲平，中国现代国际关系研究院副院长、研究员。

性，历史上是这样的，欧洲之外的其他地方也都是这样。民粹主义以反对而出名，但不同时期、不同地区，民粹主义反对的内容并不相同。

欧洲民粹主义所反对的主要是三个方面，经济全球化、欧洲一体化、不同宗教信仰的难民和移民。当然你可以都归到经济全球化、区域一体化里，大量移民的出现一定程度上也是全球化的结果。左翼民粹主义、右翼民粹主义在欧洲又有不同之处，左翼民粹主义自称其代表的是穷人，所以左翼民粹主义的话语里突出的是穷人和富人的对立；右翼民粹主义自称代表的是"我们"，实际上就是信仰基督教的白人，其话语里讲的是我们和他者的关系，"他者"就是来自中东北非的信奉伊斯兰教的难民和移民。因此右翼民粹主义强调的是身份、文化上的差异。不过无论是左翼民粹主义还是右翼民粹主义都认为问题的根源出在经济全球化，出在战后欧洲一体化，认为经济全球化搞过头了，认为一体化走得太远了。所以欧洲民粹主义的诉求，核心是重新强化国家主权。这对欧洲一体化来说是根本性的打击，因为欧洲一体化的核心就是成员国把一部分主权让渡出去，用和平方式、自愿方式上交到超国家机构。民粹主义反对的正是开放、超国家治理。英国人在第二次世界大战结束初期很难放下大国、胜利者的架子参与到法国和德国倡导的欧洲联合当中，一开始并没有加入当时的欧共体。1973年英国被吸引到欧共体中的一个最重要原因就是欧洲的统一市场，包括商品零关税流通、资金自由流通、服务自由流通，当然也有人员的自由流通。然而，2016年脱欧公投之所以能够通过主要就是因为英国人为了要重新取得边境管理权，阻止人员自由流通，为此不惜放弃商品自由流通、资金自由流通、服务自由流通。为了阻止一个流通而放弃三个流通，这样做究竟值不值，到今天英国人纠结的还是这个问题。由于民众很难达成真正共识，社会彻底被分化，这是至今英国仍难以在脱欧问题上取得实质性突破的根本原因。在法国，玛丽娜·勒庞（Marine Le Pen）领导的民粹主义政党，现在改名叫国民联盟，之前为国民阵线，希望把货币权拿回来。法国与英国不同，法国参加了欧元区，所以法国要脱欧第一步要离开欧元区。总之，在欧洲国家经历了几十年的一体化之后欧洲民粹主义要重新强化传统国家主权。

第二，欧洲民粹主义有没有前途？有没有未来？

2017年5月法国大选举世瞩目。埃马纽埃尔·马克龙（Emmanuel Macron）击败了被称为法国的女特朗普的玛丽娜·勒庞。当时大家说民粹主义在欧洲终于被遏制住了，但是一年以后，意大利民粹主义政党五星运动在大选中一举成为意第一大党并和右翼联盟组建了联合政府，人们又说形势不容乐观。究竟该怎么看欧洲民粹主义发展前景呢？我的判断是，民粹主义在欧洲不会昙花一现。笔者认为，未来5—10年，影响欧洲政治格局的重要力量肯定有民粹主义力量。理由有两个，一是民粹主义生存发展的土壤不会很快消失。民粹主义在欧洲得势与10年前发生的国际金融危机、欧洲主权债务危机有重要关系，也可以说它是对过去40年新自由主义主导的经济全球化所导致的社会发展不平衡的回应。今天意大利年轻人失业率还是30%左右，这不是一夜之间能降下来的。此外还有难民问题，只要中东北非的战火得不到解决，社会动荡不能消停，难民就会持续蜂拥而至欧洲，就会存在融合问题以及所谓身份问题。二是面对民粹主义不断崛起，传统主流政党虽然承受着巨大压力，但却苦无良策，拿不出解决问题的办法，拿不出能够吸引选民的所谓"关键一招"。

欧盟委员会主席让-克劳德·容克（Jean-Claude Juncker）曾对民粹主义做过如此评价，他认为民粹主义能够发现问题，而且善于利用问题，但却解决不了问题。这正是目前的实际情况。主流政党解决不了问题，这给了民粹主义机会，但民粹主义也解决不了问题。未来很多年，欧洲政治力量将就此展开博弈，就像拔河。欧洲主流政党也即人们过去70年习惯的战后欧洲政党，主要是工业化时代造就的左、右翼政党，然而在当今全球化时代，民粹主义和主流政党之间的博弈，并不是传统意义上的左和右的博弈。主流政党绞尽脑汁地解决问题，民粹主义想破坏，同时也想提出其方案。这场博弈与较量会有一个过程，欧洲民粹主义的前景就取决于这个过程。

第三，民粹主义对欧洲将产生何种影响？

当然这主要取决于民粹主义的发展。上面我们说到民粹主义的中长期发展还有不确定性，就目前和近期而言，最明显的影响就是欧洲的政治生态和政党格局已然发生变化，甚至可以将其看作继苏联解体、新兴经济体群体性崛起之后的第三大巨变。受到最严重打击的是长期代表蓝领工人的政党，如英国的工党、法国的社会党，过去它们是低收入者的代言人，但现在民粹主义政党已经把它们的选民吸引走了。无论是法国、意大利还是德国，所谓"全球化输家"成为民粹主义政党的支持者。这是一个大变化，这就意味着在一段时间内，民粹主义将成为欧洲很多国家的第一大反对党。人们最没想到的是德国，德国选择党在2017年议会选举后不仅首次进入德国联邦议会，而且在社会民主党和联盟党组成新的大联合政府后成为德国最大的反对党。德国选择党2013年才成立，从其以选择党命名，就可看出其反欧洲的信念。选择党领导人认为，过去70年，所有德国政治家都主张德国别无选择，只能融入欧洲，支持欧洲一体化，而选择党认为情况并非如此，可以有其他的选择。2013年选择党提出的第一个口号是德国应该选择不用欧元，这是针对当时的欧洲债务危机提出来的。2015年难民问题突出后，选择党的口号变成了"选择一个没有难民和移民的德国"。由此可以看出，欧洲国家政治生态的变化意味着无论在成员国还是欧盟层面，未来欧洲的内政外交都将受到民粹主义的影响。保护主义、疑欧主义甚至排外主义，在未来欧洲政策中都会有更大体现。

最后，就民粹主义的影响而言，最重要的一个问题是，欧盟会否因民粹主义的反对而走向四分五裂乃至解体崩溃。特朗普搞"美国优先"和"退出"，反对的实际上是多边主义。法国一位高级外交官（法驻联合国大使，也曾担任法驻美大使）把特朗普的民粹主义政策称作"孤立单边主义"。世界各国对特朗普的担忧主要集中在战后国际秩序、多边机构和制度还能不能保留，而民粹主义在欧洲的抬头令人们担忧的是走过六七十年的一体化还能不能维持。十年前，甚至在五年前，很少有人会相信有一个欧盟成员国会退出欧盟，没有人相信这会发生。就连时任英国首相卡梅伦本人也没有想到这一点。这也是导致他在公投结果出来后黯然辞职的最重要原因。2016年6月23日英国脱欧公投通过后人们开始意识到问题的严重性了。在欧洲一些国家中，疑欧主义乃至反欧主义势力一直存在，有一体化就有反一体化，但是疑欧和反欧力量在任何国家都没能成为主导力量。在某个领域或某个问题上某个或某几个国家亮起红灯时有发生，但没有一个国家提出要离开欧盟。

可以肯定的是，由于民粹主义的兴起，各国都追求本国优先，欧洲国家与国家之间的矛盾非常大，未来联合和一体化势必将难以推进。比如欧洲的难民问题非常难解决，德国2015年提出对难民门户开放，然而匈牙利、波兰则公开提出它们国家的政策为"零难民"。这怎么能够联合？所以欧洲一体化今后一段时间陷入停滞甚至倒退的可能性很大。关于欧盟未来发展，欧洲很多国家包括法国和德国提了不少设想和蓝图，但是在今天民粹主义抬头的背景下都很难实现。

欧盟的未来目前还不明朗，这不仅仅因为民粹主义本身的发展有不确定性，还因为民粹主义上台后的政策还需要观察。前面讲到欧盟是一个处于进行中的实验室或者试验田，现在还可以把刚由民粹主义接管的意大利，以及执政党民粹色彩浓厚的匈牙利和波兰视为民粹主义的试验田、实验室。民粹主义一贯反精英、反建制，由于不喜欢传统政党、不喜欢建制，所以其组织的名字都很有意思，比如叫五星运动、国民阵线等，骨子里排斥所谓建制。但一旦它自己上了台会用什么样的治理方式，这值得研究。意大利五星运动上台以后，和欧盟矛盾非常大，但是同样引人注目的是,它已经放弃了或者说不再坚持退出欧元区和欧盟这一条诉求了。这是不是意味着民粹主义上台以后开始趋向务实,仍有待观察。

再举个例子,有浓厚民粹主义色彩的匈牙利总理欧尔班,已经三连任了,他因公开表示赞成"非民主自由"而出名。事实上他是在公开挑战过去几十年在西方占主导地位的所谓新自由主义。尽管走到这一步在西方国家可以说是冒天下之大不韪了,但欧尔班从来没有说过匈牙利要退出欧盟。这就引起另外一个问题,民粹主义上台以后,究竟会干什么呢?也有可能过几年笔者会修正自己的看法,但是笔者认为它可能不是一个颠覆性力量,而主要是要改造、变革欧洲。也就是说,民粹主义可能不是要颠覆欧盟,但也不希望一体化再往前走了,同时要对已有一体化发展成果进行调整和改造。

很多年以后,历史学家们会怎么评价今天的欧洲?他们也许会说这是经过70年相对稳定之后的一个政治动荡和变动期,而不是说这是欧洲在经过70年和平联合之后走向解体的一个时期。

欧洲左翼思想与政治的分化及其挑战

林德山[*]

政治动荡是过去十年欧洲政治的突出特征。它突出表现为两种现象或者说变化。一是政党政治的结构性变化,战后相对稳定的政党体系有被动摇的趋势,传统主流政党的政治控制力下降是其突出的表现。二是与之相关联的民粹主义政治力量的崛起。两者相互作用,主流政党的控制力下降为其他力量尤其是民粹主义政党的崛起提供了空间;反过来,民粹主义力量的发展又进一步加剧了主流政党的混乱。

战后欧洲的政治稳定与其政党结构密切相关。它主要表现为两种结构性特征。一是不同类型的政党形成的一种相对稳定的结构性安排。这主要表现为由为数极少的代表西方主流价值取向、具有实际治理能力的大党构成主流政党,数量不等的平衡性中小政党以及众多的边缘性政党构成的政党结构的相对稳定。而主流政党的构成的相对稳定及其对政治的控制力是该体系保持稳定的关键。二是指

---

[*] 林德山,中国政法大学政治与公共管理学院教授。

政治的竞争、政府的更替主要是沿着左右竞争的结构进行的,这种左右竞争的基本格局也体现在上述相对稳定的政党结构性安排中,尤其是主流政党的左右翼构成及其政治控制力决定了选举政治总体上是在左右翼的交替选择范围内进行的。其中,左翼主流政党由清一色的社会民主党构成,而右翼主流政党主要是保守主义党和少数自由主义政党。从民主制度的构建的角度来看,这种政党政治的结构性安排的积极意义在于,它意味着民主的可控性,民众能够从这种左右政治的交替中感觉到政治的可选择性和可预期性。即使是在一些主流政党的控制力相对较弱、政府的更替因此也更频繁的国家,人们依然能够从总体上感受到政治的可选择性和可预期性。

正是基于上述两方面的稳定性,一种战后欧洲的政治冻结假设在很长一个时期里得到人们的认可。但在过去十年,欧洲政党政治的结构性变化以及政治意识形态的光谱变化大有打破这种政治冻结的趋势。一方面,传统主流政党表现出整体的下滑趋势,其政治控制力明显下降。在一些国家(如希腊、意大利、法国),传统的左右翼主流政党同时受到强烈的冲击,以致人们开始怀疑传统主流政治是否还有意义。与之相应,各类新党纷纷崛起,尤其是来自不同方向的民粹主义力量的崛起。另一方面,政治领域的一系列变化也在冲击传统的左右政治基础。民粹主义力量虽然构成复杂,在传统意识形态光谱中的位置也并不确定,但其共同的特点是在自我意识上自称超越传统的左右意识、并以"人民"的代表自居。这种意识在政治上的实际意义是诉求于"人民"对精英的对抗,后者被认为垄断了既有的政治权力。换言之,传统的左右政治不再是衡量政治结构的首要甚至必要的标准。这种趋向甚至也已经渗透在了传统的主流政党的政治话语中。在这种趋势下,传统政党的结构性稳定被动摇了,其直接的政治后果是政治的不确定性。

欧洲左翼思想和政治的分化既是造成欧洲政党的上述性结构性变化的重要变量,同时也是影响欧洲政治未来不确定性的最重要因素。左翼及左翼政治是欧洲政党政治的两极之一。概括地说,传统的欧洲左翼力量大致由三类力量构成,社会民主党是各国左翼主流政党的代表,站在其左边的是形形色色的激进左翼力量——其中的许多力量是由一些前共产党发展而来的,以及更为极端的极左力量,如托派。20世纪90年代后,随着欧洲社会民主主义力量的日益中间化,欧洲的激进左翼也出现分化,除传统的极左力量及少数共产党对资本主义仍持激进的立场外,一些寻求作为社会民主党替代力量的激进左翼变得相对温和,更多显示出对既有政治的参与态度。

2008年金融危机爆发以来，面对欧洲的社会动荡，欧洲左翼陷入了新的分化之中，左翼思想和政治力量的形势也因此变得更为复杂。其首要体现的是作为左翼主流政党的社会民主党从思想、社会基础到变化方向上的分化和不确定。此前，虽然欧洲各国社会民主党内围绕社会民主主义改革方向的争论一直不休，可在许多国家，寻求社会民主主义现代化改革的力量一度主导了改革的进程和方向。在金融危机爆发后，背负致使社会民主党"新自由主义化"之名的现代化派普遍遭受重挫，各国社会民主党不同程度地经历了向传统左翼的退让，但社会民主党却未能如愿重振，相反却因此陷入新的分裂之中，尤其是作为社会民主党传统基础的产业工人队伍与作为党的新的战略重心的中间阶级代表之间的分裂趋向严重。欧洲国家层面的草根与精英的矛盾由此也突出反映在了社会民主党内部。英国工党内部围绕党领袖科尔宾的分化是其典型表现。各国社会民主党在选举政治中的颓势加剧了其内部思想和政治的混乱。面对这种形势，欧洲社会民主主义失去了发展方向。

与社会民主党的明显政治颓势相比，欧洲激进左翼在思想和政治上的表现则显得更为活跃。它们在批判社会民主党的"新自由主义化"的同时，提出了要成为左翼"替代性"政治代表的目标。借助于反紧缩运动，危机以来的欧洲激进左翼的政治表现可圈可点，一些激进左翼政党（尤其是南欧地区国家）在选举政治中实现了突破，希腊的激进左翼联盟更似乎提供了一个取代社会民主党（即泛希腊社会主义运动党）的左翼地位的"可替代性"案例。

尽管如此，欧洲激进左翼的分化现象同样严重，即使是在社会民主党衰落的背景下，它总体上尚不具备左翼政治的"可替代性"。首先，欧洲激进左翼本身构成复杂，它们很难作为一种一致的声音表达政治立场。目前的欧洲激进左翼虽然在批判资本主义和既有的主流政党政策方面显示了共同的特点，但它们实际上包括了从温和的民主社会主义、显示新激进政治特点的"红绿政治"到更为传统的激进共产主义在内的广泛的政治光谱力量。这些力量在对既有政治的参与性以及重大内外政策方面的立场差异明显。如在关键的欧盟问题上，欧洲各国激进左翼内部有主张欧盟进一步一体化改革的，也有要求解体欧盟的，反差极大。从意识形态到政治及政策主张，人们也很难勾勒出一个清晰的激进左翼的图谱位置。其次，从政策方面来看，激进左翼的主张不具备真正的可替代性，而更多体现为对传统左翼政治的维护。面对经济危机，激进左翼更为强调传统左翼的政治方式，如凯恩斯主义政策方式和维护福利国家。在欧洲的经济危机持续和普遍采取紧缩政策形势下，这些主张虽然能够得到民众的一定回应，但其本身却既非新政策，也并不能真正解决传统左翼政治方式面临的现实问题，因而难以具有替代性意义。在关键性的欧洲问题上，激进左翼表达出的更是不一致，甚至对立的立场。再者，从社会基础来看，虽然激进左翼吸引了一部分来自传统社会民主党中的分离者，同时也着力于在进步知识分子，尤其是青年队伍中发掘力量，但其体量或者说规模显然还不具备作为社会民主党传统地位的可替代性意义。而且，从危机以来激进左翼的选举经历来看，它们起伏不定，显然缺乏主流政党所需的那种政治稳定性。此外，面对欧洲动荡的经济、社会和政治局势，尤其是右翼民粹主义力量的迅速发展，激进左翼中一部分力量（如在南欧一些国家以及法国）出现了极端化或者说民粹化的趋向。与传统左翼在观念和分析方法上不同，左翼民粹主义试图摆脱阶级政治，诉诸抽象的人民，其主要的政治目标是针对欧盟。当然，与右翼民粹主义诉诸狭隘的民族主义甚至种族主义不同，左翼民粹主义往往诉求于民众对社会公正缺失的不满，并转而诉求于传统国家的保护。但无论如何，左翼民粹主义的趋向导致了激进左翼内部的新的分化。这些不同的倾向显示出的是不同的政治战略，大多数激进左翼以填补社会民主党中间化所留下的政治空白、争取传统工人阶级为目标，而提出"红绿政治"口号的北欧地区的激进左翼显然很大程度上是以中间阶级尤其是青年知识分子中的进步力量为目标。

总之，在社会民主党整体下滑的形势下，活跃的激进左翼是抑制欧洲政治单向度发展（右倾化）的重要力量，但其本身构成的复杂和组织的松散都影响了它作为一个整体发挥作用。由于其缺乏一致、系统的治国理念，在主流社会的眼中，他们依然是一只有批判精神但缺乏建设性的力量。激进左翼中一些力量的民粹化倾向在加剧内部的分化的同时，也为其整体的未来带来了不确定性。

危机以来，欧洲传统的极左力量也有不同程度的发展。伴随上述激进左翼中的极化倾向，一些国家的极左力量在以不同的方式与其他左翼力量交融、重组。而且，极左力量越来越将其政治目标转向了欧盟。在反紧缩运动中，来自左翼的反欧盟力量的发展与右翼民粹主义力量一同推助了民众的疑欧情绪。

左翼的上述形势，尤其是内部的分化不只是影响了左翼力量本身的发展空间，更直接影响到了欧洲的政治稳定及其发展方向。社会民主党的衰落和激进左翼的政治作用有限则直接导致并加剧了欧洲政党政治的结构性失衡。一方面，社会民主党的急剧下滑和左翼之间的分化，意味着目前欧洲政治整体的右倾化短期内难以改变。理论上，新的大左翼联合或许是抑制这种趋向的唯一选择，但不同左翼力量之间以及各类左翼内部的分化都抑制了左翼的联合。另一方面，左翼的这种形势也导致欧洲传统政党的结构性稳定被打破，这进一步影响到了欧洲民主政治的稳定性。从欧洲政党政治的历史经验中可以看出，政治可替代性的缺失将意味着更大的政治不稳定。如今，社会民主党的衰落是导致目前欧洲传统主流政党控制力下降的首要因素。在缺少新的可替代意义的左翼思想和政治力量的背景下，欧洲传统政党的结构性稳定动摇了，传统的左右翼政治，尤其是左翼政治作为欧洲民主政治稳定因素的意义也受到质疑。欧洲民粹主义思想和政治的发展是其自然的结果，而这进一步导致并加大了欧洲政治的不确定性。民粹主义思想和政治方式直接挑战了欧洲既有的秩序原则。同时，与传统的政治（无论是左的还是右的）所不同，民粹主义作为一种政治方式的偏狭和非理性的思想和行为方式，其发展的直接政治后果是政治的不稳定和不可持续性。这或许是社会民主党的衰落和民粹主义崛起对欧洲政治所带来的最大挑战。

中美能避免修昔底德陷阱吗？[*]

格雷厄姆·艾利森[**]

中美关系是世界上最为重要的双边关系之一，而"中美能否避免修昔底德陷阱"也是值得国际关系学者深入探讨的最为重要的战略性问题之一。在笔者的新书《注定一战：中美能避免修昔底德陷阱吗？》中，笔者试图从不同的维度给出答案。虽然回答这一问题并非易事，但笔者仍希望提供一个较具解释力的回答。在本文中，笔者将分别解答与之相关的七个具体问题。

第一，修昔底德陷阱究竟是什么？实际上，修昔底德陷阱是一个与崛起国替代守成国的过程伴随而生的危险机制。如同亨利·基辛格（Henry Kissinger）所言："如果你理解了修昔底德陷阱这个提法，你就会认识到其穿透了喧嚣和表象，是理解推动中美关系发展动力的最佳视角。"修昔底德是历史学的奠基人，其留下了有史以来第一部历史学著作《伯罗奔尼撒战争史》。这部不朽的名著详细介绍了古希腊时代雅典和斯巴达之间的纷争以及那场两败俱伤的战争。修昔底

---

[*] 本文根据艾利森教授2018年12月14日在中国人民大学国际关系学院的讲座整理翻译而成，并经艾利森教授审定。译者为中国人民大学国际关系学院博士研究生宋亦明。

[**] 格雷厄姆·艾利森（Graham Allison），美国哈佛大学肯尼迪政府学院教授、贝尔弗科学与国际事务中心主任。

德写道："雅典的崛起以及斯巴达的恐慌使得战争不可避免。"六年前我提出修昔底德陷阱这个概念就是为了更加生动地再现修昔底德所描绘的那场战争的爆发逻辑。当2500多年前雅典的崛起冲击到了当时在古希腊世界雄踞霸主地位百余年的斯巴达时，当100多年前德国在第一次世界大战前夕冲击到了统治世界百余年的大英帝国时，当中国冲击到了"美国世纪"刚刚落幕后的美国时，修昔底德陷阱这一危险的机制便如影随形。我认为，修昔底德陷阱的概念能够准确地分析中美关系中的动力机制。你如果更多地运用这一分析视角，你就会发觉更多正在发生的变局，你也会更深刻地理解修昔底德陷阱这一概念所阐明的深层次逻辑。

第二，中国是否正在崛起或已经崛起了？当前，按照购买力平价计算，一个崛起中的或者已经崛起了的中国现已成为世界第一大经济体。当1978年中美两国关系正常化时，10亿中国人中有90%的日生活开支尚且不足2美元，这一数字也是世界银行所划定的极度贫困线。然而2018年的情况则大为不同，只有1%的中国人仍然生活在极度贫困线以下。中国国家主席习近平曾指出，极度贫困人口占中国总人口的比重将在2020年年末将至0%。这是世界脱贫史上前所未有的伟大奇迹，以前从来没有这么多人如此之快、如此显著地脱离了贫困。对中国来说，这是一个令人激动的了不起的成就。当前，中国的人均国内生产总值临近10000美元或11000美元而且仍在快速增长。显而易见，中国的崛起令人叹为观止。

第三，中国的崛起是如何影响到作为守成国的美国与现有的国际秩序？当中国最终成功实现了中华民族伟大历史复兴的中国梦时，中国会不可避免地冲击到美国人自认为是理所当然的美国特权和霸权地位，因为美国特权和霸权地位已经存在了百年之久。而中国经济增长的影响不仅深远而且无处不在。在2000年时，美国还是所有亚洲国家的最主要贸易伙伴，而到了2017年，中国则已经成了每个亚洲国家的最主要贸易伙伴。从中国大量进口或大量出口至中国的国家纷纷与中国建立起了紧密的经济关系。这些国家的政府无时无刻不受到这一关系的影响，这就意味着中国可以向它们施加强大的影响力。显然，当中国希望其贸易伙伴与其开展合作时，中国就会向后者施压。总的来说，当中国取得发展并实现了其中国梦时，中国会冲击到美国人习以为常的地位和特权。对美国人而言，他们不能接受其他国家强于美国的事实，这很可能会让他们如坐针毡。美国人坚持认为美国应该遥遥领先并且担心美国被中国所超越。由此可见，崛起国对守成国的冲击造成了双方关系的紧张。

新加坡的国父、前总理李光耀是世界上最早一批中国观察家。他与多位中国领导人进行过长时间交流,后者则向他学习如何治理一个国家。李光耀非常仔细地研究过中国,这是因为新加坡作为中国的一个弱小邻国,其生存发展有赖于与中国的良好关系,所以李光耀非常了解中国。同样,他也对美国颇为熟悉以至于从尼克松到奥巴马的每一任美国总统都要去新加坡向他求取经验。当李光耀被问及"当今的中国领导人是否认真考虑过在可以预见的未来取代美国在亚洲地区的主导地位"时,他回答道:"当然,为什么不呢?中国怎么可能不谋求亚洲的霸主并有朝一日成为世界领袖呢?"李光耀的回答与包括基辛格在内的其他大多数学者完全不同。实际上,崛起的中国无时无刻、无所不在地影响着美国以及现有的国际秩序。

第四,修昔底德机制是如何使得处在竞争状态下的美国和中国被卷入无人乐见且所有人都认为太过疯狂的战争之中?在修昔底德陷阱的所有16个案例中,只有个别案例中的崛起国与守成国都希望发动战争。其中一个案例是1869—1870年俾斯麦领导下的德国与法国的战争,俾斯麦诱使法国先发动战争以便统一德国。在这个案例中崛起国与守成国都希望发动战争,但在例如第一次世界大战那样的大多数案例中,虽然很多第三方行动与主要大国竞争并无太多关系,其还是成为两个主要大国认为有必要采取行动的导火索。此后,一方的行动引发了另一方的反制行动并由此陷入了恶性循环直至把双方都拖入了一场任何人都不希望爆发的战争。例如,德国在统一之后迅速实现了崛起,其国内生产总值在1900年与英国相当而在1914年则比英国高出了1/4。德国大力发展海军,这使得英国非常担忧,后者与法国结成了更为紧密的联盟。而法国和俄国出于对德国的忧惧共同发展了军事关系。除了奥匈帝国外,德国并无其他盟友,而前者则是一个垂暮的帝国,其统治者非常担心帝国的衰颓并就此解体。所以1914年当一个塞尔维亚青年在萨拉热窝刺杀了斐迪南大公后,这件并不引人太多关注的事情却使得奥匈帝国采取了行动,而俄国也认为有义务支援塞尔维亚人,德国认为需要支持奥匈帝国,而法国则感到应该支援俄国,英国也被拖入战争。至此,仅仅五周的时间,欧洲所有国家都被卷入了一场所有人都不愿意看到而且最终两败俱伤的战争。修昔底德机制的出现并非守成国认为是时候与崛起国决一死战或者崛起国认为自身足够强大以至于可以挑战守成国,恰恰相反,正是第三方行动所引发的恶性循环反应最终导致了一场所有人都不期望爆发的战争。

另外也有竞争对手成功管控了局势并且没有引发战争的其他四个案例。我对于这些案例的研究并非对自己的研究较为悲观,而是试图从失败或成功的历史记录中学有所获以此应对当前的挑战。约翰·肯尼迪（John F. Kennedy）总统是一个充满激情的冷战斗士并且亲身经历了古巴导弹危机，我们可以从他的经历获得借鉴。1962年古巴导弹危机是有历史记录以来最为危险的时刻。肯尼迪与苏联领导人赫鲁晓夫（Nikita Khrushchev）针锋相对并且赢得了这场有三分之一概率爆发核战争的危机，最终成功阻止了苏联在古巴部署载有核弹头的导弹。

所以，回到我们所要探讨的问题：修昔底德机制是如何让处在竞争状态下的美国和中国被卷入战争之中？在修昔底德机制中，最为严重的风险并非崛起国或守成国希望发动战争，而是第三方的行动点燃了导火线。那么当前有哪些潜在的第三方会将中美两国拖入战争呢？在"走向战争"一章中，我阐述了中美关系从当前局势升级为战争状态的四条路径，以朝鲜为例。相比于特朗普总统刚刚执政，当前朝鲜问题得到了明显的改善。这主要因为朝鲜暂停了试射洲际弹道导弹并暂停了核试验。金正恩指出他将推动朝鲜无核化而特朗普总统相信金正恩的承诺。然而并没有很多专家相信朝鲜会实现无核化，而且我认为很多朝鲜人也不这么认为，所以朝鲜核问题并不会就此结束。如果朝鲜没有实现无核化，那么特朗普与金正恩的友善关系也将难以为继，而后金正恩将重新开始试射洲际弹道导弹，朝鲜之前就有过类似的先例。由此特朗普总统为了阻止朝鲜获取洲际弹道导弹而对其发动打击，而后朝鲜将进攻韩国加以还击。一旦如此，美国和韩国将对所有朝鲜目标进行攻击，朝鲜也很有可能因此解体并迫使中国军队进入朝鲜。笔者认为当前中国已经陷入了上述逻辑困局，如果中国最终坐视不管那么朝鲜将会完全被韩国兼并。

第五，美国与中国之间的战争是否不可避免？笔者的回答是双方的战争并非不可避免。在过去五百年间，不少案例中崛起国与守成国之间并未爆发战争，而且这些案例并非某一区域的个例而是在全球层面颇有共性。第一个案例始于西班牙的崛起，其竞争对手葡萄牙在15世纪拥有世界上最强大的海军力量，双方最终接受了教皇的仲裁而没有爆发战争。另一个案例是德国在冷战后成为欧洲的主导性力量。因此，12个案例中爆发了战争而另外4个案例中则没有发生战争。如果仔细查阅了上述记录的话，我们就会发现战争并非不可避免，说战争很可能爆发则更准确些。

第六，修昔底德式的剧本对于当今中美两国来说有何意义？当前中美看待两国关系的战略原则均已失效，两国都在寻求新的大战略以应对对方的挑战。虽然我们正在纪念中美正常化40周年，但当前两国关系却陷入了困境。现在中美关系遭遇到了非常严重的麻烦，正如同桑塔亚纳（George Santayana）所言："只有那些拒绝以史为鉴的人注定要重蹈覆辙。"中美两国是时候重新翻开修昔底德所描绘的那段历史去寻找避免争端升级为战争的历史教益。

第七,我们能否激发战略想象力以寻找建立新型大国关系的路径?习近平主席已经认识到了修昔底德陷阱所带来的问题,他所提出的解决思路非常值得研究。习近平指出中美需要构建新型大国关系,这种关系体现为不冲突、不对抗、相互尊重、合作共赢、互信互通。笔者认为习近平主席所坚持的思路非常正确并有助于中美建立起一种新型大国关系。如果中美都能按照这个思路相向而行,那么两国就会摆脱修昔底德陷阱。笔者认为很多绝佳的想法都源于青年人,他们的思想并没有因多年的研究或者对冷战战略或传统安全思想的熟悉而变得狭隘。我们需要一些战略决策黑箱之外的想法,虽然这些想法难免有些天真与不贴合现实,但我们需要这样的想法然后再进一步审视和考虑它。

改良主义而非修正主义：
中国全球角色的浮现[*]

朱云汉[**]

【内容提要】 中国实力的上升并在全球事务上表现出的更大雄心，与美国特朗普政府在"美国第一"口号下对于战后由之缔造的自由国际秩序的破坏形成了鲜明的对比，也引发了世界范围有关自由国际秩序前景的深切忧虑。"中华治世"会否取代逐渐衰退的美利坚盛世下和平？借用奥兰·扬有关国际领导权的分析框架，本文发现中国已经在过去几年的全球治理中成功展现了其行使结构型、创业型和智识型领导权的能力、意愿和技巧。从长远来看，国际领导权更迭的未来已经从这里开始起步。尽管中国全球战略的轮廓仍在逐渐地展开并完善着，但追求与既有霸权的"建设性交往"、捍卫并改革多边主义架构、深化南南合作以及保卫国家的经济生命线是其中最关键的四个组成部分。然而，这并不意味着中国是一个试图建立一套与西方主导的世界秩序相对的全面体系的修正主义国家。西方世界的这一错觉来自他们西方中心的两类思维，也即将政治、经济和国际关系上的三类自由主义元素混为一谈，并固执的将现存的等级秩序与自由主义的规范和原则混为一谈。中国只准备在现有秩序的架构内，在其资源、能力和责任明显合宜的领域，扮

---

[*] 本文由国际关系学院国际政治系讲师莫盛凯翻译，并经原作者校定。英文原稿出处为：Yun-han Chu, "Will Pax Sinica Succeed a Receding Pax Americana," Paper for delivery at an international conference on *From the Western-Centric to a Post-Western World: In Search of an Emerging Global Order in the 21ˢᵗ Century*, co-organized by Taiwan Research Foundation and Fair Winds Foundation, Taipei, June 2–3, 2018。

[**] 朱云汉，台湾大学教授、台湾"中央研究院"院士，中国人民大学吴玉章讲座教授。

演建设性的改良者角色。后霸权下世界秩序的复杂多样既非美国盛世下的和平也非"中华治世"所能覆盖。

【关键词】 世界秩序 国际领导权 修正主义 中国全球战略

一 导论："中华治世"会取代逐渐衰退的美利坚盛世下和平吗？

随着中国开始追求更具雄心的全球议程，西方政治领袖中对中国快速发展对第二次世界大战后的自由国际秩序，特别是支撑西方主导世界秩序的价值观和规范的潜在威胁的担忧正在日益加剧。

德国前外长西格玛尔·加布里尔（Sigmar Gabriel）在即将离任的前夕，于2017年慕尼黑安全会议上开火抨击中国的"一带一路"倡议，指控这一倡议代表了中国"企图建立一个全面的体系，从而以符合中国利益的方式重塑世界"。他警告称，"这已经不再只是经济问题：中国正在发展一个可以替代西方模式的全面体系，这一与我们所不同的模式，并非立足于自由、民主和个体人权"。

法国总统马克龙在他最近向美国国会发表的演说中也以一种更加含蓄的方式发出了类似的警告："包括联合国和北约在内的那些制度的弱化留出的真空地带会使那些并不与美欧享有相同价值观的崛起大国乘虚而入。"他并没有以点名的方式提及，但很明显他意指中国。

唐纳德·特朗普（Donald Trump）和他的国家安全团队已经迈出了更大一步。特朗普政府的首份《国家安全战略报告》（NSS）23次提及中国，且集中于指认中国带来的不断上升的威胁，并誓言美国将会进行反击。这一文件还正式指认中国是正在挑战美国利益的两个"修正主义国家"之一（另一个是俄罗斯）——它们试图打造一个与美国的价值观和利益相对立的世界的"修正主义国家"。该文件还确认"美国的责任不仅是要与中国的战略做抗争，还要阻止中国将自身意志施加于世界范围内的其他小国以及干涉他们的政治体系"[①]。

西方政治精英对于中国正在展露的全球影响的担忧是合理的吗？它在多大程度上反映的是对于中国在全球性议程上日益增长的影响及其带来的深刻挑战一种出于偏颇而狭隘角度的理解，而无视其复杂而多面向的内涵？是否有足够的证据

[①] "National Security Strategy of the Unites States of America," December 12, 2017, https://www.whitehouse.gov/wp-content/uploads/2017/12/NSS-Final-12-18-2017-0905.pdf.

来支持所谓中国的全球战略乃企图以一个全面、可替代的体系取代美国领导下的体系的这种流行论断？本文尝试破解并解决这一在西方社会中极易激发一场情绪主导政策辩论的棘手问题。下文将分四步推进。首先，通过应用最早由奥兰·扬（Oran Young）引介的一个概念性框架，本文解释了为何中国有潜力成为可靠的全球领导者并有能力成功地局部取代美国的领导角色，特别是如果美国越来越转向孤立主义、单边主义。其次，本文为中国正在酝酿的全球议程的基本轮廓提供了分析，探索了中国日益增长的全球影响对全球化和全球治理更为宽泛的意涵。再次，本文正面回应了西方社会正在进行的有关中国是否是一个矢志于推翻西方中心的世界秩序的修正主义国家的讨论。最后，在结论中，本文认为后霸权的世界秩序将会是复杂和多形态的，无论是美国盛世下的和平还是"中华治世"都将难以撑起。如果西方政治精英真诚地希望延续第二次世界大战后的自由世界秩序的遗产，对他们而言，明智的也是唯一切实可行的选择就是承认在守成国和崛起国间进行利益和责任的再平衡，在维护和改革现有多边国际制度以及落实多边合作倡议以解决威胁到全球共同体的社会可持续性的新挑战的问题上，与中国（和其他主要新兴经济体）建设性地交往才是当务之急。

在本文中，"美国盛世下的和平"（Pax Americana）一词被用来表示"第二次世界大战后美国主导的世界秩序"，更经常地，两者被交替地使用着。美国盛世下的和平经常被定义为一种"自由霸权秩序"。它是一种霸权，是指美国过去在从军事、经济、货币与金融、科技、文化到意识形态的国际体系的每一个重要领域都享有绝对优势。根据它规范性的建构（虽然真实的结构更为混沌而且内部矛盾重生），它之所以是自由的在于美国寻求将国际体系转变为一个基于规则、由开放的多边制度进行管理的秩序。霸权方受到制约不会为了攫取短期单边利益而去滥用其权力不对称关系下的优势。美国利用其优势力量使其他大国协调彼此多元，有时甚至是冲突性的利益，以及联结起来维护相互间的共同利益，以实现诸如永久和平与共同繁荣等更大目标。同样在规范性建构的层次上，军事力量的使用受到联合国安理会或是区域性集体安全机制的高度节制，战争和侵略不再被认为是解决国家间冲突或是增进国家利益的合法手段，大规模杀伤性武器的扩散也被严格管控。

此外，依据持"霸权稳定论"的理论家们的说法，霸权在保证世界经济稳定运行的国际公共产品的有效供给中扮演着十分重要的角色。这些公共产品不仅包括和平、安全和开放的贸易体系，还包括跨越国界的产权保护、航行自由、国际商业交易规则的标准化以及稳定的国际储备货币。霸权还扮演着危机时的稳定者角色,在金融危机中以贴现和别的方式提供流动性扮演最后借款方,在国际性衰退时扮演最后购买方,也即提供反周期财政刺激和为滞销的商品维持一个相对开放的市场。① 像"霸权稳定论"的先驱者查尔斯·金德尔伯格(Charles Kindleberger)这样的学者就相信,这些公共物品的稳定供给需要一个霸权来承担起主要的责任和负担。只有霸权拥有政治和经济实力来强迫其他主要利益攸关方遵守规则并分担成本。许多主流国际关系学者质疑维系一个自由国际秩序是否必须要有霸权,但他们可能都同意在其他主要的利益攸关方出现之前,霸权可能是缔造自由国际秩序的必要条件。②

即便是自由国际秩序最坚定的拥护者也承认,第二次世界大战后由美国主导的自由国际秩序在本质上依然是一种具有自由特征的等级秩序。③ 透过建立规范和制度对其他国家行为体施加战略约束,以及基于实力的等级制合法化的系统性努力,霸权体系以制度化形式出现。但许多特权被保留给了构成秩序核心的霸权国和其他主要大国。并不是所有的参与者都获得平等相待,许多情况下规则以对主导行为体最有利的方式被创造和应用。最后但并非最不重要的是,自由霸权秩序总是脆弱的,因为随时可能遭受其创立者的片面行动与短期机会主义行径的践踏,霸权国的任意违规行为可能扰乱甚至动摇体制的合法性。

如今,许多观察家都相信我们正在逐步接近美国盛世下和平的终结。美国不仅不再在全球政治经济诸多领域享有绝对优势,支撑美国主导的具有自由特征的世界秩序的国内基础也受到了严重的侵蚀。主要由新兴国家崛起以及伴随的地区利益带来的军事、经济和意识形态重心的转移,已经导致了世界秩序逐步脱离了美国的单一主导地位。④ 在唐纳德·特朗普治下,美国主导世界秩序的式微势必加速。特朗普政府不仅放弃了国际领导者的地位,其不明智的以美国为中心的单边主义、孤立主义正在损害许多美国帮助建立的多边制度。正如约翰·伊肯伯里(John Ikenberry)所哀叹的:"大国缔造的秩序来而复往,但它们往往终结于谋

---

① Charles Kindleberger, *The World in Depression, 1919–1939*, Oakland: University of California Press, 1973; Charles Kindleberger, "International Public Goods without International Government," *The American Economic Review*, vol. 76, no. 1, 1986, pp. 1–13.

② Robert Keohane, *After Hegemony: Cooperation and Discord in the World Political Economy*, Princeton: Princeton University Press, 2005; Duncan Snidal, "The Limits of Hegemonic Stability Theory," *International Organization*, vol. 39, no. 4, 1985, pp. 579–614.

③ John Ikenberry, *Liberal Leviathan: The Origins, Crisis and Transformation of the American World Order*, Princeton: Princeton University Press, 2012.

④ Amitav Acharya, *The End of American World Order*, Cambridge: Polity Press, 2014.

杀而非自杀。"① 然而，中国主导的世界秩序能否成功取代美利坚盛世下的和平？西方的政治精英们应当为这一前景而警醒吗？

二 领导权更迭：未来已经到来？

仅仅在几年之前，有关"中华治世下的和平"或是中国主导世界秩序的讨论，最初仍然只是少数富有好奇心、前瞻性的学者和一些大趋势分析家的纯学理探讨②，而非框定西方政治领导人和栖身于智库的政策分析家们展开政策辩论的工作假定。③

好景不在。西方的许多政策制定者（他们或许并不乐见这一前景），突然感到被迫要严肃的面对正在浮现的现实。他们要么动员国内和国际的支持来直面这一威胁性的转变，要么弄明白如何重新定位其国家的政策方向和优先事项，以与即将到来的领导权更替可能带来的挑战和机遇相搏击。

历史学家可能会指出几个清晰标识了从美利坚治下和平向"中华治世"过渡的具有分水岭性质的事件：2008—2009年的国际金融危机和伴随的全球经济治理的接力棒从G7向G20的交接，以及最令人震惊的，2015年奥巴马政府劝说其最紧密的西方盟友不要加入中国倡议的亚洲基础设施投资银行（Asian Infrastructure Investment Bank，AIIB）的努力以失败告终。目睹亚投行在美国的极力阻挠下仍成功设立，美国前财长劳伦斯·萨摩斯（Larry Summers）评论道："过去一个月可能会被作为美国失去其作为全球经济体系担保人角色的时刻而被铭记。"④ 毫无疑问，这一转换进程随着唐纳德·特朗普的当选，特别是他要求美国退出巴黎协定与泛太平洋伙伴协定（TPP）和伊核协议的决定而加速。

正如第二次世界大战后自由国际秩序的基石正在被政治上的内爆所撕裂——随着特朗普带领美国从国际领导地位上退却并转而攻击现存的多边协

---

① John Ikenberry，"The Plot Against American Foreign Policy," *Foreign Affairs*，vol. 96，no. 3，2017，pp. 2 – 9.

② 例如，Peter Katzenstein, ed., *Sinicization and the Rise of China: Civilizational Processes Beyond East and West*, New York: Routledge, 2012; Martin Jacques, *When China Rules the World: The End of the Western World and the Birth of a New Global Order*, New York: Penguin Press, 2009。

③ 一个明显的例外来自 Arvind Subramanian, *Eclipse: Living in the Shadow of China's Economic Dominance*, Washington D. C.: Peterson Institution for International Economics, 2011。

④ Larry Summers，"Time US Leadership Woke up to New Era"，April 5，2015，http://larrysummers.com/2015/04/05/time-us-leadership-woke-up-to-new-economic-era/.

定，西欧的许多主流政治势力被左翼的激进反全球化运动和右翼的反欧盟民粹主义运动所冲刷——中国反而成了稳定性和可预测性的灯塔，成为推动世界经济增长和经济一体化继续前行的主要动力源泉。当2017年中国国家主席习近平首次获邀在全球商界精英齐聚的年度冬季度假胜地达沃斯向世界经济论坛发表主旨演讲时，他们才不情愿地意识到如果世界要寻找美国的继任者来维系全球化进程的动力，在日益上升的狭隘民族主义、保护主义面前保护多边协定，承担使相互冲突的国家利益和集体利益向着取得长期目标成果的方向聚合起来的主要责任，从而避免全球政策议程偏离全球相互依存的现实，以及重塑经济开放的合法性并处理其政治、社会和经济上的后果的迫切需求，中国是眼下唯一有望的备选国家。

在多大程度上中国已经具备成为可靠替代者所必要的能力和水平，如果我们使用奥兰·扬的框架来衡量国际领导权的有效性，答案可能会使绝大多数的西方观察家感到震惊。① 在扬最初的构想中，他区分了三种领导权，可以回应解决或是避免损害共同获益潜力的集体行动难题所需，也即结构型领导（structural leadership）、创业型领导（entrepreneurial leadership）和智识型领导（intellectual leadership）。结构型领导是指将占优势的物质力量，比如强制力、生产力和金融力量，转化为产生新的合作方式或是催生新的多边协定或制度的国际谈判中的讨价还价筹码之能力。创业型领导涉及议程设定，新的政策选项的创设，以及在国际合作中为了实现更高目标的成就而补偿其中的利益相关方的权宜措施；智识型领导则依赖知识和观念的力量来塑造支撑制度性安排的原则背后的思想、指导对有关问题的理解、使政策方向指向更好的替代选择。扬认为，这三种形式的领导权在20世纪下半叶从环境议题到防止核扩散的多种国际制度建立的谈判中都是显而易见的。

中国仍不是广为认可的国际领导者，迄今为止，欧盟的领袖们只是将习近平主席领导下的中国视为对抗特朗普治下美国的一种风险对冲。因此中国并未被赋予足够的机会来证明她足以遂行这三种形式的领导权。平心而论，今日之中国已经具备发挥有效之国际领导所需的绝大部分要素。此外，在较短的时间以及多个领域内，中国已经在上海合作组织、金砖国家（BRICS）、中非合作论坛、亚洲基础设施投资银行以及在2017年9月发起成立的一个旨在促进中国与六个主要

---

① Oran Young, "Political Leadership and Regime Formation: On the Development of Institutions in International Society," *International Organization*, vol. 45, no. 3, 1991, pp. 281 – 308.

国际经济组织——世界银行（WB）、国际货币基金组织（IMF）、国际劳工组织（ILO）、经济合作与发展组织（OECD）、世界贸易组织（WTO）以及金融稳定委员会（FSB）——新的多边协商平台的建立等多个有说服力的案例中证明了自身的潜力。

施展结构型领导权的前提条件是拥有定义、创造并巩固权力不对称性的必要结构型权力。在多种衡量标准上，中国已经在这一点上超越或是取得与美国的平等地位。根据IMF测算，以经过购买力平价调整后的国内生产总值（GDP）来衡量，中国已经超越美国成为世界第一大经济体（即便就名义GDP而言，这一超越也将在2025—2030年间发生）。据世界贸易组织统计，中国在2017年超越美国成为世界第一贸易大国。早在2015年，中国就已经是92个国家的最大出口市场或是最大进口来源地，同期美国仅仅是57个国家的最大出口市场或是进口来源地。即便在AIIB和金砖国家新发展银行成立以前，中国提供的开发融资就已经超越了西方捐助国和美国主导的国际多边借贷机构提供的资金之和，也是2001—2015年非洲和拉美软贷款的最大来源方。中国已经成为世界上最关键的南南发展伙伴之一，截止到2015年年底，直接或是通过地区和国际组织，中国向166个国家提供了价值630亿美元的发展援助。[①] 根据日本瑞穗证券（Mizuho Security）2018年的估算，中国的零售额将接近5.8万亿美元。这将使中国成为与美国相当的世界最大消费市场，从而同样具备扮演世界市场上最后的商品购买方角色的能力。最重要的是，中国已经获得了前所未有的制造能力、工程技术和金融资源，以满足整个发展中世界对于从发电、智能电网、深水港、铁路、高速公路、大众捷运、高速铁路到数字通信的一站式（turn-key）基础设施日渐增长的需求。没有一个超级大国曾经获得过如此的基础设施援建能力，更不用说帮助最不发达国家发展的意愿。

持怀疑论者可能急于指出美国依然享有军事力量上的优势、科技上的领先，同时美元的霸权地位也依然根深蒂固。此外，尽管经历了最近二十年快速的军备发展，中国的武力投射能力仍然非常有限；人民币距离成为国际化的储备货币也依然很遥远，更不用说成为占主导地位的储备货币（尽管人民币当前已经被纳入IMF特别提款权的货币篮子）。

事实上，当美欧在产出上增长缓慢的同时，中国正在基础科学研究和前沿科

---

① Nicholas Rosellini, "Multilateralism and the Chinese Dream," *UNDP China Office*, April 19, 2017, http://www.cn.undp.org/content/china/en/home/ourperspective/ourperspectivearticles/2017/04/19/multilateralism-and-the-chinese-dream.html.

学知识传播领域迅速赶上美国。根据美国国家科学基金会（National Science Foundation）的一项分析，到 2016 年中国已经成为世界最大的科研论文产出国，而美国仍在引用率居于前 1% 的论文产出上领先中国。[①]

另一方面，对于国际领导国来说，旨在现存的任何多边机制内推动超越安全领域的新的合作倡议，或是在气候变化、疾病控制、网络安全、电子商务领域达成新的全球协议，需要的不是庞大的核武库以及数以百计的海外军事基地，这些硬实力并不能获得更多的讨价还价优势。与此同时，有些人认为美元霸权反而是导致经常性全球经济失衡和金融不稳定的最重要根源，也是妨碍超主权货币更广泛使用的障碍，全球经济更需要提升特别提款权（SDR）作为全球储备货币，这样的安排可以更好地解决全球储备货币的全球功能与主权货币发行国自身的政策优先目标之间的内生冲突。[②] 中国一直是主张通过提升 SDR 角色、功能的方式创设一种超主权储备货币的强烈倡导者[③]，并在 2016 年成为首个发行以 SDR 计价债券的国家。

中国在最终达成《联合国气候变化协议》（U. N. Climate Change Agreement）的曲折且旷日持久的谈判中展示了其对于结构型权力的有效运用。在《联合国气候变化框架公约》第 21 次缔约方大会上（COP21），中国小心翼翼地使用了其双重优势——作为地球上最大的温室气体排放国和将自身承诺完成其 2030 年国家自主贡献（NDC）方案这一单一最大让步且可接受的保证放到谈判桌上——成为促成《巴黎协定》的关键谈判方之一。[④]

根据美国能源经济与金融分析研究所（IEEFA）最近的一份报告，中国现如今已是太阳能、风能、水力发电产能的世界领跑者，每年在可再生能源上的投资超过美欧的总和。在 2017 年，中国以在 2020 年前在可再生能源上再投资 3600 亿美元的誓言基础上追加了其承诺。这意味着中国将大幅超额完成其所承诺的 2030 年目标。中国正通过扩大其可再生能源转移海外的方式帮助许多发展中国

[①] Peter Dockrill, "China Just Overtook The US in Scientific Output For The First Time," *Science Alert*, January 23, 2018, https://www.sciencealert.com/china-just-overtook-us-in-scientific-output-first-time-published-research。该文引用了美国国家科学基金会每两年发布一次的《科学与工程指标》（*The Biennial Science and Engineering Indicators Report*）。

[②] *Report of the U. N. Commission of Experts on Reforms of the International Monetary and Financial System*, September 14. http://www.un-ngls.org/IMG/pdf_finalreport.pdf。该委员会由约瑟夫·斯蒂格利茨主持。

[③] 最清晰的阐述来自时任中国央行行长周小川在 2009 年 3 月 23 日的一次题为"关于改革国际货币体系的思考"的发言。

[④] Liang Dong, "Bound to Lead? Rethinking China's Role after Paris in UNFCCC Negotiations," *Chinese Journal of Population Resources and Environment*, vol. 15, no. 1, 2017, pp. 32–38.

家，特别是"一带一路"沿线国家，完成其2030年国家自主贡献计划，且已经在海外的可再生能源项目上投入了320亿美元的资金。[①] 中国现如今还是全球绿色债券市场的领导者，在2016—2017年度占据的全球份额超过30%。正如中国作为典型展现的具有说服力的案例为发展中国家如何将国家自主贡献要求转化为改善经济结构和塑造新商业模式发展的动力做出了示范，它也使《联合国气候变化框架公约》缔约方大会得以在未来设立更具雄心的全球目标。

中国提供创业型领导的记录同样值得重视。在举办二十国集团（G20）杭州峰会时，中国作为一个前瞻性的共识建设者的形象开始浮现出来。通过幕后的努力，中国帮助重新定义了G20的使命，并在过程中赋予了其长期愿景。根据亚洲观察（Asia Viewers）咨询集团联合创始人纳迪亚·杜拉洛维奇（Nadia Radulovich）和玛莉亚·塞西莉亚·佩拉尔塔（Maria Cecilia Peralta）的看法，中国有效地将集团角色从灭火者调整到了为促进全球发展稳定提供先导性措施上来。在中国的倡议下，G20杭州峰会有史以来第一次起草了落实联合国2030年可持续发展议程的行动计划、同意尽快批准《巴黎协定》、启动G20支持非洲和最不发达国家工业化倡议以及全球基础设施联通联盟倡议，为发展中国家人民带来了实实在在的利益。借由促成这些结论，中国帮助G20实现了从危机管理机制向专注于旨在引领全球经济增长和国际经济合作的长效治理平台的转型。

中国创业型领导权的运用在设立亚洲基础设施投资银行的案例中同样令人印象深刻。为使这一多边借款机构获得公信力，中国有意放弃了赋予自身否决权的选项，尽管其认缴份额达到了31%（投票份额为26.6%）[②]、为印度预留的保留份额给予了这一巨大的邻邦作为股东的荣誉、指定给亚洲以外国家的3席董事位置使之更具包容性、与世界银行建立伙伴关系、采用全球发展融资的最佳实践以及以美元来发放贷款和发行债券。

中国还在诸多不利条件下——例如中印之间潜在的地缘政治分歧，在联合国安理会改革问题上存在于印度、巴西一方与中俄另一方之间的分歧，较弱合作伙伴自身经济的萎靡不振——从零开始建立起金砖国家峰会机制，此一不可思议的创举展现了其对创业型领导权的运用。不到十年，中国就克服了五国间不断增长

[①] IEEFA Report：*China in 2017 Continued to Position Itself for Global Clean Energy Dominance*，January 9，2018，http：//ieefa.org/ieefa-report-china-continues-position-global-clean-energy-dominance-2017/.

[②] 相比之下，尽管美国只持有16.89%的投票份额，却依然对国际复兴开发银行和国际金融开发公司的主要决策保有否决权。

的权力不对称性带来的敏感问题,稳步强化了共识,建立起了从意见交换平台到旨在为实现促进多极化、经济全球化和国际关系民主化的明确目标而采取有效合作行动的重要机构。① 目前,从农业、国家安全、卫生到国际金融,已经有多达50多项与金砖机制相关的合作项目。② 新发展银行和金砖国家应急储备安排(CRA)的建立都是不小的成就。此外,在厦门峰会上,中国推出了一项创新举措,将金砖峰会从现有成员间的封闭性年度首脑峰会升级为更具包容性的平台。在"金砖+"(BRICS Plus)机制下,其他重要的新兴经济体可以在无须正式扩员和改变身份的情况下作为主办国宾客受邀与会。在这项倡议下,"金砖+"机制致力于通过使所有利益相关方参与进来而成为发展中世界政策协商的最关键平台。

大多数西方观察家倾向于认为提供智识型领导是中国最薄弱的环节,甚至是长期存在的阿喀琉斯之踵(Achilles' Heel)。他们认为,中国的威权政治体系总是其负资产。尽管中国最近努力提升了其软实力,但能否让世界相信中国是一支良性和仁慈的力量并将更多的人吸引到中国的文化、生活方式和全球共同体的愿景上来仍然是存疑的。③

但事实并非如此。首先,仅仅通过重申其对联合国2030年可持续发展议程的坚定承诺并以专项资源和具体计划予以支持,中国就能将自身定位成包容性增长与平等的拥护者。通过不断表达对于未经安理会授权攻击他国领土的单边军事行动的反对,同时在联合国维和行动的负担中承担更大的份额,中国可以可信地将自身塑造为联合国集体安全制度的维护者。④ 习近平主席有关人类命运共同体的表述,在2017年2月被联合国社会发展委员会以协商一致的方式纳入其决议,这对全球的发展中国家(the Global South)是个好兆头。这一表述,虽然被西方的评论家们指责是模糊、空洞,却与有关全球共同体的社群主义想象产生共鸣,不仅与特朗普"美国第一"的口号形成鲜明对比,也比西方主导的自由国际秩

---

① Oliver Stuenkel, *The BRICS and Future of Global Order*, Lanham: Lexington Press, 2015.

② Oliver Stuenkel, "The BRICS Leaders Xiamen Declaration: An Analysis," *Post Western World*, September 7, 2017, http://www.postwesternworld.com/2017/09/07/leaders-declaration-analysis/.

③ Joshua Kurlantzick, *Charm Offensive: How China's Soft Power Is Transforming the World*, New Haven: Yale University Press, 2008.

④ 在2013年中国提供的资金仅占维和行动总费用的3%,而今中国贡献了维和行动预算的10.25%,同时自2012年起中国为维和行动提供的人员远远超过了其他四个常任理事国派员的总和。参见 Logan Pauley, "China Takes the Lead in UN Peacekeeping," *The Diplomat*, April 17, 2018, https://thediplomat.com/2018/04/china-takes-the-lead-in-un-peacekeeping/。

序在规范论述上更胜一筹。①

美国和其他西方观察家经常陷入他们自我设定的认识陷阱,认为自由、民权和民主比有效治理、社会稳定和经济繁荣更受欢迎。弗朗西斯·福山(Francis Fukuyama)敏锐地观察到,在 2016 年前夕,"很大程度上隐藏于公众视野之后,一场有关于正处竞争中的中西方促进经济发展战略的历史性竞赛正在进行中。这一竞争的结果将在未来数十年决定许多欧亚大陆地区的命运"②。

在一个经济形势不确定、社会向上流动缓慢、经济不平等加剧、备受失业压力与经济不安全感的劳工与白领阶层人数不断攀升的年代,中国发展模式对于世界上许多地区的领袖和社会精英也将变得更具吸引力。与此同时,西方的自由民主模式正在丧失其吸引力。正如爱德华·卢斯(Edward Luce)所说,西方国家又回到镀金时代(gilded age)以来所仅见的最大规模经济不平等,是由于富人掌握了操控立法和监管活动的大量政治权力所导致的。反过来,资源在(收入)分配顶层的集中导致了富裕精英对于公众生活更加不成比例的影响,进一步加剧了对于公共政策偏离公众需求的不满。普选产生的民意代表越来越无力反映人民的观点,政治沦为权贵的游戏。③ 罗伯特·福阿(Robert Foa)和雅斯查·蒙克(Yascha Mounk)提供的所有经验证据都表明,在西方成熟民主国家,代议制民主正面临着 20 世纪 30 年代以来最严重的合法性危机。④ 显然,如果西方的政治领导人想要捍卫自由民主的优越性,他们需要在自己的家园内开始其自救任务。

在 2017 年,中国接待了 48 万国际留学生,很快还将超越英国和澳大利亚成为第二大最受欢迎的留学目的地。其中 2/3 来自"一带一路"沿线国家,且 88% 为自费留学生。许多发展中国家,特别是非洲、南亚、东南亚国家,将其处于职业生涯中期的高级官员和专业人士派往中国接受高级培训。当下中国每年为一万多名非洲官员提供培训。他们不仅学习中国治理体系或国家主导增长模式的基本构成要素,还学习农村发展、农业援助、城市规划、公共住房、犯罪控制、

---

① Amitai Etzioni, *From Empire to Community: A New Approach to International Relations*, New York: Palgrave, 2004.

② Francis Fukuyama, "Exporting the Chinese Model," *Project-Syndicate*, January 12, 2017, https://www.project-syndicate.org/onpoint/china-one-belt-one-road-strategy-by-francis-fukuyama-2016-01? barrier = accesspaylog.

③ Edward Luce, *The Retreat of Western Liberalism*, New York: Atlantic Monthly Press, 2017.

④ Robert Foa and Yascha Mounk, "The Signs of Deconsolidation," *Journal of Democracy*, vol. 28, no. 1, 2017, pp. 5 – 16; Robert Foa and Yascha Mounk, "The Democratic Disconnect," *Journal of Democracy*, vol. 28, no. 3, 2017, pp. 5 – 17.

减贫、电子商务、共享经济、绿色能源等更为便捷实用的知识。许多科学家和工程师也来到中国以中国的技术标准接受培训，因为现今中国在从核电、清洁能源、高速铁路、5G 移动电话到人工智能的广泛工业领域出口其标准，特别是通过其在"一带一路"倡议沿线国家投资。资深中国专家也在包括国际标准化组织（ISO）、国际电讯联盟（ITU）、国际电工委员会（IEC）在内的开发和认证标准的国际组织中占据越来越重要的职位。[①]

简而言之，中国已经积累了一系列令人印象深刻的结构性能力和将其转化为行使国际领导权的有力优势的技巧。但是，尽管已有前述凭证，中国仍然谨慎且有保留地看待"中国主导的世界秩序"的提法，更不用说像是"中华治世"这种带有挑衅性（且容易导致国际误解）的概念。在最好的情况下，人们可以推断，在从贸易、发展援助、地区基础设施、多边贷款、金融稳定、环境、绿色能源到联合国维和行动这些越来越广泛的政策领域中，中国已经准备好发挥与其国家优先目标相容，也与其作为人口最多的中等收入发展中国家的国际地位相匹配的国际领导角色，而且是内嵌在既有的多边架构内。接下来笔者将通过对中国正在形成中的全球战略轮廓的简要分析来证明这一推断。

三 正在浮现的中国全球战略的轮廓

中国正在形成中的全球战略首先旨在支撑其包括在 21 世纪中期使中国成为高度发达的现代化国家的目标和恢复其在世界上恰当位置的民族伟大复兴宏愿。为此，中国的全球战略应致力维持并创造一个和平、稳定和建设性的环境，以实现这一最大的长远目标。

其次，中国的全球战略依托于其富有韧性和效率的政治经济体系，中国共产党赋予整个国家机构政策连贯性和方向感，促成国内不同组成部分和利益相关方就实现国家长远发展目标达成社会共识。在社会主义市场经济下，市场在资源配置中起着基础性作用，但政府在创造市场架构并引导改革、重组和制度创新的过程中发挥着决定性作用。国家的全球战略应与强化政治体系的合法性及韧性相辅相成。

最后，中国的全球战略同样源自于中国人民在几千年中积累起来的历史经

[①] 舒印彪：《加快中国标准"走出去" 助力"一带一路"建设》，《人民日报》2017 年 3 月 3 日第 10 版。

验和智慧，以及中国政治精英对于正在浮现的 21 世纪的全球秩序和中国在其中的恰当角色的想象。中国预见到并欢迎一个正在浮现的多极世界，在其中任意一个全球大国都不能单方面地支配规范和规则，更不用说任意违反规范和原则而不付出代价。中国的政治精英同样还想象着一个新兴的全球共同体——人类命运共同体，它与经济全球化和维系国际和平的共同利益、促进发展和保护全球公域紧密相连。但是这一新生的全球共同体的经济和社会结构在面对地缘政治对抗、大众对于惊人不平等现象的激烈反抗、文明的冲突以及全球发达与发展中国家之间分歧时依然十分脆弱。

因此，新兴的全球秩序将不会（可能也不应该）是以中国为中心的或是围绕中国的利益来运转。中国理性而务实的选择是准备成为多边主义的主要（但不是唯一）的担保者，这是维持一个开放、富有活力且具有包容性的全球经济，与有效因应全球共同体的社会可持续性发展面临的新的威胁与挑战之唯一可行途径。中国愿意在现有多边机构里承担更大的责任，共同管理全球经济，为深化与世界主要地区的经济伙伴关系建立新的制度和机制，但是，中国也应当在它感到更加自信的领域以恰当的步伐（也即与其能力和作为正在崛起的人口最多的发展中国家地位相称的速度）提升并扩大其对于全球治理责任（global stewardship）的承诺。

尽管仍处于持续展开与完善化的过程中，近年来在习近平主席的领导下，中国正在酝酿的全球战略的轮廓更加清晰可见。基本上，它由四个关键部分组成：

第一，追求与现有霸权的"建设性交往"。中国版的建设性交往是在新型大国关系的倡议下提出的。中国领导人深刻理解中美关系纽带（nexus）是 21 世纪最重要的双边关系。他们希望通过定期的战略对话在最高层发展关系、建立信任和相互尊重，在地区和全球问题上寻求合作，管控贸易摩擦和其他经济争端，提出办法来限制和减轻战略冲突与对抗，并诱使美国尊重中国的核心利益，在合理范围内尽一切努力防止最坏情况，也就是避免中美战略摊牌，否则可能将整个世界推入"第二次冷战"乃至撕裂已经全球化的世界经济结构。[①]

第二，捍卫、擦亮和改革多边主义。中国领导人认识到中国日益浮现的全球角色需要建立在第二次世界大战后多边协定的基础上。然而，这一基础现在已摇摇欲坠，需要被翻新、升级和（或）改造，以更好地适应快速变化的世界。中

---

① 迈克尔·林德在其最近的论文里生动地描述了最糟糕的情况，Michael Lind, "America vs. Russia and China: Welcome to Cold War II," *The National Interest*, April 15, 2018, https://nationalinterest.org/feature/america-vs-russia-china-welcome-cold-war-ii-25382。

国认为今天的全球治理体系是不完美、不充分的。虽然中国赞同其大多数自由主义的特征，但并不赞同其中显在或隐含的僵化的等级制，更不用说创立者频繁的片面违规行为。中国已经着手在主要发展中国家间建立共识，在"多极化和国际关系民主化"的中心主题下提出改革议程，特别是推动朝向一个更具代表性的全球治理结构，给予新兴经济体更多的发言权和责任，不仅在制定规范和原则方面，也在执行层面上更加强化平等原则。中国还提议提升现有机构的功能和作用范围，以使它们更好地应对由气候变化、全球经济失衡、巨型跨国公司的垄断权力、世界人口爆炸以及技术革命带来的新挑战。中国寻求充分利用两个关键的政策协调平台来推进其改革现有全球治理体系的议程。在 2017 年金砖国家厦门峰会启动的旨在接触更多像墨西哥、印度尼西亚这样的重要新兴经济体的"金砖＋"机制下，中国寻求利用这一平台在新兴经济体间塑造共识及阐述发展中国家的集体利益。中国重视 G20 作为两个全球群体的核心领导小组之间对话、谈判、协调的关键平台之作用，一个是 G7（代表发达世界的核心小组），另一个是"金砖＋"（代表发展中世界的核心小组）。

中国还展现了其建立诸如金砖国家新开发银行、亚洲基础设施投资银行等新的多边机制或安排以应对现有全球或地区多边机制短缺的决心。通过这样做，中国得以对现有的多边机制施加更大的压力以便推进及时的改革与升级。例如通过建立诸如《清迈协议》和金砖国家应急储备基金这样的多边临时换汇与货币清算安排，参与国得以形成集体预防机制，以防止掠夺性的对冲基金针对脆弱成员策动汇率危机而引爆具有传染性的地区金融危机。同时这些新机制也迫使 IMF 重新审视其严苛的纾困条件，并在监管全球资本流动的必要性问题上接纳新的机构观点。①

然而，中国正在推动的是全球秩序的谨慎改革而非另起炉灶。许多人相信中国主导的金砖国家集团并没有流露出寻求推翻或破坏国际秩序稳定的迹象。金砖国家《厦门宣言》（与之前的宣言一样）重申了其对现状的支持，没有任何弱化现有制度或安排的企图。② 在 2017 年峰会的宣言中，金砖国家领导人确认"我们将坚定不移的维护联合国的中心角色、《联合国宪章》所阐明的宗旨和原则、

---

① 事实上，IMF 已经重新审视了其过往的紧急纾困借贷行为并在监管国际资本流动上采纳了新的机构观点。比如，Capital Flows: Review of Experience with the Institutional View, *IMF Policy Paper*, November 2016, https://www.imf.org/en/Publications/Policy-Papers/Issues/2017/01/13/PP5081-Capital-Flows-Review-of-Experience-with-the-Institutional-View。

② Oliver Stuenkel, "The BRICS Leaders Xiamen Declaration: An Analysis," *Post Western World*, September 7, 2017, http://www.postwesternworld.com/2017/09/07/leaders-declaration-analysis/.

对国际法的尊重，以及在国际关系中促进民主与法治为基础的公平、公正的国际秩序"。金砖国家领导人还承诺："我们重视二十国集团继续作为国际经济合作主要论坛的作用，重申落实包括杭州峰会和汉堡峰会在内的历届峰会成果。"

第三，深化南南经济合作。随着中国在产业阶梯上的升级，中国认识到深化和制度化与绝大多数发展中国家经济伙伴关系的巨大潜力，因为它们与中国之间的优劣势彼此高度互补，而且意识形态分歧和地缘政治摩擦的问题通常也不存在。许多南方国家拥有丰富的自然资源和可耕地，而中国正变得更加依赖进口石油、矿产、谷物和其他大宗物资。大多数此类国家面临着投资资本和外汇储备的长期短缺，而中国拥有丰富的储蓄盈余并积累了庞大的外汇储备。大多数此类国家仍然有着年轻且不断增长的人口，具备巨大的潜力来承接转移自中国的劳动密集型制造活动，而中国的制造业部门正面临着产能过剩、劳动力短缺、工资上涨的压力，被迫向产业阶梯的更高阶段升级。大多数此类国家面临着缺乏现代化基础设施的严重瓶颈，而中国拥有空前的工程和融资能力，能够以合理的成本在较短的时间内提供世界级的一站式基础设施。大多数此类国家土生土长的企业家阶层薄弱、国家能力微弱、治理水平低下，而中国在国家能力建设、经济发展规划，以及如何为中小企业，尤其是数字时代的微型企业和个体运营商，创造有利的增长环境方面积累了丰富的经验。

二十年来，中国建立了一个全方位的"地区＋1"（region-plus-one）制度体系来扩大和深化经济伙伴关系，比如东盟—中国论坛、中非合作论坛、中国—阿拉伯国家合作论坛、"16＋1"领导人会晤（囊括11个中东欧的欧盟成员国与5个巴尔干国家）、中国与拉美加勒比国家共同体论坛。大多数此类"地区＋1"制度都带动了政策工作组、商业理事会、地区基础设施项目以及专项投资基金的发展。"一带一路"倡议代表了旨在加速欧亚大陆与其他地区融合的一项更具雄心的计划。在"一带一路"框架下，中国旨在建立一个将扩展到拉美并将通往欧洲的北极航线包括在内的全球基础设施网络。首要目标是加深与沿线国家在贸易、投资、技术、文化上的联系，为维持全球化和地区一体化的势头提供新的经济动力。在"一带一路"倡议下基础设施投资的规模和范围是惊人的。它将至少比第二次世界大战后美国的马歇尔计划大七倍（以2017年的美元计算）。中国还谨慎地推动上海合作组织的扩大，该组织成立的初衷是加强西部边境的安全环境、抵御跨境的宗教极端分裂分子的威胁，通过邀请印度和巴基斯坦（其他有潜力的候选国包括蒙古国、阿富汗、伊朗和土耳其）加入为"一带一路"建设奠定坚实的地缘政治基础。

第四，保卫国家的经济生命线。随着中国与世界经济的紧密相连，它也更加脆弱地暴露在可能扰乱或截断贸易路线、能源供应、跨境金融交易与信息流动的各种潜在威胁面前。例如，2003 年 11 月 29 日中央经济工作会议上时任中共中央总书记、国家主席胡锦涛曾点出中国的"马六甲困局"（Malacca Dilemma），意指中国 80% 的能源需求来自中东，而马六甲海峡成为其途中的咽喉节点。为对冲最糟糕的情况，中国建立了一系列备用体系或多种替代方案，并迅速升级其海军力量以遂行海外任务。中国已通过马来西亚、缅甸、巴基斯坦、中亚国家和俄罗斯建立了多种替代性的航运和能源供应路线。中国还发展了自己的北斗卫星导航系统（BDS）以作为美国控制的全球卫星定位系统（GPS）的替代选项。中国正在建设一种基于 IPV6 的新版全球互联网基础设施，在其中美国不再垄断对根服务器的控制。中国已经升级了自身的银联（Unionpay）以使之成为与 Visa、万事达卡（MasterCard）比肩的全球支付处理系统，以及创建自身的跨境银行间支付系统（CIPS）作为环球同业银行金融电讯协会系统（SWIFT）的后备选项。中国还在数字防火墙之后培育诸如阿里巴巴、腾讯、百度等本土的数字巨头以与亚马逊、脸书、谷歌竞争。这些替代和后备系统服务有三个目的：对冲安全风险、刺激新型商业模式和新技术的成长，使中国脚踏实地地成为另一套基本的全球商业基础设施的提供者与管理者，成为装备齐全的经济巨头。

与美国的全球战略最明显的差别在于，发展军事联盟并非中国全球战略的组成部分。中国仍然坚守长期坚持的不结盟与不干涉政策。中国领导人相信，军事联盟往往会加剧而非减轻在动荡地区（troubled region）的敌意和冲突。而且，如果中国发展联盟（可能是与俄罗斯），那美国对于中国的敌意只会强化，中美双边关系也将变得更加不稳定。① 另一项与美国全球战略形成鲜明对比之处在于，由于美国主导的轴辐体系在"海洋东亚"的强势存在和中日之间的持久敌意，中国仍然没有能力在地理邻近性和文化亲和力的基础上依靠广泛而有凝聚力的战略与经济伙伴来支撑其领导地位的事实。但是，中国已设法在沿着其边境的"大陆东亚"维持了一个最低限度的轴辐体系，并渴望抓住机会打造与日韩之间更为紧密的经济伙伴关系。具有讽刺意味的是，特朗普刚刚提供了东北亚三国克服相互间政治分歧和共同努力谈成东北亚自由贸易协定的所需动力。为了对冲美

---

① Zhou Bo, "The US is Right that China Has no Allies-Because It Doesn't Need Them," *South China Morning Post*, June 13, 2016, http://www.scmp.com/comment/insight-opinion/article/1974414/us-right-china-has-no-allies-because-it-doesnt-need-them.

国日益增长的保护主义,三国可以利用三边自贸协定作为建立一个联结欧盟、东盟、南亚和其他地区的全球自由贸易轴辐体系的关键枢纽。这是2018年5月中国总理李克强在东京举行的与日本首相安倍晋三、韩国总统文在寅的三边会晤中正式提议的"中日韩+"(China-Japan-Korea + X)方式所暗示的愿景。最后,在中国领导人的脑海中,其全球战略的要旨不仅要维持中国自身进一步的发展,还要维持而非损害全球化进程,这是创造中国经济增长奇迹的关键外部条件。但是,中国也倾向于以国家、地区和全球范围上更有效的监管机制来驾驭和重新设定全球化的路径,以控制其干扰性的(甚至是破坏性的)社会、政治和环境后果,扭转过去为人诟病的贫者愈贫、富者愈富的趋势,并设法扩大通过上层财富增长带动底层经济增长的"涓滴效应"。

四 中国是一个修正主义国家吗?

中国是一个试图建立一套与西方主导的世界秩序相对立的全面体系的修正主义国家吗?这取决于人们如何定义第二次世界大战后自由国际秩序的本质,也取决于是从"西方中心"的视角还是从全球共同体的视角看待中国崛起(以及非西方世界作为整体崛起)的多方面含义。那些对"中华治世"前景感受到威胁的西方意见领袖们经常使自己陷入关于第二次世界大战后世界秩序的两类西方中心思维中去。

首先,他们倾向于将自由主义的三个元素混为一谈:政治自由主义(与威权主义相对)、经济自由主义(与经济民族主义或重商主义相对)和国际关系理论家使用意义上的自由主义(与现实主义和其他国际关系理论相对)。[1] 他们假定这三种元素总是相辅相成的。他们没有认识到三者之间的固有紧张和矛盾。事实上,20世纪80年代以来经济自由主义的新自由主义转向带来了丹尼·罗德里克(Dani Rodrik)所谓的"超全球化"(hyperglobalization),而其结果却是损害民主、侵蚀国家主权、破坏社会团结。[2] 他们也没有认识到过去三十年的新自由主义转向导致了经济权力空前集中在一些巨型公司手中,它们得以运用自身的垄

---

[1] Hans Kundnani, "What is the Liberal International Order?" German Marshall Fund of United Nations, *Police Brief*, March 3, 2017, http://www.gmfus.org/publications/what-liberal-international-order.

[2] Dani Rodrik, *The Globalization Paradox: Democracy and the Future of the World Economy*, New York: W. W. Norton, 2012.

断性权力和非常规的政治影响获得巨额的经济租金（economic rent）。① 此外，仅有微弱的历史证据表明，西方的自由民主政体是基于规则的开放多边贸易体系，或是更宽泛意义上基于规则的国际关系的更为可靠的支柱。历史殷鉴不远，人们不应忘记在20世纪30年代引发保护主义升级和世界贸易彻底崩溃的正是民主政体。1930年的《斯穆特—霍利法案》（Smoot-Hawley Tariff Act），在郝伯特·胡佛（Herbert Hoover）总统不顾1000多位经济学家的反对下签署生效，使世界陷入了大萧条。1929—1934年，美国对外贸易总量缩减了近乎2/3，世界贸易规模也萎缩了近40%。用一个当代的参照，根据WTO的统计，实施民主的发达市场与新兴市场一样，2001—2016年大量实施了非关税壁垒。② 美国（加上法国、英国两个所谓自愿参加的盟友）经常在没有获得安理会授权的条件下就对外国发动军事进攻，构成了损害联合国权威的最坏纪录。认定采行非西方政治体制的国家必然无法成为多边主义称职的负责任利益攸关方是一种自以为是且道貌岸然的假设。

许多主流国际关系学者都没有认识到，事实上成为多边主义负责任的利益攸关方的先决条件包含以下三个基本要素：一是一个现代化国家机构，可以做出坚守多边体制安排的可信承诺，具备所有必需的行政、监督、管制、财政、强制和法律执行能力以履行其在全球化的世界经济和高度相互依赖的全球社会里所承担的多重义务和责任；二是一个建立在制度和文化基础上具有合法性支撑的富有韧性的政治体系，能够有效应对因经济开放带来的经济（再）分配的国内冲突，并有效因应外部经济冲击的压力；三是该国的国内政治经济制度安排有能力应付经济全球化和一体化不可避免带来的结构调整的社会经济后果，更重要的是能维持一种广泛社会共识基础来支持经济对外开放的原则，并接受成为开放且基于规则的国际体系不可分割的一部分的必要性。就满足这三个条件而言，西式的代议民主政体是否必然优于中式制度是值得商榷的。

其次，他们倾向于将现存的等级秩序与自由主义的规范和规则混为一谈。如果预设自由国际秩序只能在美国和西欧构成其核心，并让西方国家在现有的安排下继续享有其优厚的地位和特权的情况下，才得以延续，那么，像中国这样庞大

---

① Richard Kozul-Wright and Stephanie Blankenburg, "The Rentiers Are Here: Rise of Global Rentier Capitalism," *Project Syndicate*, September 25, 2017, https://www.project-syndicate.org/commentary/rise-of-global-rentier-capitalism-by-stephanie-blankenburg-2-and-richard-kozul-wright-2017-09? barrier = accessreg.

② Erik R. Peterson and Paul A. Laudicina, *Global Economic Outlook 2017 – 2021: The All-Too-Visible Hand*, Chicago: Global Business Policy Council, 2017, Figure 5.

且非西方的崛起超级大国进入这一核心就必然被视为是一种修正主义威胁。这一推理同样适用于任何其他不符合西方自由国家模式但渴望成为这一特权俱乐部的核心成员并拥有平等发言权的重要新兴力量。所以上述的逻辑推理是:一旦核心国家变得不那么"西方"了,国际秩序也就变得更加不"自由"了,反之亦然。① 显然,IMF总裁克里斯蒂娜·拉加德(Christian Lagarde)对两者不应混为一谈有更好的理解。她在2017年7月的一个国际会议上提醒她的听众,IMF架构存在一个有序继承的机制,即"如果中国和其他大型新兴市场的增长趋势继续下去,而且他们的分量都及时反映在IMF的投票结构里,那IMF的总部是有可能在十年内迁往北京的"②。国际货币基金组织上一次调整其配额比例与投票结构是在2010年。在她看来,这是一种"可能性",因为IMF的制度规范并不排除向上流动或是领导层的逐步重组。

这两类形式的西方中心思维非常地"独厚欧洲"(pro-Europeanist),也使得许多西欧的政治领导人不假思索地成为现状的捍卫者,同时也给了他们过度的自负感。他们没能看到在主权国家间找到建立并保持一种开放和基于规则的国际关系的可行方式之紧迫性,今日所有国家都深嵌于复杂的相互依存并被世界的其他部分密切包围,但却被不同的政治体系所统治,走在国家建设和现代化的不同轨道上,被赋予了截然不同的规模和非常多元的文化和宗教遗产。在今天的世界,如果我们对于自由国际秩序的理解无法超越西方中心思维的窠臼,文明冲突将是必然的结局。

而且这两种形式的思维变得越来越不合时宜。自2008—2009年的国际金融危机以来,中国和其他新兴经济体已经成为世界经济的火车头,对世界GDP增长的贡献度达70%以上。根据普华永道(Price Waterhouse Cooper)2017年发布的一份研究报告,就经购买力平价调整后的GDP而言,新兴七国即中国、印度、俄罗斯、巴西、墨西哥、土耳其和印度尼西亚,在1995年已经相当于七国集团(G7)经济规模的一半,在2015年已经与G7的规模等量齐观,并且预计到2040年可能达到G7规模的两倍。③ 因而,如果这一趋势持续,国际秩序的领导核心将不可避免地被稀释与重组。

---

① 拉加德在2017年7月24日位于华盛顿的全球发展中心的活动上作此表述,参见https://www.reuters.com/article/us-imf-china-lagarde-idUSKBN1A922L。
② 她指的是《国际货币基金协定》条款的第13条第一款。该条款写道:"基金组织总部应设在持有最大基金组织份额的成员国境内。"
③ Price Cooper Waterhouse, "The World in 2050: The Long View: How Will the Global Economic Order Change by 2050?" 2017, https://www.pwc.com/gx/en/issues/economy/the-world-in-2050.html.

如果我们超越这两类西方中心思维概念,并把第二次世界大战后的自由世界秩序剥离其特殊历史背景,我们可以令人信服地认为,中国是一个带有改革主义议程的崛起中的全球大国。① 中国正在崛起的全球角色将有助于加强和重塑支撑第二次世界大战后自由国际秩序的许多重要原则,就这层意义上讲,中国是一个改革者(而非修正主义者)。首先,中国赞同一个以规范为基础而非以权力为基础的国际秩序。它坚持联合国集体安全制度,其中包括五大常任理事国(P5)在安全理事会中享有否决权,并将侵略和以战争手段追逐国家利益定义为非法。中国签署了防扩散问题上所有主要的国际机制,并在它们的执行上发挥了作用,包括积极参与促成伊核协议,以及在缓解朝鲜半岛酝酿中的核危机方面扮演的关键角色,这是特朗普总统也公开承认的。

中国在包容、非歧视、互惠和透明的原则下拥抱自由开放的贸易体系。中国偏好开放的地区主义,拥护以多边途径实现贸易自由化。中国坚持在WTO框架下或通过多边发展援助机构向欠发达国家提供特别援助以及优惠待遇的准则。现如今,中国被广泛认为是国际社会的和平与发展的维护者、是有助于包容性增长和强化社会可持续性目标的区域经济一体化的推动者,以及全球化的捍卫者。中国通过多边协议和全球协作机制努力在保护全球公域上做出恰如其分的贡献。无论是在诸如联合国、IMF、世界银行等现存多边机制,或是通过改革全球治理机制应对新型全球挑战,中国也都展现出了承担更大责任的强烈意愿。在很大程度上,许多西方国家应当庆贺自己经由社会化(socialization)而成功地将中国融入一个基于多边主义的自由世界秩序。

然而,社会化进程日益成为一条双向通道。正如中国官员已经被社会化或开始将认同、政策取向、规范、程序等全球制度的特征内化,他们也带来了一些改革议程。他们一直在努力推动这些多边机构超越其既定的内生规范和实践,并在某些情况下,推动其治理结构的变革。② 例如,中国已经成功地推动IMF加强对"主要发达国家"的监管而非仅仅关注发展中国家,这些国家经常账户的失衡导致了金融和外汇的不稳定,启动对IMF配额制度(投票份额)的定期审查,以及将中国的人民币纳入IMF特别提款权的货币篮子。让大多数西方领导人真正

---

① 从不同角度出发,在兰德公司的最新研究报告中,迈克尔·马扎尔也认为,宽泛地讲,中国不应被视为战后国际秩序的反对者或是破坏者,而应被视为一个有条件的支持者。参见 Michael Mazarr, *Summary of Building a Sustainable International Order Project*, Santa Monica: Rand Corporation, 2018, p. 14。

② Gregory Chin, "Two-way Socialization: China, the World Bank, and Hegemonic Weakening," *Brown Journal of World Affairs*, vol. 19, issue 1, 2012。

焦虑的是，中国对其自身的发展制度越来越自信，并且表现出一种向其他发展中国家分享其经验的强烈意愿。事实上，越来越受欢迎的中国模式正在挑战许多西方价值和固有制度的普世性，这些价值和制度被西方奉为是建立合法政治秩序和追求经济现代化的最佳选择。中国模式在实现回应型政府和社会经济现代化上挑战了西方自由民主或自由市场体系的优越性。中国的政治体系优先考虑社会赋权和经济发展而不是政治权利，并在个人自由之前优先考虑有效治理和社会稳定。

中国也赞成一种替代路径来深化经济伙伴关系和地区一体化。不像美国主导的援助机构仅仅愿意背书新自由主义的政策方针，中国倾向让政府、多边政策协调机制、多边借贷机构以及国有企业在促进经济发展和地区合作上发挥更大的作用。也不同于欧盟模式或是跨大西洋伙伴关系，中国推动的区域主义和经济伙伴关系并不将安全同盟和民主国家的团结作为深化经济一体化的先决条件。然而，这一方式并非中国首创，因为东盟（以及其他非西方地区）已经践行了数十年。

但是，中国不太可能劝说发展中世界不加批判或是全面地采用其发展模式，因为这一做法与其长期以来坚持的政策座右铭和累积的经验背道而驰。根据自身的经验，中国反对在华盛顿共识下一刀切的做法，并且不相信历史终结论的社会发展模式最终趋同的主张。很常见的一种做法就是在培训发展中国家官员时，中方人员反复提醒他们，中国发展中最重要的教训就是不存在可以为解决各自国家的社会经济挑战提供正确且完整的答案的标准教科书。在社会经济现代化的每一个阶段，当一个国家的政治精英试图使相关的知识和实践适应于他们国家自身的历史条件和特定情况时，最好的解决办法就是"干中学"（learning-by-doing）。他们也经常强调，中国特色社会主义市场经济可能难以轻易地移植到其他社会文化背景中去，毕竟中国在反帝斗争和民族国家建设过程中走了一条相当独特的轨迹，更不用说中国还有着巨大的规模、独特的历史记忆和文化遗产。最后但并非最不重要的是，几乎没有证据表明中国的对外援助计划与特定的意识形态要求相挂钩，尽管中国软贷款和援助的分配很可能也有一定的地缘政治考虑，并涉及其他对外政策优先事项的考量。

许多西方政治领导人还担心中国已经准备好并渴望填补美国盛世和平退缩后留下的所有真空。这是一种典型的伪问题，因为它与中国领导人的世界观以及如何看待自己国家在其中合适角色的思维并不合拍。首先，中国没有意愿或是倾向去缔造另一个霸权，或试图在全球范围内施展其军事、政治、经济和意识形态优势，或在可以想见的最远范围内扩大其安全需求并抵御任何可见的潜在挑战。因而，在一个后霸权世界，许多所谓的战略真空可能根本不是"真空"。随着美国霸权势力的消退，这个世界仅仅是在回归"常态"，也即是在美国军事、政治、经济和意识形态霸权影响力消退后浮现的自然历史条件。这些历史条件和区域性动态均衡所可能导致的局面，并不一定会比美国自告奋勇担任世界警察或主导区域军事平衡情况下更糟糕。

毕竟，美国新保守主义势力的"民主帝国主义"计划为阿拉伯世界的许多地方带来了灾难性的结果。① 华盛顿共识下的新自由主义政策处方使许多发展中国家在资产泡沫、金融危机、有害金融衍生商品泛滥面前变得更加脆弱，同时大多数国家都被迫缩减或废弃为其最脆弱群体提供社会保护的能力和政策工具。小布什政府的"政权变更"政策明显地加剧了（如果不是直接导致）伊朗和朝鲜半岛的核危机。在许多地区，中国并不被期望（更不用说欢迎）成为一个"不请自来的国际警察或是政治导师"。在长期坚持的不结盟和不干涉内政政策的情况下，中国也没有意愿去这么做。

在另一方面，中国被绝大多数发展中国家期待甚至是欢迎在现有多边框架下承担更大的责任。鉴于其体量，中国将不可避免地在通过G20和其他多边机构以及政策协调平台共同管理全球经济方面扮演更大的角色。中国已经大大增加了其对联合国、安理会维和行动以及联合国大家庭里一连串专门机构的财政和实物援助，而美国却正在削减其对联合国预算的年度贡献并已经退出了联合国教科文组织与人权理事会。

在许多情况下，中国被大多数发展中国家期待并欢迎在现有多边安排下的国际公共产品处于短缺时提供补充性产品。亚投行之所以非常受欢迎是因为，无论是私营部门的资金，还是东道国公共部门的预算，或是现有的美国主导的多边借贷机构，都无法满足这些地区对基础设施融资的巨大需求。在亚洲开发银行最近的一份报告里，亚开行警告称，2017—2030年，亚洲需要投资26万亿美元来解决世界上增长最快经济体发展的严重的基础设施短缺问题。然而，该报告除了重复政府需要动员更多资源和使基础设施投资对私营部门更具吸引力的口号外，并未提供克服这一瓶颈的具体解决方案或建议。②

在其他情况下，中国被期待并欢迎来提供新的国际公共产品，尤其是当他们压抑的需求被美国主导的多边机构或西方捐助者所忽视时。例如，相比传统的以

---

① Omar G. Encarnación, "The Follies of Democratic Imperialism," *World Policy Journal*, vol. 22, no. 1, 2005, pp. 47–60.

② ADB, *Meeting Asia's Infrastructure Needs*, February 2017, https://www.adb.org/publications/asia-infrastructure-needs.

国家为范围的投资，尽管潜在的回报率很高，发展中国家的跨国区域性公共产品依然面临着严重的融资不足问题。对区域性公共产品的投资每年仅占官方发展援助总额的 2% —3.5% 。区域投资的回报率可能很高，特别是在非洲，对跨国基础设施和制度融合的投资能够减少由于区域内诸多小型经济体和诸多边界造成的高成本。① 在中非合作论坛的指引下，过去十年里中国迈出了巨大的步伐填补了这一空白。一个显著的例子就是中国于 2015 年启动的非洲信息高速公路倡议。这一泛非项目将提供价值 150 亿美元的高速光纤网络，连接 48 个国家 82 个主要城市，并将在 2023 年建成后使数亿非洲人能轻松地接入高速网络连接。这一具有划时代意义的倡议已经促使若干非洲国家制订并实施自身发展信息通信技术相关产业（ICT-related sectors）和电子商务的国家发展计划。

从中国政治精英的角度看，西方政治领袖真正需要担心的有两部分：第一，如何在西方国家国内重塑支持经济开放和多边主义的社会基础；第二，在缺乏关注的广泛全球问题上还存在着严重的"真正的真空"。比如，为了全球共同体的社会可持续性，世界迫切需要一个征税的全球监管机制来打击避税天堂和逃税的猖獗行为，并迫使跨国公司和超级富豪履行他们的最低社会责任，即确保跨国公司在他们产生盈利和（或）开展增值活动的国家缴纳其应税的合理份额。否则，大多数主权国家的财政危机将无法挽救，并且收入与财富的畸形分配最终将招致灾难性的社会和经济后果。② "真正的真空"清单是一份很长的清单，从保护全球公域、维护移民的基本人权、节制高科技巨兽对市场垄断性权力的滥用、禁止基于人工智能技术的致命性自动武器（如杀人机器人），到帮助确定电子合同、数字支付系统以及消费者保护基本标准的全球电子商务规则创设等。

五　结论：前方之路

以美国优势地位为明显特征的战后世界秩序必须让位于一个更加真实的多边秩序，在这一秩序里，没有全球大国可以单方面制定规范和规则，且所有关键方都需要理解其他大国的不同观点和关切。如果西方政治精英对于保全第二次世界大战后自由世界秩序的遗产是真诚的，他们就必须认识到在既有多边安排下重新

---

① Nancy Birdsall, "Underfunded Regionalism in the Developing World," *Center for Global Development*, Working Paper, no. 49, 2011.

② 在 2016 年 G20 杭州峰会的公报里，二十国集团已经承诺致力于为一个"公平和现代化的国际税收体系"而工作，特别是通过打击避税，确保跨国公司在他们实现盈利的国家缴纳合理的税收份额。

平衡守成国与崛起国之间利益和责任的迫切性，并且学会与一个没有达到他们的全部期望、显然也并不符合他们价值喜好的中国共存与合作。

"负责任的利益攸关方"概念经常被美国的政策精英理解为其他大国应该拥护由美国创建与设计的国际秩序，而且继续支持美国在这个秩序中享有制定符合美国利益与价值观之规范的特权。对于中国和其他新兴经济体而言，认为他们将接受这一观点，是一种狂妄的假设。对他们而言，做一个"负责任的利益攸关方"应该是意味着，如何使现存的国际制度与快速变化的世界更加一致，特别是如何与发展中国家的利益和需求更加一致。尽管新兴经济体应当以有节制的速度来推进以避免用破坏性的方式扰乱现存的以西方为中心的等级制。对西方政治领导人而言，最明智也是唯一可行的选择是，与中国（以及其他关键新兴经济体）就捍卫和改革现存多边制度，以及开展多边合作应对威胁到全球共同体社会可持续性的诸多新挑战，进行建设性的对话。

西方政治领导人不应被一些认为中国是修正主义国家的错误知觉所迷惑。是的，中国正在寻求更加雄心勃勃的全球议程，也准备好承担更多的全球责任，但是在可预见的未来它的全球领导角色仍将是有限的和嵌入式的（embeded）。以大多数标准衡量，这并不等于追求一个"中华治世"或中国主导的世界秩序。中国的国际领导权将（也刻意）是有限的，因为中国只准备好在其资源、能力和管理责任明显合宜的领域内发挥领导作用。中国的领导权将（也被预期）是嵌入式的，因为其领导角色将受到无数结构、制度和政治上的制约。这些制约包括他自身发展的优先目标考量，兴起中的多级世界格局，现有和新兴的多边安排，由各种行动者（超国家机构、民族国家、次国家地区、跨国公司、大型银行和金融机构、国际非政府组织和跨国社会运动等）相互联结形成的高度多样性的全球社会空间，以及高度相互依赖和数字化的全球经济，这个紧密的全球经济体是通过互联网、无缝衔接的全球供应链、高密度的商业和金融网络、跨国精英网络、复杂交叉持股（interlocking-ownership）与合资企业和即时金融交易连接编织在一起的。欢迎来到一个更加复杂的后霸权世界秩序，其复杂和多样性绝非美国盛世的和平或是"中华治世"架构所能覆盖。

威胁退出与国际制度改革：以英国寻求减少欧共体预算摊款为例*

刘宏松　刘玲玲**

【内容提要】　在国际制度分配性安排中处在不利地位的国家可能会提出重新谈判国际制度规则的诉求，推动国际制度改革。对于这类国家而言，威胁退出是一种相对有效的策略。威胁退出策略的有效性由国家对国际制度的依赖、支持退出国际制度的国内力量强弱、核心成员国对不满现状国的依赖三个因素决定。如果不满现状国对国际制度的依赖程度较低，支持退出国际制度的国内力量较强，核心成员国对该国的依赖程度较高，威胁退出策略就可以发挥作用。如果不具备前两个条件，不满现状国就无法发出可信的退出威胁。此时，无论核心成员国对不满现状国的依赖程度如何，威胁退出策略都难以奏效，不满现状国就会转而采取呼吁策略。通过对 1973—1979 年英国为争取减少欧共体预算摊款成功运用威胁退出策略和 1979—1984 年英国未能采用这一策略的案例分析，本文展示了上述理论框架的解释力。

【关键词】　国际制度　威胁退出　英国　预算摊款　欧共体/欧盟

国际制度通常经过国家间谈判以宪章、条约、协议等形式确立。承载于宪章、条约和协议中的规则和决策程序可能使某些成员国获得较多的制度收益，其

---

* 感谢《世界政治研究》匿名审稿人提出的修改意见，作者文责自负。
** 刘宏松，上海外国语大学国际关系与公共事务学院教授、上海外国语大学欧盟研究中心研究员；刘玲玲，上海外国语大学 G20 研究中心兼职研究人员。

他成员国获得的制度收益则相对较少。国际制度建立后,在分配性安排中处于不利地位的国家可能会提出重新谈判国际制度规则的诉求,以求获得更多的制度收益。这类国家可以采取呼吁和威胁退出两种策略来推动国际制度改革。呼吁策略无法给不接受改革诉求的国家造成损失,因而作用有限。对于寻求国际制度改革的国家而言,威胁退出是一种更加有效的策略。

然而,对既有分配性安排不满的国家并非一发出退出威胁,就能成功推动国际制度改革。威胁退出策略在什么条件下可以发挥作用,促使其他成员国接受不满现状国的改革诉求?长期以来,国际制度研究文献对这一问题缺乏关注。其关注点主要集中于国际制度是否有独立影响、国际制度如何促进国际合作、国际制度为什么表现出不同的制度形式等问题。[1] 近年来,这一状况有所改观。一项针对全球经济制度中成员国正式政治权力分配改革的研究探讨了国家经济权力的变化在何种情况下会引发正式政治权力的同向变化,提出了经济权力下降国对经济权力上升国在制度运行中发挥作用的认知、经济权力上升国对制度的资金贡献以及有关正式政治权力不对称性的既有规则三个影响因素。[2] 前两个因素分属被认知到和实际存在的经济权力上升国在国际制度运行中发挥的作用。后续研究注意到,这一作用须同威胁毁损国际制度有效运转的可信性相结合,才能推动国际制度改革。伯恩哈德·赞(Bernhard Zangl)等学者指出,新兴大国寻求制度性权力重新分配的成败取决于它们能否毁损既有国际制度并向守成大国发出可造成这一结果的可信威胁;如果新兴大国具备毁损既有国际制度的能力并且向守成大国发出可造成毁损结果的可信威胁,守成大国就会向新兴大国转移一部分制度性权力。[3] 如果成员国对国际制度运行具有重要作用,该国退出国际制度就会带来毁损效果。菲利普·利普斯(Phillip Lipscy)从外部选择(outside option)的角度

---

[1] Robert Keohane, *After Hegemony: Cooperation and Discord in the World Political Economy*, Princeton: Princeton University Press, 1984; Lisa Martin and Beth Simmons, "Theories and Empirical Studies of International Institutions," *International Organization*, vol. 52, no. 4, 1998, pp. 729 – 757; Alastair Iain Johnston, "Treating International Institutions as Social Environment," *International Studies Quarterly*, vol. 45, no. 4, 2001, pp. 487 – 515; David Bearce and Stacy Bondanella, "International Organizations, Socialization and Member-State Interest Convergence," *International Organization*, vol. 61, no. 1, 2007, pp. 703 – 733; Barbara Koramenos, Charles Lipson and Duncan Snidal, "The Rational Design of International Institutions," *International Organization*, vol. 55, no. 4, 2001, pp. 761 – 799.

[2] Ayse Kaya, *Power and Global Economic Institutions*, Cambridge: Cambridge University Press, 2015.

[3] Bernhard Zangl, Frederick Heubner, Andreas Kruck and Xenia Lanzendorfer, "Imperfect Adaptation: How the WTO and the IMF Adjust to Shifting Power Distributions among Their Members," *Review of International Organizations*, vol. 11, no. 2, 2016, pp. 171 – 196.

探讨了威胁退出国际制度的可信性，进而对不满现状国成功推动国际制度改革的可能性作出了解释。① 还有研究提出了竞争者对领导国家的领导权冲击程度、物质利益包容程度和领导权护持成本三个解释既有领导大国应对国际制度改革诉求的行为选择的变量。② 面对竞争者的改革诉求，领导国家会在权衡利弊时考虑上述因素，但竞争者也会在特定情势（包括领导权护持成本）下选择其改革诉求对领导国家的领导权冲击程度和物质利益包容程度（二者均属改变现状幅度）。因此，这项研究没有解决具有理性预期能力的竞争者为什么能够促使领导国接受其根据特定情势选择的改革诉求问题。

依循威胁退出策略这一研究路径，本文重点考察不满现状国威胁退出国际制度的可信性。与既有研究不同的是，本文将理论分析扩展至国内政治层面。在理论框架中，本文以不满现状国对国际制度的依赖、支持退出国际制度的国内力量强弱、核心成员国对不满现状国的依赖三个因素，解释威胁退出策略如何发挥作用。在实证分析部分，本文以英国在1973—1979年和1979—1984年两个阶段为争取减少欧共体预算摊款而作出的努力为案例展示这一理论框架的解释力。

本文的余下内容分为四个部分。第一部分旨在建立分析框架，通过理论推导提出影响威胁退出策略有效性的关键因素。第二部分和第三部分分别是对1973—1979年英国为争取减少欧共体预算摊款成功运用威胁退出策略和1979—1984年英国未能采用这一策略的案例分析。第四部分是结论，在总结全文的基础上说明为什么卡梅伦政府威胁退出欧盟的策略取得了成功。

一 影响威胁退出策略有效性的关键因素

国际制度具有分配效应，不同成员国在国际制度中获得的收益存在差别。为争取更多的利益，成员国会寻求修订国际制度规则。在此过程中，国家可以采用威胁退出和呼吁两种策略。尽管国家在寻求制度改革时可以通过威胁退出和呼吁两种方式来表达利益诉求，但前者通常比后者更加有效。这是因为其他成员国面对不满现状国的呼吁诉求时可以选择不作为而没有任何损失，但如果不满现状国

---

① Phillip Lipscy, *Renegotiating the World Order: Institutional Change in International Relations*, Cambridge: Cambridge University Press, 2017.
② 管传靖、陈琪：《领导权的适应性逻辑与国际经济制度变革》，《世界经济与政治》2017年第3期，第35—61页。

威胁退出制度，选择不作为的其他成员国将可能承受不满现状国退出国际制度带来的损失。在不满现状国希望改变既有分配性安排时，单纯的呼吁策略很难奏效。即使采用呼吁策略，也要以威胁退出作为后盾，才能给其他国家施加足够的压力，迫使其接受新的利益分配格局。正如赫希曼（Albert Hirschman）所指出的，"呼吁功能有效的机会……将会明显增强，如果有退出威胁的支持的话"①。因此，不满现状国能否成功推动国际制度改革的关键在于，其威胁退出策略是否有效。

威胁退出策略的有效性取决于威胁的可信性和退出给其他国家带来的损失。如果不满现状国发出的退出威胁不可信并且其退出将给其他国家带来较大损失，威胁退出策略就可以发挥作用。反之，如果不满现状国发出的退出威胁不可信，或者尽管威胁可信，但其退出不会给其他国家带来较大损失，威胁策略就无法起到推动国际制度改革的作用。退出威胁的可信性取决于不满现状国对国际制度的依赖和支持退出的国内力量的强弱，而退出给其他国家带来的损失则取决于核心成员国对不满现状国的依赖。需要特别指出的是，如果寻求改变现状的国家在威胁退出国际制度之前就预期到威胁退出策略成功的可能性极低，该国就会放弃发出威胁信号或转而寻求单纯的呼吁策略来表达利益诉求。

（一）不满现状国对国际制度的依赖

国家可以在国际制度中获得收益，因而在某种程度上依赖于国际制度。国家对国际制度的依赖意味着，如果国家退出制度就将遭受损失，付出一定的退出成本。依赖程度越高，退出成本就越高。如果不满现状国的退出成本过高，该国就无法使其他国家相信其具有退出国际制度的真实意图，从而无法发出可信的退出威胁。

不满现状国对国际制度的依赖既与该国在国际制度中获得的收益相关，也受到该国通过外部选择获得的收益影响。如果不满现状国在退出国际制度后可以通过其他国际制度或合作平台获得收益，其对既有国际制度的依赖就会减少，退出成本也会相应降低。② 换言之，外部选择可以降低不满现状国对制度的依赖，使得退出制度的威胁变得可信。

---

① Albert Hirschman, *Exit, Voice, and Loyalty: Responses to Decline in Firms, Organizations, and States*, Cambridge: Harvard University Press, 1970, p. 82.

② 参见 Scott Kasner, Margaret Pearson and Chad Rector, "Invest, Hold Up, or Accept? China in Multilateral Governance," *Security Studies*, vol. 25, no. 1, 2016, pp. 142–179。

（二）支持退出国际制度的国内力量强弱

一国政府在实施外交政策时往往会受到国内不同利益群体和公众舆论的影响。作为一项外交政策，退出国际制度的实施也会受到国内不同利益群体和公众舆论的影响。在互动过程中，其他国家会根据不满现状国内部支持退出国际制度的力量强弱来判定退出政策得到有效推行的可能性。如果支持退出国际制度的利益群体在不满现状国内部占据强势地位，其他国家就倾向于相信退出政策会得到有效推行，不满现状国就更有可能发出可信威胁。如果退出国际制度的政策倡议在国内引起了强烈不满，强势利益集团对其表示反对，其他国家就会作出退出政策无法得到有效推行的判定，不满现状国就难以发出可信威胁。

因此，支持退出国际制度的国内力量的强弱会影响退出威胁的可信性，从而影响威胁退出策略的有效性。在支持退出国际制度的国内力量占据强势地位的情况下，由于退出威胁可信，其他国家更有可能满足不满现状国的利益诉求；反之，在强势利益集团或多数民众反对退出制度的情况下，由于退出威胁不可信，其他国家就会无视或搁置不满现状国的利益诉求。此时，不满现状国因预期威胁退出策略无法奏效，很可能放弃发出威胁。

（三）核心成员国对不满现状国的依赖

国际制度的运行有赖于成员国的支持，尤其是大国的支持。大国退出国际制度，将给国际制度的运行带来困难，从而给其他成员国造成一定的损失。如果国际制度中的其他成员国尤其是核心成员国认为，不满现状国的参与对制度的运行具有较大作用，不满现状国就获得了与核心成员国讨价还价的权力。在不满现状国对制度的运行不可或缺的极端情况下，如果不满现状国发出的退出威胁可信，即使核心成员国需要作出较大让步，也会选择满足其利益诉求。由于过少的改革诉求难以获得国内政治支持，即使按照不满现状国最低限度的改变现状诉求改革国际制度，也会在较大程度上改变国际制度的利益分配格局。如果不满现状国退出国际制度不能给核心成员国带来较大的毁损效果，即便前者发出的退出威胁可信，后者也不会作出满足前者最低限度改革诉求的利益转让，威胁退出策略仍然无法奏效。

国际制度中的核心成员国对不满现状国的依赖程度越高，后者退出国际制度给前者带来的损失就越大，后者在国际制度谈判中的讨价还价权力就越大，前者作出让步、满足后者利益诉求的可能性就越大。同时，核心成员国对不满现状国的依赖程度也决定了后者可被前者接受的改变现状幅度。核心成员国对威胁退出国的依赖程度越高,后者可被前者接受的改革诉求就越多。[①] 在不满现状国发出的退出威胁可信的前提下,如果转让给不满现状国的利益小于核心成员国因前者退出国际制度带来的损失,后者就会满足前者改变制度规则的利益诉求,威胁退出策略就可以发挥作用。

综上,不满现状国通常会以威胁退出国际制度的策略来寻求改变国际制度规则。这一策略要发挥作用,首先需要满足该国对国际制度的依赖程度较低和支持退出国际制度的国内力量较强两个条件。在此前提下,如果核心成员国对不满现状国的依赖程度较高,后者就可以在前者可以接受的范围内提出改革诉求,迫使前者作出小于后者退出国际制度给其造成的损失的利益转让。如果不具备前两个条件,不满现状国就无法发出可信的退出威胁。此时,无论核心成员国对不满现状国的依赖程度如何,威胁退出策略都难以奏效。这一策略无法发挥作用的预期会促使不满现状国放弃发出退出威胁,转而采取呼吁策略。

接下来,本文将以英国在1973—1979年和1979—1984年两个阶段为争取减少预算摊款而作出的努力为案例,来展示上述理论框架的解释力。对两个阶段案例的比较,实为相同行为体在不同时间段互动的案例内比较。这一实证策略可以起到控制国内政治因素以外的行为体特质和议题性质影响的作用。

二 1973—1979 年英国争取减少预算摊款的努力

(一) 预算问题与英国入欧谈判

英国预算问题是指,"1973—1984年间英国作为欧洲共同体成员国对欧共体预算缴纳多于它从共同体预算中获得的收益,英国政府认为不公平,因而不断向欧共体提出给予补偿和改革预算制度要求的问题"[②]。在英国与欧共体关系最紧张的时期,英国预算问题甚至被称为"血色的英国问题"(the Bloody British Question)。[③] 英国预算问题产生的根源是欧共体预算制度的规定。

欧共体预算制度建立于1970年。在此之前,根据《罗马条约》第201条的

[①] Scott Kasner, Margaret Pearson, and Chad Rector, "Invest, Hold Up, or Accept? China in Multilateral Governance," pp. 151 – 152.

[②] 朱正梅:《英国与欧共体预算矛盾的成因探析》,《辽宁大学学报》(哲学社会科学版) 2009 年第 6 期, 第 77 页。

[③] Colin Pilkington, *Britain in the European Union Today*, Manchester: Manchester University Press, 2001, p. 19.

规定，成员国按照国民财富的比例缴纳"会费"。20世纪60年代初，共同体在制定共同农业政策时认识到必须有自己的预算，因此提议从1967年7月1日开始将成员国自共同体外的进口税作为共同体预算，即"自有财源"。但法国认为这将赋予共同体过多的权力，因此直到1970年，欧共体都是靠成员国的"进贡"维持运转。1961年和1967年英国的两次入欧申请对共同体预算制度的最终建立起到了催化作用。法国认为如果让英国在预算制度上拥有发言权，英国一定会建立有利于英国但不利于法国的制度。[①] 法国希望在与英国谈判前共同体内部就已建立一个满足法国要求的预算安排，因此提议1969年年底在海牙召开六国首脑会议商讨欧共体的预算制度。会上，法国强调，如果六国不能确定基金规则并达成预算安排的条约，就不会与英国谈判入欧问题。最后，六国签订了《关于修改欧洲共同体条约、建立单一的欧洲共同体理事会和委员会条约的某些预算规定的条约》，欧共体预算制度正式建立。

欧共体预算制度由两方面构成。第一是预算收入，包括三个部分：从共同体外的国家进口工业品征收的关税；从共同体外的国家进口农产品征收的差价税；各成员国缴纳的增值税，上限为1%。第二是预算支出，主要是共同农业政策中的农业基金。农业基金的开支占了共同体预算支出的90%以上，大部分用于农产品市场的管理，即内部农业市场调节的干预费。共同农业政策的规定充分考虑了农业大国法国的利益诉求。英国作为农产品进口国，主要是从共同市场外的英联邦国家进口大量食品，且价格低廉。一旦英国加入欧共体，就要将其从英联邦国家廉价进口农产品的好处作为预算摊款上交。而且，英国农业规模较小，所以从欧共体共同预算中获得的农业补贴就少。此外，英国还是一个消费大国，缴纳的增值税预算比其他成员国多。因此，欧共体的预算制度造成了英国支付多、收益少的净贡献地位，也引发了日后英国与欧共体长期的预算争论。

在欧共体发展得如火如荼时，英国经济却增长缓慢。"70年代初英国的人均国民生产总值比欧洲的人均国民生产总值还低10%。"[②] 于是，"为了改变不利的内外环境，英国从20世纪60年代开始调整其外交政策，力求在'三环'中

[①] Stephen George, *An Awkward Partner: Britain in the European Community*, Oxford: Oxford University Press, 1990, p.51.

[②] 朱正梅：《英国预算问题与欧洲一体化（1970—1984）》，北京：中国社会科学出版社2009年版，第19页。

提升欧洲一环的地位"①。1961 年 8 月，英国正式提出加入欧共体的申请。但是英国对于欧洲一体化的根本观点并没有"革命性"的变化，这也预示了英国入欧的艰难。英国提出申请后，法国总统夏尔·戴高乐（Charles de Gaulle）在爱丽舍宫记者招待会上提到，英国的政治、经济利益以及文化传统等与欧洲大陆主要国家仍不一致，所以，现在不是接纳英国加入欧共体的时机。② 英国的第一次申请以失败告终。形势的恶化迫使英国于 1967 年再次提出申请，然而这次法国在谈判前就否决了英国的申请。

1969 年，戴高乐总统因为法国学生运动和法郎危机下台，乔治·蓬皮杜（Georges Pompidou）接任法国总统，英法关系得到改善，英国加入欧共体的前景逐渐明朗。1970 年英国保守党领袖爱德华·希思（Edward Heath）成为英国新任首相。在他的督促下，英国与欧共体的谈判于 6 月 30 日如期恢复。此次谈判中最重要，也是最难解决的问题就是预算问题。这一问题使得谈判变得异常复杂，谈判过程很不愉快，有时甚至是残酷的。③

在与英国正式谈判前，欧共体首先确定了谈判的前提。6 月 30 日在卢森堡召开的第一次会议上，欧洲理事会执行主席皮埃尔·哈默尔（Pierre Harmel）提到，申请加入欧共体的国家必须在原则上接受《罗马条约》及条约生效前的决定，包括欧共体与第三国签署的规定④。对此，欧共体委员会中的一位德国官员评价道，这是"难以想象的欧共体法令的泛滥……申请国不得不接受所有的规定"⑤。英国政府发表的白皮书也承认，"要对共同体的基金来源体制作根本改变是不可能的"⑥。

1970 年 12 月 8 日，欧共体部长理事会会议召开，英国新任代表团团长杰弗里·里彭（Jeffery Rippon）代表英国宣布接受共同体规定的五年过渡期，但他提出农业领域的过渡期应为六年，而英国分担预算份额的过渡期应当更长。

---

① 马瑞映：《疏离与合作——英国与欧共体关系研究》，北京：中国社会科学出版社 2007 年版，第 114 页。
② Jean Lacouture, *De Gaulle: The Ruler 1945 – 1970*, New York: W. W. Norton & Company, 1992, p. 358.
③ Hugo Young, *This Blessed Plot: Britain and Europe from Churchill to Blair*, Atlanta: Overlook Books, 1999, p. 226.
④ Ume Kitzinger, *Diplomacy and Persuasion: How Britain Joined the Common Market*, London: The Camelot Press, 1973, pp. 94 – 95.
⑤ Hugo Young, *This Blessed Plot: Britain and Europe from Churchill to Blair*, p. 227.
⑥ David Gowland and Arthur Turner, eds., *Britain and European Integration 1945 – 1998: A Documentary History*, London: Routledge, 2014, p. 134.

而法国坚持五年的过渡期过长，甚至认为英国在加入的第一年就应当支付英国承担的预算摊款。英国对此表示拒绝。此外，在过渡期内英国应缴纳的预算摊款问题上，英国列出了从1973年到1977年的出资额，其中第一年为2.6%—3%，英国表示不能再负担更重的预算额，否则英国的国际收支将出现困难，英国政府也将重新考虑其申请，并可能就此止步。① 对于英国列出的清单，欧共体六国保持一致立场，认为英国的预算份额太少，尤其是第一年3%的份额。这种僵持的局面一直持续到1971年5月的英法首脑会晤。5月19日，希思飞到法国对蓬皮杜进行私人访问。在这次访问中，蓬皮杜提了四个问题来检验英国入欧的诚意②，希思对这四个问题的回答都让蓬皮杜较为满意，符合法国对欧共体未来的设想。③ 在预算问题上，希思也表示英国愿意作出让步。作为回报，法国也同意在进口新西兰黄油问题上让步。5月21日，法国总统蓬皮杜和英国首相希思发表了联合公报，达成谅解，这为英国入欧谈判的最终解决奠定了基础。在6月21—23日的卢森堡会议上，英国与欧共体在以下三个方面达成了一致。

第一，对英国入欧后的过渡期限达成了一致。1972年1月22日英国签署的加入条约第127—132条的财政条款规定，英国在加入欧共体后将有一个七年的过渡期。在过渡期内，英国对共同体的预算份额将逐渐达到完全的支付水准。④

第二，对英国在共同体过渡期内应承担的预算份额达成了一致。在将英国预算问题与英国进口新西兰的奶制品问题联系起来后，英国和欧共体双方都有所让步。法国提出英国必须在第一年就缴纳9%的预算份额，这是对英国入欧诚意的检验。6月3日，英国财政大臣明确表达了英国的立场，即英国第一年过渡期缴纳的预算额不会超过7.5%—8%。6月17日，里彭在会见法国驻伦敦大使时提出新西兰问题和预算问题的解决在经济上和政治上都具有重要意义。最终，双方达成妥协，确定了英国8.64%的预算份额比例。同时，欧共体也向英国提出每年等额递增预算缴纳的要求。由此，英国过渡期内分担的预算份额比例确定下来。具体见表1：

---

① 朱正梅：《英国预算问题与欧洲一体化（1970—1984）》，第49页。
② 朱正梅：《英国预算问题与欧洲一体化（1970—1984）》，第53页。
③ 张锡昌等：《战后法国外交史》，北京：世界知识出版社1993年版，第289—290页。
④ Johannes Lindner, *Conflict and Change in EU Budgetary Politics*, London: Routledge, 2006, p.117.

表1　　　　　　　　1973—1977年英国的欧共体预算缴纳情况

年份	英国分担的预算比例（%）	实际缴纳的预算比例（%）	实际缴纳预算与应缴纳预算之比（%）
1973	19.19	8.64	45.0
1974	19.38	10.85	56.0
1975	19.77	10.34	67.5
1976	20.16	16.03	79.5
1977	20.56	18.92	92.0

资料来源：David Gowland and Arthur Turner eds., *Britain and European Integration* 1945 – 1998: *A Documentary History*, London: Routledge, 2014, p. 134。

第三，对英国将来更加公平地解决预算问题的要求，欧共体给予了认可。英国在为解决预算问题而提出的一份文件中有这样一个提法："在现在的共同体内乃至将来扩大的共同体内，如果出现成员国不能接受的严峻形势，欧共体必须找出一个公平的解决办法来维护生存。"[①] 这一保障意味着将来如果英国认为对共同体预算摊款的缴纳过重，英国就有权要求共同体调整政策，从而对英国实施更加公平的安排。这一规定为日后英国要求重新谈判预算问题提供了依据。

1972年1月22日，英国在布鲁塞尔签署了正式加入共同体的条约，自此英国预算问题的谈判宣告结束。

（二）英国预算摊款问题的重新谈判

英国在历经十几年的曲折申请和艰难谈判后，终于在1973年1月1日成为欧洲共同体的正式成员。然而，有学者认为希思是带着许多悬而未决的问题进入欧共体的，这些问题主要是指英国入欧的协议条款和预算问题。虽然法国认为1971年达成的协议是"英国在一种合理水平上分担共同体预算"[②]，但英国人心里很清楚，谈判的结果对英国是不公平的，英国与共同体的预算问题并没有得到解决，只是暂时搁置。

1974年6月4日，英国与欧共体的重新谈判在卢森堡开启。谈判中最重要，

---

① David Hannay, ed., *Britain's Entry into the European Community: Report on the Negotiations of 1970 – 1972*, London: Routledge, 2000, p. 392.
② 皮埃尔·热尔贝：《欧洲统一的历史与现实》，丁一凡译，北京：中国社会科学出版社1989年版，第330页。

也是最难解决的就是英国预算摊款问题。英国表示，如果对预算问题的重新谈判成功，则继续保持成员国身份，不成功则将与英国民众商讨退出欧共体。因此，英国在谈判中提出欧共体应该建立一项"矫正机制"，即在英国负担过重时通过该机制给予英国适当的现金回扣。对于英国的预算摊款，法国和英国的计算方法不同，结果也不同。法国是在欧共体"自有财源"制度的基础上计算的，即只有1%的国内生产总值的增值税才能算是英国缴纳的预算款，而从共同市场外进口的农产品的差价税和工业品关税不能算作预算摊款，因为这两项是共同体的自有财源。此外，法国还怀疑英国没有将英国从北海石油中的获益算进去。因此，法国反对英国建立现金回扣机制的要求，认为这违背了共同体的"自有财源"制度。其他成员国同意法国的观点，但面对英国发出的如果谈判失败就将考虑退出欧共体的威胁，其他八国还是同意了英国建立"矫正机制"的要求。然而，欧共体委员会据此制定方案时遇到了困难，很难协调好各方的利益。于是，1975年1月欧共体委员会又制定了新的"纠正方案"，并在1975年年初确定了一个复杂且不易操作的方法。具体而言，就是在不损害"自有财源"制度的前提下，根据国民财富、经济发展和对欧共体预算的贡献三项指标来确定给予回扣的国家。首先，要求回扣的国家必须是欧共体预算的净贡献国；其次，该国国民生产总值的实际增长率要低于共同体平均值的120%；最后，该国必须是赤字国。如果满足这三个条件，该国所得的回扣将根据其对欧共体预算的支付和它所占的共同体生产总值的比重之间的差额来计算。[①] 但这一方案没有得到英国的同意，因为北海石油的收益将使得英国不再是赤字国。法国也不接受该方案，因为法国提出的只有增值税才能算是预算摊款的要求没有得到体现。

（三）英国威胁退出欧共体

第二次世界大战改变了国际力量格局，衰弱的欧洲希望通过一体化恢复实力，重返世界中心，欧共体的成立就是西欧六国共同努力的成果。作为战后实力最强的欧洲国家，英国的加入不论是对欧共体进一步的发展还是对六国经济实力的恢复，都具有巨大的影响。而英国对欧洲一体化兴趣索然，只是在面对共同体和英国经济发展的差距逐渐拉大时才迫于现实选择加入欧共体。在英国入欧初期，其他欧共体成员国对英国的依赖要大于英国对欧共体及其成员国的依赖。此外，英国加入欧共体后希思所期望看到的经济形势大好的美好图景不仅没有出

---

① Stephen George, *An Awkward Partner: Britain in the European Community*, p. 84.

现，英国的经济形势反而进一步恶化。本就对一体化不甚积极的英国民众怨声载道，纷纷将英国的不利处境归咎于加入欧共体，多数英国人希望英国脱离欧共体。工党政府上台后就提出重新谈判英国入欧条件的要求，并威胁其他欧共体成员国，如果谈判失败就退出共同市场。外交大臣詹姆斯·卡拉汉（James Callaghan）1974 年 4 月 1 日在欧共体部长理事会上发出威胁，英国保留对入欧条约进行修正以作为英国继续保持共同体成员国条件的权利，同时也保留如果无法达成满意结果则退出欧共体的权利。①

1. 英国对欧共体的依赖

英国从 1961 年提出入欧的第一次申请到 1973 年正式成为欧共体的一员，历经十多年之久。英国对欧洲共同体的态度从开始的消极抵制到后来的三次申请加入，这一政策转变实为迫于现实的无奈之举。因为在英吉利海峡的一端，共同体六国经济恢复迅速，发展繁荣，而在另一端的英国却经济增长缓慢，问题频生，与共同体六国的差距逐渐拉大。所以英国被迫作出痛苦的政策调整，希望通过加入欧共体改善英国不利的经济处境，恢复大英帝国的经济实力。然而，尴尬的是，英国勉为其难的加入不仅没有得到期望的经济繁荣，等来的反而是英镑汇率飙升、财政赤字上升、罢工迭起。

欧共体刚成立的几年，成员国的经济确实得到了迅速发展，在世界经济中的地位逐渐增强，可是等到英国加入共同体时，已经错过了欧共体发展的黄金时期。更糟糕的是，欧共体还遇上了第二次世界大战结束以来资本主义世界最严重的一次经济危机。1971 年西方资本主义国家发生了经济危机，不仅造成了美元的贬值，还使得美国宣布美元与黄金脱钩。1973 年第四次中东战争和石油危机的爆发，又使得依赖石油进口的西欧再受打击，在英国甚至引起了大规模的罢工潮。到了 1974 年和 1975 年，整个西方世界都陷入"滞胀"危机。面对危机，西欧各国首先关心的是本国的经济问题，欧共体内的经济保护主义迅速抬头，各国纷纷实行各种对本国有利的保护措施，非关税壁垒大量出现。"牛奶战""黄油战""葡萄酒战"等相继发生，这严重影响了共同体市场的良性发展。因此，"英国从共同体中能享受到的好处便大打折扣，其试图通过参加共同体从根本上改善英国经济状况的愿望也只能落空"②。在此背景下，英国对欧共体的经济依赖下降。

---

① 赵怀普：《英国与欧洲一体化》，北京：世界知识出版社 2004 年版，第 182 页。
② 赵怀普：《英国与欧洲一体化》，第 178 页。

英国在政治上对欧共体的依赖也不高。欧共体其他成员国除希望通过建立共同体发展经济、增强西欧的影响力外，还希望加强西欧的政治一体化。然而，政治一体化对英国缺乏吸引力。英国申请加入欧共体完全是出于现实利益考量，对共同体的政治一体化持反对态度。英国认为以建立超国家机构为目标的政治一体化与英国的国家利益是对立的，欧共体应当是主权国家政府间组织，成员国政府和议会的权力不可让渡。1974年12月，欧共体巴黎首脑会议上，各国决定实行欧洲议会的直接选举，这在英国国内引起了强烈反对。由工党左翼把控的"全国行动委员会"认为这将损害英国的国家主权，工党政府最终通过了反对欧洲议会直接选举的决议。这一分歧表明，英国对逐步显出超国家性质的共同体的依赖减少，退出欧共体的成本也相应减少。此外，在加入欧共体后，英国仍然保持着与英联邦国家密切的经济联系，英联邦在维护英国的大国地位上仍然扮演着重要角色。作为英国获取经济和政治利益的合作平台，英联邦构成了英国的外部选择。外部选择的存在进一步降低了英国对欧共体的依赖。

2. 支持退出欧共体的国内力量

当西欧六国准备走联合道路，发展欧洲一体化事业时，英国的态度是消极的。在英国国内，对欧洲一体化的抵制不仅体现在政府层面，英国民众对加入欧共体也没有多少兴趣。尤其在英国迫于现实压力提出入欧申请却两次被拒后，英国人民对共同体的反感就更深了。1970年4月的盖洛普民意调查显示，有59%的英国选民反对英国的入欧申请，只有19%的人表示赞成。[①] 所以英国政府是顶着国内多数民众持反对意见的压力加入共同体的，政府希望通过加入欧共体改善英国的不利处境，享受共同体优惠政策的好处。然而，英国入欧后因为错过欧共体发展的最好时期，并且正好赶上经济危机，所以英国人所期望的经济好转不仅没有出现，经济状况还进一步恶化。在此背景下，英国民众对欧共体的失望情绪迅速上升，多数英国人都将英国的不利处境归咎于加入欧共体。1974年2月的民意调查显示有58%的英国人认为英国加入欧共体是个错误。[②]

同时，英国在加入欧共体时希望可以进入法德轴心，发挥英法德三国轴心作用。然而，法德联盟作为欧共体的核心比英国想象得更为牢固，共同体的主要方针政策仍然由法德联盟掌控。政治抱负的幻灭进一步助长了英国国内的失望情

---

① Simon Young, *Terms of Entry: Britain's Negotiations with the European Community, 1970 – 1972*, London: William Heinemann, 1973, p. 19.
② Philip Hett, *France and Britain 1940 – 1994: The Long Separation*, New York: Longman, 1997, p. 227.

绪。此外，共同体在应对危机时缺乏凝聚力也使得英国民众对欧共体感到气馁。1973年，荷兰在中东战争中给予以色列道义支持引起了阿拉伯国家的不满，阿拉伯石油输出国限制了荷兰的石油进口，导致石油价格飙升。面对危机，欧共体各国选择单方面处理与阿拉伯国家的关系以确保本国的石油供给，而没有给予荷兰应有的保护和支持。① 入欧一年，英国国内就充斥着对共同体的失望情绪。因此，英国政府在此时提出重新谈判的要求，退出欧共体自然得到多数民众的支持。

除民众支持外，重新谈判还在政党政治作用下成为工党政府必须履行的承诺。这主要体现在两个方面：一是工党对保守党欧洲政策的反对；二是防止工党内部在欧洲政策上出现分裂。就第一点而言，工党政府上台伊始就提出重新谈判，这实际上是一种党派斗争的手段，是工党反对保守党的政治策略。虽然工党相较于保守党来说，对欧洲一体化更加排斥，对英国入欧的反对更加强烈，但是随着英国与欧共体国家的发展差距逐渐拉大，工党实际上已经开始改变对欧立场。这从1967年威尔逊工党政府提出加入欧共体的第二次申请就可以看出。1970年6月英国大选，保守党获胜，工党下台。"在西方政党政治运作规律的作用下，工党充分履行了反对党的职能，对保守党政府谈判的欧共体成员资格变得吹毛求疵。"② 工党抓住加入欧共体后经济状况反而恶化的机会，煽动民众情绪，批评保守党的对欧政策，尤其是在预算摊款问题上批评保守党做了过多让步。1972年，工党在竞选宣言中指责保守党没有经过英国人民的同意就将英国带入欧共体，由此引发了一系列问题，并表示工党一旦当选，就将立刻与其他欧共体成员国就英国的加入条件重新谈判，并将谈判结果交给英国民众批准。因此，工党在1974年上台执政后，重新谈判和全民公投就成为工党需要兑现的一个承诺。

除了在政党政治作用下反对保守党外，防止工党内部的分裂也是工党坚决要求重新谈判的重要原因。工党内部在对欧问题上斗争激烈，主要的对立两派是罗伊·詹金斯（Roy Jenkins）和雪利·威廉姆斯（Shelly Williams）为首的小部分支持英国入欧的工党人士以及托尼·本恩（Tony Benn）和迈克尔·富特（Michael Foot）为首的反对英国入欧的工党左翼。在保守党作出诸多让步，尤其是在预算问题和共同农业政策上损害英国利益才得以加入欧共体后，工党左翼就强烈指责保守党出卖国家利益。工党上台后，托尼·本恩为首的左翼在欧共体成员

---

① 朱正梅：《1974—1975年英国与欧共体重新谈判的原因、性质及意义》，《国际论坛》2008年第2期，第38页。
② 朱正梅：《1974—1975年英国与欧共体重新谈判的原因、性质及意义》，《国际论坛》2008年第2期，第37页。

国身份对英国有诸多危害上大做文章，向首相哈罗德·威尔逊（Harold Wilson）施压。① 面对党内对立的两派，从维护党内团结以及维护党内领袖地位的角度考虑，威尔逊承诺一定会对英国的加入条件进行重新谈判，并将结果付诸人民投票决定。

当工党政府提出重新谈判加入条件，并在谈判中发出威胁退出信号，有意展现自己为争取英国国家利益、勇敢同"敌人"斗争的形象时，得到了国内民众和疑欧派政界人士的一片叫好。

3. 核心成员国对英国的依赖

欧洲一体化事业是在战后东西方阵营激烈对抗、欧洲逐渐失去世界中心地位的背景下发展起来的。欧洲一体化的支持者希望欧洲国家通过联合，在美苏两极格局中争得一席之地，增强欧洲在国际事务中的话语权。欧共体建立后，六国希望共同体能够得到扩大和深化，巩固一体化的事业。英国作为第二次世界大战中的战胜国和超级大国美国最亲密的盟友，在国际舞台上具有很高的政治威望。因此，将英国纳入欧洲一体化进程将会极大地增强欧共体的实力，英国独有的政治威望也会吸引更多的欧洲小国加入进来。1973年英国正式加入欧共体时，丹麦和爱尔兰也跟随英国成为欧共体成员，欧共体实现了第一次扩大，从而增强了欧共体的"欧洲"含义。② "英国加入共同体使欧共体实现了质的跃进，增强了共同体机制的分量。共同体因此不仅是个经济贸易集团，而且成为世界上一支不可忽视的具有全球性影响的政治力量，从而赢得世界力量格局中敢与超级大国抗争的地位。"③ 如果英国退出欧共体，共同体的发展必然受阻甚至停滞，欧洲一体化事业也会元气大伤。

欧共体创始六国建立共同体后迅速发展，受益良多，尤其是法国，在六国中发展速度最快，20世纪60—70年代已达到年均4.6%的GDP增长率。④ 欧共体设立的共同农业政策使法国农业获得了巨大补贴，对法国农业的现代化起到了决定性作用。共同体带来的好处使六国都希望能够顺利完成《罗马条约》中规定的12年过渡期，从而步入正常轨道。1969年4月27日，戴高乐辞去法国总统一职后，法国国内对英国加入欧共体的热情高涨。1969年11月，法国国民议会外

---

① 赵怀普：《英国与欧洲一体化》，第189页。
② 朱正梅：《1974—1975年英国与欧共体重新谈判的原因、性质及意义》，第40页。
③ 伍贻康：《欧洲共同体的扩大与一体化的趋势》，载伍贻康、戴炳然主编《理想、现实与前景：欧洲经济共同体三十年》，上海：复旦大学出版社1988年版，第133页。
④ Mancur Olson, *The Rise and Decline of Nations: Economic Growth, Stagflation and Social Rigidities*, New Haven: Yale University Press, 1982, p.6.

交事务委员会主席在针对外交政策的辩论中提道:"如果法国想把自己提升到与美国平起平坐的地位,很难想象不包括英镑的欧洲货币,很难想象没有'伦敦城'作出贡献的资本市场和离开英国制造的先进欧洲计算机……在共同体内易于控制英国的影响,如果拒绝英国加入欧共体,那么英国就会重新回到美国轴心中去,并使我们的伙伴失望,共同体就会因此削弱。欧洲独立的观念就会与现实越来越远。"① 并且,从民意调查结果看,六国民众对英国加入欧共体普遍持欢迎态度(见表2)。

表2 关于英国加入欧共体的六国民意调查结果 单位:%

	荷兰	卢森堡	民主德国	法国	比利时	意大利	欧共体总体
赞成	79	70	69	66	63	51	64
反对	8	6	7	11	8	9	8
不知道	13	24	24	23	29	40	28

资料来源:Ume Kitzinger, *Diplomacy and Persuasion: How Britain Joined the Common Market*, London: The Camelot Press, 1973, p. 33。

当英国在加入欧共体刚满一年就威胁退出欧共体时,法德等其他成员国都不希望英国真的退出欧共体,破坏欧共体的第一次扩大成果。此外,法国希望英国留在欧共体内还有一个原因,即制约德国不断壮大的力量。欧洲一体化事业的起步与发展和法德两国的和解是分不开的,法德联盟是欧共体的核心,在欧洲一体化进程中发挥着方向盘和火车头的作用。"可以毫不夸张地说,没有法德和解就不可能有欧洲一体化的起动和发展。"② 法国一直忌惮强邻德国的实力,因此,把德国纳入法国在其中发挥主导作用的欧洲一体化机构中、对德国进行有效的监督和制约,从而彻底消除德国军国主义复兴的威胁,一直是法国战后对德政策和欧洲政策的核心。"对法国而言,欧洲一体化是制约和套牢德国的一根缰绳和一把保险锁,是法国通向强国之路的有效依托和保障。"③ 然而,随着德国在欧共体中的迅速发展,德国政府对德国在共同体中的地位有了更高的要求,法国对此感到十分担忧,担心德国会控制共同体,尤其是德国强大的经济实力对法国而言是一种威胁。因此,法国希望英国留在欧共体内,对德国起到一种制约作用,防

---

① Ume Kitzinger, *Diplomacy and Persuasion: How Britain Joined the Common Market*, pp. 64 – 65.
② 伍贻康:《法德轴心与欧洲一体化》,《欧洲》1996年第1期,第34页。
③ 伍贻康:《法德轴心与欧洲一体化》,《欧洲》1996年第1期,第35页。

止德国完全把控共同体的发展。

与法国希望英国留在欧共体一样,德国更不希望英国退出尚不完善的欧共体。第二次世界大战结束后,"德国的战败国地位和东西分治,使它在西方联盟体系内被置于一种从属和依附地位"①,德国需要借助欧共体摆脱战败国的形象。20 世纪 60 年代初,德国的经济实力在共同体中就已经是最强的,占到共同体六国经济总量的将近 40%。然而,作为"经济上的巨人,政治上的侏儒",德国必须放低姿态,克制自己,努力在欧共体中改善与法国的关系。因此,当英国威胁退出欧共体时,德国反应非常强烈,担心英国的退出会损害欧共体的扩大和一体化事业的推进,从而不利于德国依托欧共体摆脱第二次世界大战带给德国的不平等国际地位。1974 年 11 月 28 日,德国总理卡尔·施密特(Carl Schmitt)在英国工党大会上发表演讲,表达了对英国在欧共体中不公处境的同情,希望英国能留在欧共体内,并希望欧共体成员国能够团结一致。施密特还许诺,如果英国政府能够公开宣称英国将会留在共同体内,德国就将在英国预算摊款问题上支持英国。由此可见,德国对英国退出欧共体的威胁十分担忧,因此选择满足英国重新谈判的要求,并在谈判过程中积极撮合英法首脑会晤,达成谅解。

根据本文的理论预期,在英国对欧共体的依赖较小、支持退出欧共体的国内力量较强、核心成员国对英国的依赖较大的情况下,欧共体将接受英国在一定范围内发出的改革诉求,英国的威胁退出策略将发挥作用。

(四) 重新谈判的结果

1975 年 3 月 10—11 日,都柏林峰会召开。威尔逊在会议之初就强调,如果在预算缴纳和新西兰奶制品安排上的要求得不到满足,英国将不接受任何决定。最终,各国就英国预算问题达成协议。根据协议,欧共体委员会将建立一种新的回扣机制,规定"当一国对欧共体预算所提供的收入的比例超过它在欧共体国内生产总值所占比重的 10% 时,则该国可以得到超支部分的 50% 补偿;超过 15% 时,可以得到 60% 作为补偿"②。协议还规定,即使一国不是支付平衡的赤字国,只要生活水平没有得到改善,该国仍然可以获得回扣。这样就打消了英国对北海石油利润的担忧。法国也做出了最大的让步,同意在计算预算贡献时可以暂时把进口关税计算在内。至此,英国预算问题终于告一段

---

① 王振华:《德法英三角关系的新变化》,《世界经济与政治》1995 年第 10 期,第 55 页。
② 朱正梅:《英国预算问题与欧洲一体化(1970—1984)》,第 105 页。

落，英国提出的有限改革诉求得到了满足，威尔逊的威胁退出策略取得了成功。1975 年 6 月 5 日的全民公投也以 67.2% 的赞成票对 32.8% 的反对票支持英国保留欧共体成员国身份。①

三 1979—1984 年英国争取减少预算摊款的努力

1976 年威尔逊辞去首相职务，原外交大臣卡拉汉就任工党领袖和内阁首相。卡拉汉任期内英国对欧共体的预算摊款仍然过重，虽然威尔逊争取到了"纠正方案"，但回扣的条件相当严格，补偿的额度也十分有限。因此，英国从未运用过这一机制。到卡拉汉任期快结束时，英国已经成为仅有的两个处于预算净贡献地位的国家之一（英国的预算缴纳情况见表3）。

表3　　　　　　1973—1978 年英国对欧共体的预算缴纳　　　　单位：百万英镑

年份	总缴纳	收益	净贡献
1973	181.1	78.7	102.4
1974	180.5	149.9	30.6
1975	341.7	397.7	-56.0
1976	462.8	295.5	167.3
1977	737.0	368.0	369.0
1978	1285.0	555.0	730.0

资料来源：David Gowland and Arthur Turner, eds., *Britain and European Integration 1945-1998: A Documentary History*, p.159。

卡拉汉认识到英国的这一不利处境，却没有机会改善英国的地位，因为在 1979 年 4 月到 5 月的大选中，保守党击败工党，撒切尔夫人成为英国新任首相。新政府上台后，英国预算问题仍然是共同体事务中的优先议题。

（一）英国预算问题的再次提出

1979 年 5 月 3 日，保守党击败工党上台执政。5 月 5 日，保守党领袖玛格丽特·撒切尔（Margaret Thatcher）组阁，成为英国历史上第一位女性首相。撒切

---

① Anthony King, *Britain Says Yes: The 1975 Referendum on the Common Market*, Washington, D.C.: American Enterprise Institute, 1977, p.130.

尔上台时，英国作为欧共体成员国的过渡期即将结束，双方关于英国预算问题的矛盾再次凸显。英国预算问题成为撒切尔夫人第一任期内英国与欧共体关系中最重要，也是最难解决的议题。这一时期，英国与欧共体在预算问题上的主要分歧是给予英国的预算回扣的具体数额以及英国预算问题的永久解决方案。

1975年3月召开的都柏林峰会上，欧共体与英国就预算问题达成初步妥协。但共同体提出的"纠正方案"只是临时性安排，预算问题并未从根本上得到解决。保守党上台后，首相撒切尔夫人面对的是上届工党政府留下的烂摊子。英国经济从1979年11月开始衰退，到1980年，国内生产总值实际增长率和工业生产都出现负增长，国内通货膨胀严重。民众怨声载道，对政府的对欧政策普遍不满。① 因此，保守党在1979年的竞选宣言中强调，英国必须减少对共同体的预算摊款，英国不要做欧共体的"奶牛"。

1979年6月21—22日，撒切尔夫人在第一次出席斯特拉斯堡欧洲理事会会议时提出了英国的预算问题。她提出了两个要求：一是希望欧共体成员国在应该采取措施改变英国对欧共体预算缴纳过多的不公平安排这一问题上达成共识；二是希望其他成员国能够保证，即在下一次的都柏林理事会上给出对英国预算问题的处理意见。各国同意就英国提出的问题进行研究，要求各成员国提出建议，并由财长理事会整理出一份报告，为都柏林理事会的提案做准备。②

1979年11月29—30日，欧洲理事会会议在都柏林召开，英国预算摊款问题成为主要议题。英国与欧共体的争论集中在预算回扣的数额上。此外，英国还寻求永久解决英国预算摊款问题。会上，欧共体委员会同意给予英国3.5亿英镑的回扣，但撒切尔坚持10亿英镑的现金回扣，约占英国缴纳的12亿英镑预算份额的80%。③ 法国总统吉斯卡尔·德斯坦（Giscard d'Estaing）和德国总理施密特坚决反对撒切尔提出的10亿英镑的现金回扣要求，并且态度强硬地表示将不会同意任何多于3.5亿的数字。面对法德的强硬立场，撒切尔夫人毫不让步，表示"我们希望能够避免危机，但是我相信没有人会怀疑，如果问题得不到解决，欧共体确实将面临危机"。④

1980年4月，卢森堡峰会召开。欧共体提出解决方案：1980年英国的净贡献额限定在3.25亿英镑，1981年限定在5.5亿英镑。这一方案在很大程度上满

---

① 赵怀普：《英国与欧洲一体化》，第209页。
② Stephen George, *An Awkward Partner: Britain in the European Community*, p. 148.
③ Stephen George, *An Awkward Partner: Britain in the European Community*, p. 148.
④ Margaret Thatcher, *The Downing Street Years*, London: Harper Collins, 1993, p. 81.

足了英国原先提出的要求,但遭到撒切尔夫人拒绝,因为她认为这只是对未来两年的一个临时安排,而英国要的是一项永久解决方案。之后,经过在布鲁塞尔艰难的讨价还价,双方终于在同年5月30日达成了被称为"五月指令"的临时协议。其主要内容是英国在1980年和1981年分别获得其净摊款的三分之二回扣,即1980年退还11.75亿货币单位;1981年退还14.10亿货币单位。作为回报,英国同意共同体农产品提价5%。此外,欧共体还同意修改共同体农业政策,以根本解决1982年以后的预算问题。撒切尔夫人对这一安排仍然十分不满,但财政大臣杰弗里·豪(Geoffrey Howe)和外交大臣彼德·卡林顿(Peter Carington)坚决支持这一协议,卡林顿甚至以辞职相威胁。① 面对如此压力,撒切尔夫人只能勉强接受。但是,"这毕竟只是一种临时性的安排,英国的摊款问题仍然存在。仍需获得一个'长远的、永久的'解决方案"②。

1982年,英国预算问题在经过短暂的平静之后再次尖锐化,矛盾的焦点仍然是回扣的数额和英国的净贡献地位。这一次,英国决心要永久解决这一困扰双方多年的问题。

1982年年初,为解决预算问题,欧共体外长理事会召开,但会议仍然以失败告终。英国主张将欧共体希望提高增值税的建议和预算问题的解决、改革共同农业政策等联系起来,如果给予英国的回扣额达不到要求,英国将阻止农产品提价。英国的这一行为激起了法国农民的抗议。3月23日,10万农民在巴黎抗议,要求政府对英国采取强硬姿态。③ 5月18日,欧共体以多数票通过了农产品提价10.5%的决议,这是共同体第一次以多数票的形式决定农产品价格。英国试图以阻挠农产品提价的手段促使欧共体在预算问题上让步的策略失败了。对此,英国代表迈克尔·巴特勒(Michael Butler)表示,这是"我们遭遇的最严重的一次失败,我们已经用惯了的,并且在1980年5月30日成功解决了问题的杠杆被折断了"④。

到1983年,事情发生了转机。由于《罗马条约》所确定的"自有财源"制度已经无法支撑欧共体的预算支出,欧共体建议提高1%的增值税上限。显然,如果没有英国的支持,将很难做到这一点。因此,英国认为要让共同体明白,如果要让英国同意提高增值税,必须首先对英国的预算缴纳有一个公平和永久的解

---

① 朱正梅:《英国预算问题与欧洲一体化(1970—1984)》,第159页。
② 赵怀普:《英国与欧洲一体化》,第211页。
③ Johannes Lindner, *Conflict and Change in EU Budgetary Politics*, p. 122.
④ Johannes Lindner, *Conflict and Change in EU Budgetary Politics*, p. 123

决方案。① 1983年6月17日召开的斯图加特峰会上，撒切尔夫人非常欣喜地看到英国预算问题终于被列为主要议程，这说明欧共体真正开始重视这一存在多年的问题。英国趁势提出6.5亿英镑回扣额的要求。为避免激怒其他成员国，英国没有使用"我们自己的钱"这样的表达。因法国威胁退出首脑会议，欧共体最终只同意4.5亿英镑的回扣额。这一次，英国没有坚持强硬态度，因为这次会议所确定的"斯图加特原则"有利于英国预算问题的永久性解决。12月5日，雅典峰会召开，由于英法两国互不让步，会议在争吵中结束，甚至未能发表一份联合公报，因而雅典峰会被称为"自1974年开始的每年三次的首脑会议中最为失败的一次"②。会议结束后，欧共体停止了对英国的现金回扣，而英国则威胁英国政府将扣留对共同体的财政预算缴纳。英国与欧共体的关系陷入僵局。

（二）英国与欧共体关系及英国国内力量的变化

20世纪80年代初，英国与欧共体关系已非英国入欧初期可比。随着欧洲一体化进程的推进，英国的"欧洲"属性日益加深，英国民众的"欧洲意识"明显增强，已经接受了英国作为欧共体一员的身份；此外，法德扮演着欧共体中的领导者角色。尤其是德国，经济实力雄厚，经济增长率超过英国，成为欧洲经济的发动机。撒切尔时期，英国对欧共体的依赖大于威尔逊时期，而共同体核心成员法德两国对英国的依赖则不比当时。

1. 英国对欧共体的依赖

与威尔逊时期英国对欧共体若即若离的态度不同，随着英欧关系的深化，英国已融入欧洲一体化进程、对欧共体产生了更多的依赖。英国对欧共体的进出口从20世纪60年代起稳步增长，1971年已达到将近30%的比重，到1979年已超过40%。撒切尔夫人上台后，英国对欧共体的贸易额占到英国对外贸易额的一半以上。不仅如此，《罗马条约》中资本自由流动的规定为英国的金融资本在欧洲市场的扩张提供了便利，同时也促使美国和日本等发达资本主义国家在英国投资。1980年，英国占了美国企业在欧洲投资总额的59%；日本企业在欧洲投资总额中，英国也占到50%左右。英国经济在20世纪70年代和80年代初遇到困难时，这些外来资本对英国工业的发展起到了重要的促进作用。与此同时，英国与英联邦国家的经济联系大幅减弱。1955年英国对英联邦的出口还占出口总量

---

① Johannes Lindner, *Conflict and Change in EU Budgetary Politics*, p.123
② Stephen George, *An Awkward Partner: Britain in the European Community*, p.153.

的49%，到20世纪70年代初，这一数字已降到22%。① 70年代以来，欧共体在石油危机影响下经济陷入"滞胀"，进入80年代又遇到日本及亚洲新兴国家的挑战，因此欧共体更加重视内部大市场的建设和高新技术的发展。这一转变高度契合英国一直以来强调的发展共同体内部统一大市场的愿望。②

表4　　　　　　　　　英国对欧共体的进出口百分比　　　　　　　　单位:%

年份	对欧共体出口	对欧共体进口
1954	21.5	18.4
1960	20.9	20.2
1971	29.3	29.9
1979	41.8	43.1
1983	43.8	45.6

资料来源：David Sanders：*Losing an Empire*，*Finding a Role*：*British Foreign Poling Since* 1945，Basingstoke：Palgrave Macmillan，1990，p.150。

在政治领域，英国借助共同体框架下的外交政策合作增强了国际影响力，在处理国际事务时也得到了欧共体的支持。1982年，英国和阿根廷爆发"马岛战争"，欧共体成员国在战争爆发伊始就发表宣言，支持英国保卫领土的行为，谴责阿根廷的军事占领。在对阿根廷实施经济制裁的决议上，欧共体获得了全体成员国一致同意的表决结果。③ 法国总统弗朗索瓦·密特朗（François Mitterrand）不仅亲自给撒切尔夫人打电话表示支持，还积极为英国争取国际支持。此外，撒切尔夫人执政后，英国十分注重与美国发展亲密关系，希望进一步强化英美特殊关系。自加入欧共体以来，英国逐渐扮演起代表西欧国家与美国对话的代言人角色，这一角色成为英国同美国打交道的一大筹码。要进一步强化英美特殊关系，英国不得不倚重其欧共体成员国身份。

概言之，撒切尔夫人时期英国对欧共体的依赖已大幅加深，英国的发展已经离不开欧共体。

2. 支持退出欧共体的国内力量强弱

与英国工党不同，保守党具有强烈的实用主义倾向。随着一体化的推进，保

---

① 赵怀普：《英国与欧洲一体化》，第172—173页。
② 陈乐民等：《战后英国外交史》，北京：世界知识出版社1994年版，第178页。
③ 朱正梅：《英国预算问题与欧洲一体化（1970—1984）》，第163页。

守党逐渐转变态度,对欧共体并不一味排斥。在欧共体初显成效时,保守党的实用主义倾向表现得更加明显。尽管撒切尔夫人对欧共体也并非真心拥护,但她清楚地知道加入欧共体是英国的正确选择。

随着英国与欧共体的联系日益加强,英国民众对欧共体的接受度大幅提升,"欧洲意识"得到增强。1980年5月30日,欧共体九国外长和农业部长在经过艰难谈判后,终于就英国预算问题达成了一项临时安排,即"五月指令"(May Mandate)。"五月指令"被认为是英国外交部中"亲欧派"的胜利,外交官伊恩·吉尔摩(Ian Gilmour)认为临时协议会被大多数英国人认可。然而,当外交大臣卡林顿和助手吉尔摩满怀喜悦地向首相撒切尔汇报这一成果时,却遭到了撒切尔夫人的指责,认为这一协议是无法接受的灾难。在内阁会议上,撒切尔夫人同卡林顿和吉尔摩展开了激烈的争论。当时至少有6名同僚和70名保守党议员支持卡林顿,财政大臣杰弗里·豪也表示坚决支持卡林顿,卡林顿在会上还以辞职威胁撒切尔夫人接受协议。英国媒体普遍认为这一协议是英国的胜利,公众对此也是一片欢呼。面对民众近乎"一边倒"的支持,撒切尔夫人最后不得不接受了"五月指令"安排,这是撒切尔夫人鲜有的对内阁阁员作出的让步。①

工党的对欧政策也从疑欧逐渐转向融欧。富特接替卡拉汉成为工党领袖后,对欧共体持强烈的反对态度,富特被认为是工党历史上最"左"的领袖。1983年英国大选,工党在竞选宣言中甚至将退出欧共体列为上台后的目标之一。然而,工党这种极端的反欧政策并没有得到大多数英国选民的支持,在此次大选中,工党再次惨败。大选过后,富特辞职,尼尔·金诺克(Neil Kinnock)成为新领袖,党内的激进派受到沉重打击,温和派开始占据主导地位。工党上下对欧洲政策进行了反思,其欧洲政策开始发生重大转变,由疑欧转向融欧。金诺克曾在《新社会主义》中指出:"像我们的过去和现在一样,英国的未来在欧洲,如果共同市场变得符合我们对于欧洲未来更为广阔的设想,那么对于我们社会主义者来说,英国的未来将与欧共体紧密相连。"②

综上,撒切尔夫人当政时期,支持英国融入欧共体的国内力量强于威尔逊当政时期。根据本文的理论预期,在英国对欧共体的依赖较大、支持退出欧共体的国内力量较弱的情况下,英国无法发出可信的退出威胁。此时,无论法德两国对

---

① 参见陈乐民等:《战后英国外交史》,第173—174页;朱正梅:《英国预算问题与欧洲一体化(1970—1984)》,第158—159页。
② 阿尔弗雷德·格罗塞:《战后欧美关系》,刘其中等译,上海:上海译文出版社1986年版,第221页。

英国的依赖程度如何，威胁退出策略都难以奏效。这一策略无法发挥作用的预期将促使英国放弃发出退出威胁，转而采取呼吁策略。

（三）撒切尔政府的策略选择

撒切尔夫人上台后，英国就预算问题与欧共体国家争吵不断，撒切尔表现出的强烈的民族主义情绪使得双方经常在会上吵得不可开交。尽管如此，撒切尔从未像威尔逊那样威胁退出欧共体，反而始终强调英国的完全成员国资格，表示没有人有权赶走英国。其一贯的策略是，通过呼吁、协商等外交手段解决问题。

撒切尔夫人决心推行"建设性的欧洲政策"，努力扩大英国在共同体中的作用和影响。1979年11月底召开的都柏林欧洲理事会会议上，法德坚决反对给予英国10亿英镑的现金回扣，法国总统德斯坦和德国总理施密特甚至在对待撒切尔夫人的态度上极其粗鲁傲慢。在撒切尔夫人发表演讲时，施密特假装在睡觉；德斯坦停在门外的汽车已经发动引擎，以示离开①；丹麦首相安高·杰根森（Anker Jørgensen）在没有礼貌地大声喊叫。②但即使遭到如此粗暴的待遇，撒切尔夫人依旧强调英国的欧共体成员国资格，"我们现在是欧共体的成员，将来也会是，没有人可以赶走我们……我们只要求要回属于我们自己的钱"③。会议结束后，"撒切尔夫人继续谋求通过协商途径和外交渠道解决英国预算问题"④。1982年年初，欧共体外长理事会召开，欧共体国家不顾英国反对，第一次以多数票决定了农产品价格。即便如此，英国也依然一直强调英国的共同体成员身份。1981年新任的法国总统密特朗建议"欧共体应当考虑终止英国的完全成员国身份，只把有关英国预算的谈判列为某种'特殊'的地位"⑤。英国对此坚决反对，强调英国将始终是欧共体的完全成员国。此时欧共体正朝着联邦主义的方向发展，撒切尔夫人认为英国留在共同体内，即使不能主宰欧洲一体化方向，也至少可以引导欧共体朝英国希望的方向发展。

1983年6月召开的斯图加特峰会上，英国提出6.5亿英镑回扣的要求，法国表示反对，只可能接受4.5亿英镑的数额。法国态度十分强硬，威胁将再次通过"缺席"来阻止预算协议的达成，"如果不能将自有财源的规模与财政政策联

---

① Hugo Young, *This Blessed Plot: Britain and Europe from Churchill to Blair*, p. 315.
② Colin Pilkington, *Britain in the European Union Today*, p. 20.
③ Paul Sharp, *Thatcher's Diplomacy: The Revival of British Foreign Policy*, Basingstoke: Palgrave Macmillan, 1997, p. 148.
④ 朱正梅：《英国预算问题与欧洲一体化（1970—1984）》，第149页。
⑤ 朱正梅：《英国预算问题与欧洲一体化（1970—1984）》，第165页。

系起来，法国将退出首脑会议"①。1984 年 5 月 24 日，密特朗在欧洲议会的演讲中还提到"双速欧洲"的方案②，认为可以将欧共体分为两部分，由热心的合作者签署一个新条约，而英国、希腊等不情愿的国家可以放慢速度，不强求它们与欧洲一体化事业共同前进。"双速欧洲"方案对英国来说显然是不可接受的，这将导致英国再次成为欧洲一体化的局外人。因此外交大臣杰弗里·豪明确拒绝了"双速欧洲"的提法，并且提出即使存在"双速欧洲"，英国也将处于前沿，英国希望的不是"双速欧洲"，而是"高速欧洲"。③

四　结论

如果国家对国际制度的分配性安排不满，希望获取更多的制度收益，就会采取措施推动国际制度改革。与呼吁策略相比，威胁退出策略更加有效。采取威胁退出策略的国家没有退出制度的真实意图，只是希望通过发出退出制度的威胁来推动制度改革，促使其他成员国作出妥协和让步。威胁退出策略的成败取决于三个因素，即不满现状国对国际制度的依赖、支持退出国际制度的国内力量强弱和核心成员国对不满现状国的依赖。当不满现状国对国际制度的依赖较小、支持退出国际制度的国内力量较强、核心成员国对不满现状国的依赖较大时，威胁退出策略就会取得成功。如果不具备前两个条件，无论核心成员国对不满现状国的依赖程度如何，威胁退出策略都难以奏效。这一策略取得成功意味着，其他成员国都对不满现状国作出让步和妥协，其要求得到满足；失败的威胁退出策略则表现为，不满现状国预期到威胁退出策略无效而放弃发出威胁，转而采取呼吁策略。

在威尔逊政府时期，英国对欧共体的依赖较小，国内的疑欧呼声高涨，而法德等核心成员国在许多方面对英国也有较大依赖。因此，威尔逊成功地运用了威胁退出策略，迫使法德等其他成员国满足了英国的利益诉求。撒切尔夫人上台后，英欧关系已发生深刻变化，此时英国对日渐成熟的欧共体依赖较深，在国际事务中需要欧共体的支持；英国国内对英国融入欧洲的接受度大幅上升，英国民众的"欧洲意识"日益巩固。因此，撒切尔政府预期到威胁退出策略难以奏效，从未像威尔逊政府那样威胁退出欧共体，而是极力表达英国作为欧共体完全成员国的身份，并且采用呼吁协商的外交手段来争取英国利益。

---

① Paul Sharp, *Thatcher's Diplomacy: The Revival of British Foreign Policy*, p. 152.
② 马瑞映：《疏离与合作——英国与欧共体关系研究》，第 200 页。
③ Stephen George, *An Awkward Partner: Britain in the European Community*, p. 159.

除预算问题外,英国还在财政联盟、货币联盟等问题上与欧共体/欧盟存在分歧。这些分歧在 2008 年国际金融危机后凸显。国际金融危机和随后引发的欧洲主权债务危机重创了欧盟经济,欧洲金融市场陷入动荡,欧盟内部发展的不平衡进一步拉大,欧盟核心和外围的分野加剧。① 面对危机,欧盟采取了一系列救助措施,加强了欧盟财政和经济一体化建设②,但这些措施却损害了英国的传统利益。2012 年 12 月 17 日,戴维·卡梅伦(David Cameron)在议会下院的讲话中指出英国与欧洲关系未来的所有选择都是"可以想象的"③,这是英国第一次提出退出欧盟的可能性。2013 年 1 月 23 日,英国首相卡梅伦通过彭博社发表了改革英欧未来关系的演说④,正式提出希望英欧关系能够通过谈判达成"新安排",并承诺在 2017 年年底前就英国是否退欧举行全民公投。

卡梅伦的"脱欧公投"演讲实际上是对欧盟发出威胁:如果英国的要求不能得到满足,就退出欧盟。此时的英国与威尔逊时期一样内忧外困。欧盟针对欧债危机制定的救市举措损害了英国的利益,因此卡梅伦否决了《里斯本条约》修正案,反对金融交易税的设立⑤,反对增加欧盟预算并拒绝在返还款问题上让步⑥,拒绝注资 IMF 及参与救助欧元区国家。就未来选择而言,英国可以通过退欧后的互惠贸易安排保留其主要经济收益⑦,并且可以通过发展与中国等新兴大国的经济联系来强化其外部选择,英国对欧盟的依赖将因此而降低。作为欧盟预算最大的出资国之一,英国的退出将大大削弱欧盟的经济实力和政治影响力。同时,英国国内疑欧声四起,很多人将金融危机带给英国的损害归咎于欧盟制定的政策。2012 年 11 月的民调结果显示,66% 的受访者赞同英国脱离欧盟,到了 12 月 15 日,"近半数的英国人希望脱离欧盟,只有 1/3 的民众希望继续保持欧盟成

---

① 石晨霞:《试析金融危机对欧洲一体化的影响》,《上海行政学院学报》2011 年第 3 期,第 16—22 页。
② 应霄燕、赵建芳:《欧债危机以来欧盟的改革及其对欧洲一体化的影响》,《当代世界》2013 年第 9 期,第 61 页。
③ "British EU Exit is 'Imaginable'," https://euobserver.com/news/11856.
④ "EU Speech at Bloomberg," https://www.gov.uk/government/speeches/eu-speech-at-bloomberg.
⑤ 李靖堃:《英国欧洲政策的特殊性与延续性:现状、成因及其未来》,载王展鹏、刘绯主编:《解析英国及其国际地位的演变》,北京:世界知识出版社 2013 年版,第 39 页。
⑥ 李靖堃:《英国欧洲政策的特殊性与延续性:现状、成因及其未来》,第 40 页。
⑦ 英国可以采取瑞士模式,在退欧后与欧盟签署双边协议。瑞士于 1999 年和 2004 年与欧盟签订了《双边协议 I》和《双边协议 II》。对于瑞士来说,双边协议弥补了它不加入欧洲经济区和欧盟可能导致的经济损失。同样,如果英国与欧盟达成双边协议,也可以弥补其退欧后的经济损失。关于瑞士模式,参见李奇泽:《英国脱欧:进展与前景》,北京:人民出版社 2017 年版,第 138—151 页。

员国地位"①。工党支持率的大幅上升也给保守党带来了不小的压力。2012年12月的民调结果显示,保守党的支持率为32%,而工党的支持率则达到了40%。②此外,保守党内部的分歧也逐渐扩大,党内的疑欧势力越来越大。由此可见,退出欧盟在英国国内有深厚的社会基础。

根据本文的理论分析,当不满现状国对国际制度的依赖较小、支持退出国际制度的国内力量较强、核心成员国对不满现状国的依赖较大时,威胁退出策略就会取得成功。事态的发展符合这一逻辑。面对英国发出的退欧威胁,主要欧盟国家领导人明确表达了挽留英国的态度,并表示可以与英国进行谈判。英国作为欧盟预算的最大出资国之一,如果退出欧盟,法德两国将承担更多的欧盟预算。英国退欧还可能导致欧洲一体化的倒退,引发荷兰等国举行脱欧公投。因此,德国总理安吉拉·默克尔(Angela Merkel)在卡梅伦发表"脱欧公投"演说的当天就表示希望英国继续留在欧盟,并将尽快通过谈判找到妥协方案。

2016年2月18—19日召开的欧盟峰会上,英国首相卡梅伦经过两天两夜的谈判,"斩获"了一份基本满足英国要求、符合英国利益的"特殊待遇"协议。英国可以"永远不加入欧元区,永远不参与欧元区救助行动,永远不列入欧洲免签国,永不成为'超级欧洲'的一员"③。英国成功地运用了威胁退出策略,迫使法德等欧盟国家达成了一份基本符合英国要求的协议。尽管2016年6月23日的全民公投的最终结果支持脱欧,但这一结果的出现不是因为英国的特殊待遇要求没有得到满足,而是因为英国中下层民众反对来自其他欧盟成员国的移民劳工抢占其工作机会和福利资源的不满情绪。④"特殊待遇"协议的达成已经表明卡梅伦政府的威胁退出策略取得了成功。

---

① 《外媒:调查显示越来越多英国人希望脱离欧盟》,http://www.cankaoxiaoxi.com/world/20150907/930549.shtml。
② 潘兴明:《英国对欧政策新取向探析》,《外交评论》2014年第4期,第115页。
③ 王蕾:《拿到欧盟"特殊待遇",英相卡梅伦满意了吗?》,《第一财经日报》2016年2月22日第A04版。
④ 多数英国中下层民众的诉求是欧盟有关人员自由流动的规定不适用于英国,但卡梅伦政府在与其他欧盟成员国谈判时并没有提出这一诉求,只是要求欧盟同意英国限制移民劳工福利。"特殊待遇"协议虽然涵盖限制移民劳工福利,但没有满足多数英国中下层民众的诉求。

身份焦虑与偏好伪装

——2016年美国大选期间民调偏差的社会心理机制研究[*]

曾向红　李琳琳[**]

【内容提要】　2016年美国大选颠覆了美国主流媒体和民调机构的预期，特朗普在外界一片唱衰声中爆冷击败希拉里成功入主白宫。出乎意料的选举结果引发了美国国内甚至国际社会的热烈讨论。对于此次大选民调出现偏差的原因，目前的相关研究仍主要集中于选举人团制度的不合理性及民意调查运作过程的不科学性两方面。值得注意的是，既有研究忽略了特朗普的支持率在选举期间和实际结果之间存在较大差距这一重要事实。从选民个体的心理因素出发，可以发现特朗普的胜选有着相当坚实的民意基础。美国白人中下层民众在20世纪中后期以资本为主导的全球化进程中，由于财富分配不均、传统文化价值观受到冲击、族裔矛盾加剧个体的不安全感而产生了经济、文化和安全层面多元的身份焦虑，这些深受焦虑之苦的中下层白人构成了助推特朗普当选美国总统的重要力量。而民调之所以未能准确预测其胜选，原因在于明确表达支持特朗普所带来的或假想的社会压力使部分选民进行了偏好伪装。偏好伪装现象在国际社会中广泛存在，这使得研究者或民意调查机构等行为体通过调查方法来预测和解释社会趋势变得更加复杂和困难，

---

[*] 本文得到兰州大学中央高校基本科研业务费专项资金项目"国际关系理论中的世界秩序话语体系研究"（项目编号：16LZUJBWZY001）的资助。感谢《世界政治研究》匿名审稿人提出的修改意见，笔者文责自负。

[**] 曾向红，兰州大学政治与国际关系学院、兰州大学中亚研究所教授；李琳琳，兰州大学政治与国际关系学院硕士研究生。

也促使我们对西方民主进程进行反思。

【关键词】 唐纳德·特朗普 美国大选 民意调查 身份焦虑 偏好伪装

随着2018年美国中期选举的展开，国内外学术界、政界和舆论界又重新燃起对美国选举的浓厚兴趣和热情。尽管唐纳德·特朗普（Donald Trump）当选美国总统已近两年之久，但是其意外胜选这一2016年世界政治中最大的"黑天鹅事件"对美国乃至世界所造成的冲击仍未有丝毫衰退之势。与此同时，此前诸多民意调查机构预测希拉里将大胜特朗普的误判，无疑会在不久的将来再度引发对特朗普是否能够继续连任的新一波预测。事实上，特朗普缘何在2016年美国大选中颠覆美国主流媒体和民调机构的预期，在一片唱衰声中爆冷击败希拉里·克林顿（Hillary Clinton）成功入主白宫，仍是一个值得学术界进行深入研究的问题。这是因为，虽然国内外对其成功当选的研究成果层出不穷，但原因仍众说纷纭，人们就此问题提出的各种解释，似乎并未触及真正助推其当选的内在社会机制。在全球民粹主义新一波浪潮袭来的大背景下，2016年美国大选期间民调偏差的产生已不再单纯是一个技术性问题，而更关乎美国国内社会所经历的深刻变化。基于这一判断，本文尝试对此问题重新开展研究，致力于从新的视角解释2016年美国大选期间的民调偏差以及特朗普意外胜选背后所潜藏的社会心理机制。

一 问题的提出与文献回顾

2016年11月8日，美国第58届总统大选投票结果揭晓，共和党候选人特朗普胜选，美国国内甚至国际社会一片哗然。因为在此前的总统竞选过程中，无论是全国民调还是各州民调均显示希拉里的支持率大幅领先于特朗普，特别是竞选的最后阶段，几乎所有的民调机构均预测希拉里将成功入主白宫，具体的数据如表1所示：

表1 　　　　　　　选前各机构总统候选人胜率预测

	希拉里胜率	特朗普胜率
《纽约时报》	85%	15%
538	71%	29%
《华尔街日报》/美国国家广播公司	44%	40%

续表

	希拉里胜率	特朗普胜率
《福克斯新闻》	45%	40%
《赫芬顿邮报》	98%	2%
微软 Predict Wise	89%	11%
路透社/益普索	90%	10%

资料来源：笔者根据选前各大媒体机构网站公布的数据整理而成。

可以发现，在大选当天，相当一部分民调机构给出了希拉里明显高于特朗普的胜率，甚至有机构声称"希拉里失败的概率和橄榄球球员错过 37 码的射门得分概率一样（这是一个低概率事件，在 10 次中只发生 1 到 2 次）"①。但是，随着计票过程的展开，特朗普率先获得了 270 张选举人票，在外界一片唱衰声中爆冷击败希拉里成功当选第 45 任美国总统。如此出乎意料的选举结果既颠覆了美国主流媒体和民调机构的普遍预期，也使得各主流媒体和民调机构饱受质疑。对此，由皮尤研究中心、《华盛顿邮报》、盖洛普公司等多家民调机构的民调专家组成的美国舆论研究协会（American Association for Public Opinion Research，AAPOR）也在其新闻发布会上坦然承认："这次的民意调查显然是错误的……它引发了人们对'民调危机'的担忧。尽管希拉里赢得了多数的选民票，但她最终获得的支持率比民意调查显示的低了 3% 到 4%，许多州的民意调查高估了希拉里的支持率。"② 那么，一个令人困惑的问题是：此次美国大选民调预测失误的原因究竟何在？

针对这一问题的解释，目前的相关研究主要集中在剖析选举人团制度（Electoral College）的不合理性以及民意调查运作过程的不科学性两方面。此次大选，尽管特朗普落后希拉里 2868691 张普选票，但仍率先获得当选需要的 270 张选举人票，击败希拉里入主白宫。③ 选举人团制度的确使得特朗普凭借少数选民票问鼎美国总统，在一些批评者看来，这一制度安排有失公平。政治学家罗伯特·达尔（Robert A. Dahl）在其著作《美国宪法的民主批判》一书中指出选举人团制度的诸多弊端：其一，赢得多数选民票（包括相对多数以及绝对多数）

---

① Josh Katz, "2016 Election Forecast: Who Will Be President?" *The New York Times*, November 8, 2016, https://www.nytimes.com/interactive/2016/upshot/presidential-polls-forecast.html.

② "An Evaluation of 2016 Election Polls in the United States," https://www.politico.com/f/?id=0000015b-d46e-da30-a3db-fefe45b50002.

③ 关于 2016 年总统大选的投票结果，参见 Federal Election Commission, "Official 2016 Presidential General Election Results," January 30, 2017, https://transition.fec.gov/pubrec/fe2016/2016presgeresults.pdf。

的候选人有可能无法赢得选举人的多数票；其二，投票者没有类似法国总统大选中第二次选择的机会；其三，由于各州的选举人数量为该州众议员和参议员人数之和，而各州无论地理面积和人口多寡均有两名参议员，因此在代表权上存在不平等。① 美国的选举人团制度是美国建国之初由制宪者协商产生的，于 1788 年开始实行，② 现已经历了 200 多年的发展与演变，一直伴随着美国的总统大选。而上述对该制度的批判所依据的观念——"一人一票"（"每个有资格投票的人的选票具有相同的权重"）却是半个世纪以前才确立的。③ 这种以新观念评判老制度的方式，很难客观地说明制度本身是否存在缺陷，退一步讲，即使该制度的确存在缺陷，但是，制度缺陷却无法解释为什么是特朗普——这一毫无政治经验经常大放厥词的人，赢得了此次大选？更无法解释为何他在大选中实际所获得的支持率远远高于民调所反映的支持率这一重要事实。

在选举人团制度广受诟病之时，各大媒体与声名显赫的民调机构也因为预测失误而在民众的惊呼与怀疑中备受打击。面对大选民调与实际结果出现较大冲突的窘境，民调业也及时作出了相应的反思，认为此次民调之所以低估了特朗普的支持率，很大程度上可能在于民调过程中出现了"无应答的偏差"（Non-response bias），也就是说，与参与调查的民众相比，很多拥有不同观点的民众未参与到民调中或者拒绝表达自己的看法。④ 这意味着样本的代表性存在不足，因此很容易导致对公众意见的错误估计。然而，研究表明，尽管公众的回应率正在下降，但是民意调查仍然在大多数政治、经济和社会议题上提供了相对精确的数据⑤，在此次大选中，民调数据并没有由于回应率的降低而导致错误的增加⑥，此外，与 2012 年相比，不仅各州民调的准确率没有降低，全国民调的准确率反而还有所提升。⑦ 因此，将特朗普出乎意料的胜选原因归咎于民意调查过程中的

---

① 参见罗伯特·A. 达尔：《美国宪法的民主批判》，钱镇译，北京：中国人民大学出版社 2015 年版。
② 唐晓：《美国总统选举人团制度》，《外交学院学报》2001 年第 3 期，第 46 页。
③ "One Man, One Vote—Yes or No?" *The New York Times*, November 8, 1964, https://www.nytimes.com/1964/11/08/archives/one-man-one-voteyes-or-no.html.
④ Drew Linzer, "The Forecasts Were Wrong. Trump Won. What happened?" *Votamatic*, November 16, 2016, https://votamatic.org/the-forecasts-were-wrong-trump-won-what-happened/.
⑤ Pew Research Center, "Assessing the Representativeness of Public Opinion Surveys," May 15, 2012, http://www.people-press.org/2012/05/15/assessing-the-representativeness-of-public-opinion-surveys/.
⑥ Charles Franklin, "The Polls Are Not Broken. Say It Again: The Polls Are Not Broken," *The Washington Post*, June 2, 2016.
⑦ Sean Trende, "It Wasn't the Polls That Missed, It Was the Pundits," November 12, 2016, https://www.realclearpolitics.com/articles/2016/11/12/it_wasnt_the_polls_that_missed_it_was_the_pundits_132333.html.

不科学性是有失偏颇的。

民意调查在当代美国政治领域中是一种意见量化的关键形态。这种数字式公众意见的普遍化，本质上体现了美国政治走向常规化和系统化的趋势。虽然在计算和统计民众意见并通过进一步研究分析得出可供参照行事的数据的过程中，总是会出现各种导致误差、影响结果准确性的因素，包括抽样误差、问卷设计、访员素质、调查时机，等等，但自抽样调查首次被引进民调业以来，围绕减少误差的努力始终未曾停止，如有学者指出："在最近20年里，研究者们已经开发出了更为复杂的抽样方法，有效运用计算机来提取具有代表性的人口样本，并且越来越重视问卷设计。"① 随着时代的变迁，民调机构在不断地调整调查样本库、改进调查方法、更新调查技术，力图使调查结果更加准确地反映真实情况。除此之外，一个重要的事实是，人们之所以对民调过程的科学性存有疑虑，很大程度上与自身持有的信念有关。当一项民调挑战人们自身的态度时，他们更有可能去批评样本的规模、问题的措辞、民调的可靠性。② 而特朗普这样一位极富争议的人物成功当选美国总统的结果，对于美国社会中绝大部分人而言，无疑与其长期持有的思想观念相矛盾，所以也就不难理解为何在此次大选中民意调查运作的科学性被广为质疑。

2016年的大选出现令人意外的结果，固然有上述两方面的原因，但是这两种停留在制度与技术层面的解释存在着明显的不足之处。因此，众多学者开始专注于民调数据与大选结果本身，从微观层面入手，结合美国国内政治进行了具体分析。王玮使用统计方法分析了美国总统选举中普选票和选举人票两种计票方式对大选的系统影响，发现在美国内战后至今的总统选举中，选举人团制度明显提高了共和党胜选的机会。与此同时，他还从地域层面上比较了选举人票的分布情况，发现在2016年的大选中，选举人票除了在美国东北部的归属变化不大以外，其他地区，特别是中西部地区，都发生了有利于共和党的显著变化，他指出，这种大幅度变化需要在常规的政党力量之外寻找原因。③ 莫盛凯对2016年大选民调数据进行了回溯性的系统分析，在微观技术层面上探究了特朗普胜选的原因。

---

① 苏珊·赫布斯特：《用数字说话：民意调查如何塑造美国政治》，张健译，北京：北京大学出版社2018年版，第10页。
② Daniel M. Merkle, "The Impact of Prior Belief and Disclosure of Methods on Perceptions of Poll Data Quality and Methodological Discounting," Paper Presented at the Annual Meeting of the Association of Education in Journalism and Mass Communication, Boston, August, 1991, 转引自 Susan Herbst, *Numbered Voices: How Opinion Polling Has Shaped American Politics*, Chicago: University of Chicago Press, 1993, p. 161。
③ 王玮：《谁治理美国：选举人团的选择及其后果》，《当代美国评论》2017年第1期，第81—98页。

他通过对比各州民调结果与实际结果，发现大选民调出错的地方集中在"铁锈带"的密歇根、威斯康星、内华达和宾夕法尼亚四个州。他认为由于上述四州选举人票相加高达52张，因此其选举结果足以改变大选结果。此外，由于内华达州是希拉里扳回的一州，所以从解释意外的角度仅需解释其余三州的情况。通过翔实的数据分析与论证，他得出特朗普的胜选是"铁锈带"蓝领工人的关键作用、白人选民的关键作用、选举资格政策突变和选前重启"邮件门"调查的冲击诸因素共同作用的结果。[①] 可以发现，尽管莫盛凯针对民调出错的三个州进行了民调数据的系统分析，对其在大选中的逆转给出了多种因素的解释，但实质上逻辑起点仍然是选举人团制度，故其分析所关注的重点是选举人团制度框架下特殊州的特殊因素。

上述研究均忽略了一个重要事实：特朗普各州的支持率在选举期间和实际结果之间存在较大差距，这种差距不仅在全国民调中有所体现，在各州民调中体现得更为明显。具体情况如表2、表3所示：

表2　　　　　　2016年美国大选选前一周总统候选人全国民调结果

民调机构	时间（2016年）	样本容量（人）	希拉里支持率（%）	特朗普支持率（%）	差距（%）
彭博社	11月4日—11月6日	799	46	43	希拉里+3
《投资者商业日报》/TechnoMetrica市场情报	11月4日—11月7日	1170	43	42	希拉里+1
《经济学人》/舆观调查公司	11月4日—11月7日	3669	49	45	希拉里+4
《洛杉矶时报》/南加州大学	11月1日—11月7日	2935	44	47	特朗普+3
美国广播公司/《华盛顿邮报》	11月3日—11月6日	2220	49	46	希拉里+3
福克斯新闻	11月3日—11月6日	1295	48	44	希拉里+4
蒙莫斯大学	11月3日—11月6日	748	50	44	希拉里+6
美国国家广播公司/《华尔街日报》	11月3日—11月5日	1282	48	43	希拉里+5
哥伦比亚广播公司	11月2日—11月6日	1426	47	43	希拉里+4
路透社/盖普索	11月2日—11月6日	2196	44	39	希拉里+5
真实政治网综合民调	11月1日—11月7日	—	46.8	43.6	希拉里+3.2

---

① 莫盛凯：《"特朗普冲击"与2016年美国大选：基于民调的回溯性分析》，《国际政治科学》2018年第3期，第106—141页。

续表

民调机构	时间（2016年）	样本容量（人）	希拉里支持率（%）	特朗普支持率（%）	差距（%）
最终结果	—	—	48.2	46.1	希拉里+2.1

资料来源：Real Clear Politics，"Election 2016-General Election：Trump vs. Clinton，" https://www.realclearpolitics.com/epolls/2016/president/us/general_election_trump_vs_clinton-5491.html。

表3　2016年美国大选选前最后平均民调与各州最终得票结果对比

类别	计票单位及选举人票数	候选人	选前最后平均民调（%）	最终得票率（%）	差距（%）（实际结果-平均民调，%）
特朗普获胜州	阿拉斯加州（3）	特朗普	38.0	52.9	14.9
		希拉里	32.0	37.7	5.7
	亚拉巴马州（9）	特朗普	—	62.9	—
		希拉里	—	34.6	—
	阿肯色州（6）	特朗普	56.5	60.4	3.9
		希拉里	31.0	33.8	2.8
	亚利桑那州（11）	特朗普	46.3	48.1	1.8
		希拉里	42.3	44.6	2.3
	佛罗里达州（29）	特朗普	46.6	48.6	2.0
		希拉里	46.4	47.4	1.0
	佐治亚州（16）	特朗普	49.2	50.5	1.3
		希拉里	44.4	45.4	1.0
	爱达荷州（4）	特朗普	45.0	59.2	14.2
		希拉里	24.8	27.6	2.8
	艾奥瓦州（6）	特朗普	44.3	51.2	6.9
		希拉里	41.3	41.7	0.4
	印第安纳州（11）	特朗普	49.0	57.2	8.2
		希拉里	38.3	37.9	-0.4
	堪萨斯州（6）	特朗普	46.0	57.2	11.2
		希拉里	34.8	36.2	1.4
	肯塔基州（8）	特朗普	51.5	62.5	11.0
		希拉里	36.5	32.7	-3.8
	路易斯安纳州（8）	特朗普	51.0	58.1	7.1
		希拉里	34.7	38.4	3.7
	密歇根州（16）	特朗普	42.0	47.3	5.3
		希拉里	45.4	47.0	1.6
	密苏里州（10）	特朗普	50.3	57.1	6.8
		希拉里	39.3	38.0	-1.3
	密西西比州（6）	特朗普	52.0	58.3	6.3
		希拉里	39.0	39.7	0.7

续表

类别	计票单位及选举人票数	候选人	选前最后平均民调（%）	最终得票率（%）	差距（%）（实际结果－平均民调，%）
特朗普获胜州	蒙大拿州（3）	特朗普	44.5	56.5	12.0
		希拉里	31.5	36.0	4.5
	北卡罗来纳州（15）	特朗普	46.5	49.9	3.4
		希拉里	45.5	46.2	0.7
	北达科他州（3）	特朗普	—	64.1	—
		希拉里	—	27.8	—
	内布拉斯加州（4）	特朗普	56.0	60.3	4.3
		希拉里	29.0	34.0	5.0
	俄亥俄州（18）	特朗普	45.8	51.3	5.5
		希拉里	42.3	43.2	0.9
	俄克拉荷马州（7）	特朗普	52.0	65.3	13.3
		希拉里	32.5	28.9	－3.6
	宾夕法尼亚州（20）	特朗普	44.3	48.2	3.9
		希拉里	46.2	47.5	1.3
	南卡罗来纳州（9）	特朗普	45.3	54.9	9.6
		希拉里	37.7	40.8	3.1
	南达科他州（3）	特朗普	47.0	61.5	14.5
		希拉里	36.3	31.7	－4.6
	田纳西州（11）	特朗普	47.0	61.1	14.1
		希拉里	35.5	34.9	－0.6
	得克萨斯州（38）	特朗普	50.0	52.6	2.6
		希拉里	38.0	43.4	5.4
	犹他州（6）	特朗普	37.4	45.9	8.5
		希拉里	27.0	27.8	0.8
	威斯康星州（10）	特朗普	40.3	47.2	6.9
		希拉里	46.8	46.5	－0.3
	西弗吉尼亚州（5）	特朗普	49.0	68.7	19.7
		希拉里	31.0	26.5	－4.5
	怀俄明州（3）	特朗普	—	70.1	—
		希拉里	—	22.5	—

续表

类别	计票单位及选举人票数	候选人	选前最后平均民调（%）	最终得票率（%）	差距（%）（实际结果－平均民调,%）
特朗普获胜州	缅因州第二选区（1）	特朗普	41.5	51.5	10.0
		希拉里	41.0	41.1	0.1
希拉里获胜州	加利福尼亚州（55）	特朗普	32.0	32.8	0.8
		希拉里	54.3	61.6	7.3
	科罗拉多州（9）	特朗普	40.4	43.3	2.9
		希拉里	43.3	48.2	4.9
	康涅狄格州（7）	特朗普	35.5	41.2	5.7
		希拉里	45.5	54.5	9.0
	哥伦比亚特区（3）	特朗普	—	4.1	—
		希拉里	—	92.8	—
	特拉华州（3）	特朗普	31.0	41.9	10.9
		希拉里	46.5	53.4	6.9
	夏威夷州（4）	特朗普	—	30.0	—
		希拉里	—	62.2	—
	伊利诺伊州（20）	特朗普	37.5	39.4	1.9
		希拉里	49.0	55.4	6.4
	马萨诸塞州（11）	特朗普	26.3	33.5	7.2
		希拉里	55.7	60.8	5.1
	马里兰州（10）	特朗普	25.7	35.3	9.6
		希拉里	58.3	60.5	2.2
	缅因州第一选区（1）	特朗普	—	39.4	—
		希拉里	—	53.9	—
	明尼苏达州（10）	特朗普	40.3	45.4	5.1
		希拉里	46.3	46.9	0.6
	新罕布什尔州（4）	特朗普	42.7	46.5	3.8
		希拉里	43.3	46.8	3.5
	新泽西州（14）	特朗普	36.0	41.8	5.8
		希拉里	48.5	55.0	6.5

续表

类别	计票单位及选举人票数	候选人	选前最后平均民调（%）	最终得票率（%）	差距（%）（实际结果－平均民调,%）
希拉里获胜州	新墨西哥州（5）	特朗普	40.3	40.0	－0.3
		希拉里	45.3	48.3	3.0
	内华达州（6）	特朗普	45.8	45.5	－0.3
		希拉里	45.0	47.9	2.9
	纽约州（29）	特朗普	31.7	37.5	5.8
		希拉里	52.7	58.8	6.1
	俄勒冈州（7）	特朗普	36.0	41.1	5.1
		希拉里	44.0	51.7	7.7
	罗得岛州（4）	特朗普	36.5	39.8	3.3
		希拉里	48.0	55.4	7.4
	弗吉尼亚州（13）	特朗普	42.3	44.4	2.1
		希拉里	47.3	49.8	2.5
	佛蒙特州（3）	特朗普	21.7	32.6	10.9
		希拉里	47.3	61.1	13.8
	华盛顿州（12）	特朗普	36.0	38.2	2.2
		希拉里	50.3	54.4	4.1

注：由于本文关注重点在于两党候选人特朗普和希拉里，故省略了其他候选人相关数据。

资料来源：最终得票率采用 RealClearPolitics 网站数据，https://www.realclearpolitics.com/elections/live_results/2016_general/president/map.html. 选前最终民调部分数据采用 RealClearPolitics 网站数据，https://www.realclearpolitics.com/epolls/2016/president/2016_elections_electoral_college_map_no_toss_ups.html. 其余部分采用自莫盛凯：《"特朗普冲击"与2016年美国大选：基于民调的回溯性分析》，《国际政治科学》2018年第3期，第114—116页。

通过表3可以发现，特朗普在许多州，特别是其获胜的州，大选实际支持率与选前最后一周平均民调相比均有了显著的上升，更有甚者二者之间的差距超过了10%，如阿拉斯加州、爱达荷州、堪萨斯州、肯塔基州、蒙大拿州、俄克拉荷马州、南达科他州、田纳西州、西弗吉尼亚州、缅因州第二选区，连希拉里获胜的特拉华州和佛蒙特州也出现了类似情况。这一事实的存在，说明民调预测失误很可能并非个别州的特殊因素所导致，而是全国范围内的普遍原因。因此，本文研究的核心问题是：为什么在美国媒体与民调机构都没有出现明显失误的背景下，此次大选中特朗普实际所获得的支持率远远高于民调所反映的支持率，二者之间差距为何悬殊？也就是说，与选前最后民调所显示的数据相比，为何大选中特朗普的支持率有了显著提高？按照常理，在选前三到四周的大选民调基本可以反映出大选的实际结果，在十月到十一月初期这一竞选的激烈阶段很少会出现民调结果的逆转。[①] 既然制度与技术层面的因素均无法对选前民调与实际结果之间存在的差距给出充分解释，本文尝试从选民个体入手，关注个体微观层面的心理因素和社会宏观层面的环境因素之间的互动与影响，发现此次大选民调产生较大偏差的原因，从而为我们理解美国的选举政治、为民调机构进一步完善民调过程和提高调查结果的客观性和准确性提供一定的启示。

与以往学界对该问题的解释不同，本文认为，此次美国大选之所以出现令人意外的结果，原因在于特朗普有很多隐匿的支持者，他们在民调时由于社会压力而隐藏了自己的真实偏好，但在最终大选的投票环节将票投给了特朗普，由此导致特朗普的支持率在民调与实际结果之间存在显著差距，故民调未能准确预测其上台。文章的结构安排大致如下：首先，对偏好伪装理论的相关内容进行简单梳理，尝试提出一个分析选民态度与行为的初步框架；其次，剖析近年来美国选民的身份焦虑以及特朗普的政策主张，进而明确选民支持特朗普的原因；再次，分析支持特朗普的选民在大选期间所遭遇的社会压力以及选民的偏好伪装倾向；最后，是结论与讨论。

二 分析框架：偏好伪装与民调偏差

"偏好伪装"是第默尔·库兰（Timur Kuran）在《偏好伪装的社会后果》一书中提出的重要理论。根据库兰的观点，偏好伪装是一种隐藏信息的行为，而这些信息正是主导社会趋势的一种潜在力量。具体而言，偏好伪装就是指个体在认识到社会压力的条件下，不如实地展现自己真实想法的行为。该理论涉及"公开偏好"和"私有偏好"两个重要概念，其中"公开偏好"是指通过行为或声明表达出来、外人无法判断真伪的、可以毫无顾虑地传递给其他人的偏好；而"私有偏好"则是指行为体在没有社会压力时表达出来的真实偏好。在高压环境下，公开偏好与私有偏好往往不一致，这种现象就是偏好伪装。偏好伪装可以被视为一种特殊形式的撒谎，其要隐瞒的是一种思想倾向，一个人

---

① Robert S. Erikson and Christopher Wlezien, *The Timeline of Presidential Elections: How Campaigns Do (and Do Not) Matter*, Chicago: University of Chicago Press, 2012, p. 66.

的知识或者价值观。也就是说,"偏好伪装主要表达这样一个概念:当其他人掌握主动权或处置权时,你就会恭维他,让他感觉到你随时与他保持一致"①。当然,除了表达他人期待的观点之外,偏好伪装的另一种方式就是选择沉默,因为"沉默"本身就可以作为一种表示赞同的信号。因此,偏好伪装是个体对现实或假想社会压力的反应,并且通常会给偏好伪装者带来不愉快的心理体验。本质上是一种强势群体基于话语权不对等而对弱势群体的观点的压制。这通常会抑制社会的变化、歪曲真相,并且随着压制的反弹出现令人意外的突发性事件。②

由于偏好伪装现象分别涉及私有偏好的形成和公开偏好的表达两个阶段,因此,针对此次大选选前最后民调所显示的数据与大选中特朗普的支持率存在显著差距这一事实,可以拆解为以下两个问题:(1)特朗普支持者的私有偏好来自何处?(2)特朗普支持者如何选择表达公开偏好?对于上述两个问题的回答,分别涉及两个核心变量:身份焦虑和社会压力。下面将对其作用机制和政治效应作简单地理论梳理。

(一)身份焦虑

身份这一概念最早由美国著名的心理学家爱利克·埃里克森(Erik H. Erikson)提出。埃里克森认为,身份是对自我一致性和连续性的感觉以及其他人对一致性和连续性的重新组织,身份产生自组织的第三要素——社会,人从出生到死亡都属于与地理和历史相关的各种群体,比如家庭、阶级、社区和民族。因此一个人在任何时候都是一个有机体、一个自我和某个社会成员中的一员,他与这三个组织过程密不可分。③乔治·拉伦(Jorge Larrain)认为,身份就像灵魂或本质一样,从一出生就已经存在,虽然最终有不同的发展可能,但在人的一生中基本保持不变,由此生发出连续感和自我认知。④英国学者阿兰·德波顿(Alain de Botton)认为,身份狭义上指个人在团体中法定或

---

① 第默尔·库兰:《偏好伪装的社会后果》,丁振寰、欧阳武译,长春:长春出版社2005年版,第4页。
② 参见第默尔·库兰:《偏好伪装的社会后果》,2005年版。
③ 爱利克·埃里克森:《童年与社会》,高丹妮、李妮译,北京:世界图书出版公司2018年版,第14—15页。
④ 乔治·拉伦:《意识形态与文化身份:现代性和第三世界的在场》,戴从容译,上海:上海教育出版社2005年版,第196页。

职业的地位，广义上指个人在他人眼中的价值和重要性。① 可以发现，虽然众多学者对身份的定义有所不同，但均表明了身份这一概念的社会性和个体性，即身份既是社会比较的产物，也是一种对自我存在的认知，并且具有一定的稳定性。而身份焦虑"就是指身份的不确定性，即人和其生活的世界联系的被意识到的障碍和有关生活意义解释的困难与危机，以及随之产生的观念、行为和心理的冲突体验"②。换言之，当外在身份的稳定性受到威胁时，那些被个体视为他存在的根本的内在价值也会受到威胁，这种威胁既与危及个人生存的因素有关，如疾病、灾难、死亡等；也与某些同生命有同等价值的理想信念有关，如地位、名誉、自尊等。威胁导致了个体的心理冲突，使其产生不确定感和无助感，从而产生焦虑情绪。③

安东尼·吉登斯（Anthony Giddens）从关注人的"本体安全"（Ontological security）需求出发探讨了现代性与自我认同之间的关系。所谓"本体安全"，是指人们在社会中基本的安全感与信任感，他认为"本体安全"的缺失将引发个体内在的焦虑，进而导致其在社会中自我身份建构的缺失。按照吉登斯的论述，晚期现代性易于制造危机的特性会在两个方面产生令人不安的后果：其一，它会加重一种普遍的不确定氛围，无论个体如何试图将其抛至脑后，这种氛围总会使人感到不安；其二，它不可避免地把每个人暴露在或轻或重的多元危机情形之中，而这些危机情形会威胁到自我身份认同的核心部分。人们生活在这样的风险社会中便会面临一种固有的不安定感。作为个体情感的一种一般化状态，焦虑具有弥散性的特点，即呈现出一种游离状态，它是一种缺乏特定对象的、不自觉形成的情感紧张氛围，其往往依附于一些物件、特质或情景。当焦虑积累到一定程度时，才可被人们有意识地体验到，此时的焦虑就不再是游离状态，这是因为人们不仅感知到焦虑情绪的存在，而且已经认识到了使他们焦虑的对象。④

因此，身份焦虑的产生是现实的，亦是多元的。具体而言，引发身份焦虑的

---

① 阿兰·德波顿：《身份的焦虑》，陈广兴、南治国译，上海：上海译文出版社2015年版，第5页。
② 钱超英：《自我、他者与身份焦虑——论澳大利亚新华人文学及其文化意义》，《暨南学报（哲学社会科学）》2000年第4期，第5页。
③ 参见罗洛·梅：《焦虑的意义》，朱侃如译，桂林：广西师范大学出版社2012年版，第172—208页。
④ 参见安东尼·吉登斯：《现代性与自我认同——晚期现代中的自我与社会》，夏璐译，北京，中国人民大学出版社2016年版。

威胁大致来自经济、文化和安全三个层面。首先，经济状况是引发身份焦虑的重要因素之一。已有学者运用定量研究方法，探讨了人们的社会地位和遭受不公正对待的生活境遇与个体焦虑情绪之间的关系。研究表明，由经济收入、教育水平和职业地位三个因素所确立的客观地位，以及自身对其地位的主观评价均对焦虑情绪的形成具有显著的影响。社会地位低的群体和生活境遇中遭受过不公正对待的人，在日常生活中处于相对不利的位置，面临较大的社会压力，更容易感受到社会贫富差距，并由于社会比较导致心理失衡，进而产生焦虑情绪。[1] 其次，社会文化价值观的分裂也会导致身份焦虑。根据自我心理学理论（self-psychology），在生命的早期，人们通过认同和参与社会世界（social world）来表达和满足自己的归属感。[2] 社会联结（social connectedness）反映了这种内在的归属感，它被定义为个体在社会世界中对于亲密关系的主观感受。[3] 其重点并不在于拥有特定类型关系的数量或质量，而在于个人对世界的看法，即感知到自己与世界是亲密的还是疏离的。也就是说，社会联结度低的个体可能拥有长期稳定的婚姻与友谊，但仍然感觉到缺乏归属感。[4] 社会联结会影响个体的情感认知以及在社会活动中的表现。与社会联结度低的个体相比，社会联结度高的个体能够通过认知进程更好地操控自己的需要与情感，表现出较低的焦虑感以及更高的自尊感、倾向于感到与他人关系亲密、具有较高的社会认同。以上因素使其能够在社会机会中占据优势地位，反过来进一步强化其社会联结，形成良性循环。社会联结度低的个体则往往感到自己被孤立、不被社会需要，从而在交往中更容易感到焦虑。[5] 简言之，焦虑产生的重要原因之一在于现代社会价值的分裂所引发的个人竞争价值的改变、人的价值与尊严感的丧失。[6] 最后，个体安全感的缺失也会引发焦虑情绪。除了日常生活中切实存在的人身与财产不安全所催生的焦虑感以外，更多地体现在因外在安全威胁而产生的不安定感，也就是说，对自我安全丧失控制感也是形成焦虑情绪的重要原因。

---

[1] 华红琴、翁定军：《社会地位、生活境遇与焦虑》，《社会》2013 年第 33 卷，第 136 页。

[2] Howard S. Baker and Margaret N. Baker, "Heinz Kohut's Self Psychology: An Overview," *The American Journal of Psychiatry*, vol. 144, no. 1, 1987, pp. 1 – 8.

[3] Lee Richard M and Robbins Steven B, "Measuring Belongingness: The Social Connectedness and Social Assurance Scales," *Journal of Counseling Psychology*, vol. 42, no. 2, 1995, pp. 232 – 241.

[4] Mark W. Baldwin, "Primed Relational Schemas as a Source of Self-evaluative Reactions," *Journal of Social and Clinical Psychology*, vol. 13, no. 4, 1994, pp. 380 – 403.

[5] Ivan J. Miller, "Interpersonal Vulnerability and Narcissism: A Conceptual Continuum for Understanding and Treating Narcissistic Psychopathology," *Psychotherapy*, vol. 29, no. 2, 1992, pp. 216 – 224.

[6] 参见罗洛·梅：《焦虑的意义》，第 172—208 页。

需要指出的是，上述三个层面的焦虑情绪是身份焦虑的不同侧面，由于某一因素产生的焦虑情绪很可能会外溢至其他层面，进而引发多元的身份焦虑。存在身份焦虑的个体会倾向于表现出以下特性：首先，个体会缺乏有关其生平连贯性的前后一致感，进而产生一种时间经验上的间断性，即感觉每个时刻均切断了先前经验与后续经验之间的联系，从而使连续性叙事无法形成，与之相伴的还有对被外在的冲击性事件吞没、摧毁或倾覆的焦虑。其次，在充满变迁的外部环境中，人们会着魔般地全神贯注于那些影响其存在的可能性风险。最后，人们无法形成或保持对自身正直品行的信任，个体会因为缺乏"自尊自爱的热情"而在道德上感到空虚。由于焦虑实质上是一种对失去的恐惧，它既会威胁正在形成的自我的内核，也会在更为普遍意义上威胁本体安全感的内核。对失去的恐惧进而与一种被抛弃感而出发的敌意相联系，除非得到控制或引导，否则这种敌意会导致循环式的焦虑。而辨识（identification）与投射（projection）则构成了克服潜在的循环式焦虑和敌意的主要手段。[1] 此外，虽然身份焦虑属于个体层面的情绪，其本身并不具备外显性，但是社会是由个体组成的，当社会成员普遍存在一种紧张不安的心理状态时，个体的焦虑就会演变成群体的焦虑，从而产生一些能够明显辨识的行动。[2]

（二）社会压力

影响偏好表达的核心变量是社会压力，通常被视为一种现实存在的或假想的通过言语、行动等表现出来的敌意。这种敌意围绕社会道德原则展开，往往通过贴标签的方法引发个体对他者偏见的恐惧与自身违反道德原则的羞耻感，进而给个体表达其真实的私有偏好设置障碍。

社会压力的产生源自于社会各阶层之间优劣地位的比较。具体而言，在道德原则的确立上，社会比较中处于优势地位的群体往往享有更大的话语权。诚如约翰·穆勒在讨论思想和言论自由时所强调的，人们关于毁誉褒贬的意见往往受到各种各样理由的影响，这些理由常常就是他们的社交情感或那些并不罕见的反社交情感，诸如羡慕或嫉妒、傲慢或轻蔑等；"而最常见的则是人们自己的喜惧好恶——也就是其合理的或不合理的一己之利。无论哪一国家，只要存在着一个上

---

[1] 参见安东尼·吉登斯：《现代性与自我认同——晚期现代中的自我与社会》，2016年版。
[2] Alan Hunt, "Anxiety and Social Explanation: Some Anxieties about Anxiety," *Journal of Social History*, vol. 32, no. 3, 1999, pp. 509–528.

流阶级,这个国家的道德原则大部分就会源自上流阶级的阶级利益与阶级优越感。"① 也就是说,道德原则的确立是与上流阶级的利益与优越感密切相关的,正因如此,任何对道德原则的蔑视都会引起上流阶级的不适感。在这种情况下,上流阶级对道德原则的守护很容易使其对持异议者产生偏见、阻隔沟通,进而引发对立。在某种程度上,道德准则以及那些衡量品位好坏和形式优劣的标准,会将人们潜在的偏见进行标准化加工并予以强化。人们会依据由此形成的准则来调适自己,同时据此调整其所接触到的事实信息。② 这是因为"每个人的道德体系皆建立于其本人所接纳的关于事实的观点之上。至于那些试图否定我们的道德判断以及我们的观点的人,我们会倾向于认定其是错误的、异己的、危险的"③。也就是说,当面对他人的异议时,人们很难心安理得地接受反对者不过是看到了事实的另一面这一事实,这种出于本能的抗拒感实质上是对自己观念体系的维护。正如沃尔特·李普曼(Walter Lippmann)指出的:"当我们坚持自己主张的正确性却遭到对方的反对时,我们会将对方视为一个不安分的蠢货,对方则会将我们视为伪善的骗子。于是,我们开始将彼此描绘成某种形象。对方会为自己设置'罪过全在你,我没有错'的立场,因此也就成为了我们眼中格格不入、专搞破坏的家伙。无论如何,反对者的存在对我们的观念体系构成了干扰。"④ 最后,对他人偏见的恐惧以及自身违反道德原则与社会规范而产生的尴尬,会导致个体在表达私有偏好时面临着假想或现实的压力,从而容易进行偏好伪装。值得注意的是,这种压力并非仅仅在公开的场合才存在,如果个体想象他的行为遭到其他人注视,即使是私密环境下违背道德原则的行为依然会使个体感到尴尬。⑤

虽然阶级的划分在美国早已不复存在,但是穆勒对道德原则的论断依旧适用于今天的美国社会。毫无疑问,在经济发达、文化多元、自由民主的美国,崇尚个人奋斗、坚持开放包容是民众信仰的主流价值观,任何与之背道而驰的观点,诸如种族歧视、性别歧视等都为社会所不耻。此外,相对强烈的宗教信仰,使美

---

① 约翰·穆勒:《论自由》,孟凡礼译,桂林:广西师范大学出版社2011年版,第6—7页。
② 沃尔特·李普曼:《舆论》,常江、肖寒译,北京:北京大学出版社2018年版,第97页。
③ 沃尔特·李普曼:《舆论》,第100页。
④ 沃尔特·李普曼:《舆论》,第101页。
⑤ Aradhna Krishna, Kelly B. Herd and Nilüfer Z. Aydınoğlu, "Wetting the Bed at Twenty-one: Embarrassment as a Private Emotion," *Journal of consumer psychology*, vol. 25, no. 3, July 2015, p. 12.

国人比其他人更偏好从善恶角度去看待世界,[①] 而且"他们喜欢用符合自己价值理念的一套'真理'标准,给他人的行为贴上'优'或'劣'、'善'和'恶'、'对'与'错'的道德标签,并以此从主观上界定敌友和亲疏关系"[②]。这种社会氛围所带来的压力,大大降低了选民面对民意调查时毫无顾忌地袒露自己"私有偏好"的可能性。就此次大选而言,由于特朗普在某些议题上的政策主张较为激进,且屡遭社会各界的指责与批评,因此,本文假设:支持特朗普的部分选民由于面临较大的社会压力,在民意调查时未明确表达自己支持特朗普的"私有偏好",而是选择表达支持希拉里的"公开偏好",或者声称尚未决定,即沉默。然而,在大选之日,这些进行偏好伪装的个体却在私密的投票亭中打破民调时做出的"临时妥协",毅然将自己手中的选票投给了特朗普,由此造成了民调与实际结果之间的偏差。本文的分析框架如图1所示:

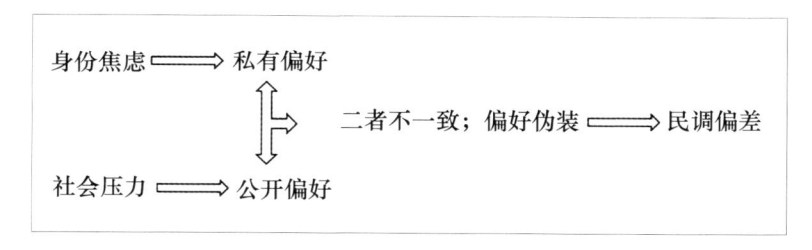

图1 本文分析框架示意

资料来源:笔者自制。

三 私有偏好的来源:美国民众的身份焦虑与特朗普的政策主张

近年来,围绕经济和移民等议题,美国民众的身份焦虑问题日益凸显。据统计,美国长期服用抗抑郁药物的人数正在激增,目前持续服用药物至少五年的美国人约有1550万人,这个数字是2010年的两倍,是2000年的三倍多。这些药物主要用于帮助数百万美国人缓解抑郁与焦虑情绪,虽然焦虑情绪为美国民众所共有,但其负面影响仍主要落在中下层白人群体身上,研究表明,在持续服用抗抑郁药物至少5年的人中,最主要的两大群体分别是45岁以上的白人女性和男

---

① 塞缪尔·亨廷顿:《我们是谁:美国国家特性面临的挑战》,程克雄译,北京:新华出版社2005年版,第304页。

② 张宇燕、高程:《美国行为的根源》,北京:中国社会科学出版社2016年版,第39页。

性，他们所占的比例明显高于同龄的少数族裔。① 具体而言，美国民众，尤其是中下层白人，在20世纪80年代后的社会变迁中经历着愈来愈严重的身份焦虑，这种焦虑情绪主要体现在经济、文化和安全三个层面上。

（一）经济上的身份焦虑——"美国梦"的破碎

在美国的主流叙事中，美国一向是民众眼中充满机遇的应许之地，人们始终相信自己的国家是鼓励社会阶层纵向流动的化身和代言人，更深信自己有无限的可能去实现理想。毫无疑问，美国社会的经济状况与历史发展见证了"美国梦"在一代又一代美国民众身上实现的可能，许许多多的美国人在这片土地上靠着自己的拼搏赢得了财富与地位，他们的成功也使"美国梦"不断地焕发出新的生机。随着美国社会高度繁荣的物质文明的形成，"美国梦"所蕴含的"自我奋斗、追求进步"的精神也日益发展成美国社会的主流价值观。"地球上没有任何地方自然条件如此优越，资源如此丰富，每一个有进取心和运气好的美国人都可以致富。由于大自然和经验都告诉他们应该保持乐观，美国人的乐观精神是异乎寻常的。对他们来说进步不是抽象的概念，而是日常的经验：他们每天看到荒野变成良田，村庄变成城市，社会和国家不断变得富有和强大。"② 于是，"这样的物质文明进步令美国人形成了一种用以观察世界的基础刻板印象：乡村会变成大都市，其貌不扬的建筑会变为摩天大楼，小的会变大，慢的会变快，穷的会变富，少的会变多，一切都会更上一层楼"③。

追求进步的观念极大地激发了人们的奋斗热情，即便生活在社会底层的美国民众也都深信自己有机会攀上社会金字塔的塔尖。正是在这样的社会氛围下，励志文学于19世纪初开始在美国流行起来，一些白手起家的英雄纷纷著书立作，向人们讲述其走向成功的心路历程。例如，开国元勋本杰明·富兰克林（Benjamin Franklin）所著的《富兰克林自传》、大卫·赫伯特·唐纳德（David Herbert Donald）的《林肯传》、安东尼·罗宾（Anthony Robin）的畅销书《激发无限潜能》、迪帕克·乔普拉（Deepak Chopra）的《成功的七大精神法则》、戴尔·卡耐基（Dale Carnegie）的《人性的弱点》，等等。然而，在励志文学传播社会正

---

① Benedict Carey and Robert Gebeloff, "Many People Taking Antidepressants Discover They Cannot Quit," *The New York Times*, April 7, 2018.
② 亨利·斯蒂尔·康马杰：《美国精神》，杨静予、崔妙英、王绍仁等译，北京：光明日报出版社1988年版，第6页。
③ 沃尔特·李普曼：《舆论》，第87页。

能量之时，这种成功触手可得的虚幻感也使每个人对自己的期待无限地膨胀，导致美国社会群体中普遍流行着一种盲目的乐观主义。20世纪70年代，约一半的美国高中毕业生预测他们成年后将会成为"很好的"职工——这是当时可以获得的最高评价。到2006年，有2/3的青少年相信他们将会进入社会前20%的行列。[1] 很明显，随着时代的发展，美国人民对自己的期望值正在不断攀升。

在这个机遇与挑战并存的现代社会，人们对身份的焦虑比以往任何时候都来得强烈。原因就在于：美国民众所秉持的线性进步的价值观所造成的过高自我期待，与社会现实之间正逐渐形成一道巨大的鸿沟，而伴随着鸿沟一起产生的则是被残酷现实击碎梦想的失落与迷惘，民众对于美国梦的坚定信仰正逐渐开始动摇。世界上最富裕的国家之一、被称为"机遇之地"的美国正在迅速成为一个不平等现象最为严重的国家，衡量"美国梦"实现与否的一项重要标准是"收入向上的流动性"，即孩子拥有比父母更高的生活水平，而如今的美国有着富裕国家中最低的社会流动性。[2] 此外，中产阶级规模的大幅缩水也是美国社会面临的重大问题，2008年的金融危机戳穿了"西方中产阶级越来越富有"的神话，国际经济呈现出衰退的景象，美国皮尤研究中心发布的数据显示，2015年美国中产阶级占美国总成年人口的比例从1971年的61%降至50%，在同一时期，随着高收入阶层规模不断扩大、收入迅速增长，美国的家庭总收入已从中等收入家庭大幅转向高收入家庭，2014年，中产阶级家庭收入占比为43%，大大低于1970年的62%。不断攀升的失业率和沉重的债务负担使中产阶级面临着坍塌的危机。[3] 与此同时，美国社会的贫富分化水平正不断加剧，巨大的社会财富集中于金字塔塔尖的少数人群，"在2002年至2007年的全美经济增长中，美国前1%（总计300万人）的超级富豪们，占据了国民总收入的三分之二。其余99%的美国人，也即总计3.1亿人，只占到总收入的三分之一。2010年，经济复苏的这一整年，前1%的尖端人群，拿下了国民总收入的93%"[4]。

---

[1] Jean M. Twenge and W. Keith Campbell, "Increases in Positive Self-views Among High School Students: Birth-cohort Changes in Anticipated Performance, Self-satisfaction, Self-liking, and Self-competence," *Psychological Science*, vol. 19, no. 11, 2008, p. 1083.

[2] Philip Alston, "American Dream is Rapidly Becoming American Illusion,' Warns UN Rights Expert on Poverty," http://www.ohchr.org/CH/NewsEvents/Pages/DisplayNews.aspx?NewsID=22546&LangID=E.

[3] Pew Research Center, "The American Middle Class Is Losing Ground: No Longer the Majority and Falling Behind Financially," December 9, 2015, https://www.pewsocialtrends.org/2015/12/09/the-american-middle-class-is-losing-ground/.

[4] 赫德里克·史密斯：《谁偷走了美国梦：从中产到新穷人》，文泽尔译，北京：新星出版社2018年版，第5页。

巨大的贫富差距使民众内心的不公正感日益强烈。民众所见证的是，那些经济富有的机构和个人获得了优待，而穷人和中产阶级所遭遇的却是失业和紧缩性的政策。近年来，贫困问题正逐渐困扰着越来越多的中下层白人。随着全球化深入发展和后工业社会的到来，越来越多的跨国公司选择将工厂搬迁至劳动力成本低廉的国家，或者雇佣只需缴纳较低工资的移民员工。一些本土公司由于产业更新，不仅对劳动力的需求大幅降低，而且要求逐渐提高。这导致白人蓝领阶层失业率持续走高，工资水平停滞不前，生活质量不断降低，日益成为美国社会中最绝望的群体。① 美国人口普查局 2017 年 9 月发布的官方数据显示，超过 4000 万美国人（占美国人口比例约 1/8）生活在贫困中。其中的 1850 万人生活极端贫困，其家庭收入不到贫困线的一半。人们想当然认为穷人来自少数族裔，但实际上，在穷人中，白人比非裔美国人多 800 万。② 更可怕的是，美国政府部门对穷人数量的估计存在严重偏差，长期以来，仅有约一半具备资格申请"医疗补助计划"的穷人注册了该计划，虽然不排除其中有政策落实不到位的因素，但是另一重要的原因可能在于美国社会过度推崇自我奋斗、视贫穷为可耻的价值观让许多穷人碍于面子而拒绝接受美国政府的福利项目。③"因为如果不断接受国家的福利救济，他们会觉得破坏了'自食其力'这一人类社会的基本准则，而自己好像陷入了一种随时可能破裂的依附关系之中，这种脆弱的依附感令他们深恶痛绝。"④

美国人的文化是物质性的，"他们认为生活舒适是理所当然的事情，并且怀着优越感看待那些生活水准不如他们的人"⑤。在美国这个允许使用财富和经济能力作为身份象征的社会里，贫穷不仅是一种痛苦，更是一种耻辱。过高的自我期待与赤裸现实的巨大落差极大地伤害了失败者的自尊心，这种受挫的痛苦是社会底层民众内心焦虑感的源泉。美国当代著名的时政记者赫德里克·史密斯（Hedrick Smith）在其著作中讲述了这些底层民众的生活故事：刚过五十岁就因

---

① Derek Thompson, "The 2011 Survey That Eerily Predicted Donald Trump," *The Atlantic*, March 29, 2016.

② Philip Alston, "American Dream is rapidly becoming American Illusion,' warns UN rights expert on poverty," http://www.ohchr.org/CH/NewsEvents/Pages/DisplayNews.aspx? NewsID = 22546&LangID = E.

③ Ben Sommers, et al., "Understanding Participation Rates in Medicaid: Implications for the Affordable Care Act," March 2012, https://aspe.hhs.gov/basic-report/understanding-participation-rates-medicaid-implications-affordable-care-act.

④ 孔祥永、李莉文：《"机会平等"与"结果平等"的悖论：特朗普崛起的逻辑》，《美国研究》2017 年第 2 期，第 77 页。

⑤ 亨利·斯蒂尔·康马杰：《美国精神》，第 7 页。

为工厂倒闭而被迫失业的麦克·修斯（Mike Hughes），不忍成为无业游民，于是拿着联邦政府发放的工人失业保障金去学习了一年工业维护技能，对外投放了大量简历后，却被告知虽然他在美国无线电公司有很强的技术经验，但却连最基本的劳动力要求都达不到。由于很难找到第二份工作，他只好依靠妻子工作所获得的收入才能勉强维持生计。"使我们感到困难的是，孩子们要从高中毕业，并且想要去接受大学教育"，因为"我工作三十一年的遣散费，就得花在这里。所有这些钱都得拿去付大学学费。我不得不在我孩子们的未来和我们自己的未来之间做出选择。况且，这也不过是你不得不去处理的麻烦事之一"。另一位因为公司缩减规模而不幸被裁退的美国单亲妈妈帕姆·绍尔（Pam Scholl）曾这样说道："最艰难的事情，就是不被需要——觉得自己毫无价值可言。我之前连做梦都不曾想到，自己居然会失业一整年。此时此刻，我就快万劫不复了。我几乎没办法在应付各种账单和失业救济金之间维持平衡。在现在这个节骨眼上，我已经耗尽了自己的储蓄，只为了能够生存下去。我从来没有想过，如果再找一年工作，我还是失业，情况会变成什么样。不能细想——那会把我活活吓死。"①

从这些故事中我们或许可以管窥美国社会近年来的发展趋势，贫富差距的拉大与中产阶级向底层的堕落，正在逐步削弱民众对象征着机会均等的"美国梦"的信仰。"人们感到生气、沮丧、恐惧，因为他们不知道等待孩子们的是什么样的未来。"② 尽管奥巴马政府曾尝试通过一系列政策措施改善中下层白人的经济困境，如提出通过提高富人税率来获取资金的《美国就业法案》（American Jobs Act），以及削减工资税、设立创造工作岗位的基础设施银行、为失业者提供联邦紧急救济等措施，但是上述提议均未得到国会的支持。③ 因此，中下层白人的生活境况越来越恶化，昔日那种希望有一份稳定体面的工作，并通过自己的努力，过上有尊严的生活的美好愿望已经被现实无情击碎了，随之产生的是面对现状深深的无力感与挫败感。

大众传媒的日益发达则放大了这种挫败感。一方面，媒体强化了美国社会以拥有财富为成功标准的价值观。基于对点击率的需求，媒体经常会为吸引眼球而刻意对某些事物进行极端的评价，忽略了其中的灰色地带和真实数据。这些聒噪

---

① 赫德里克·史密斯：《谁偷走了美国梦：从中产到新穷人》，第 99—101 页。
② 伯尼·桑德斯：《我们的革命》，钟舒婷、周紫君译，南京：江苏凤凰文艺出版社 2018 年版，第 144 页。
③ Steven Rattner, "By Opposing Obama, the Republicans Created Trump," *The New York Times*, April 13, 2016.

的声音充斥着人们的生活，他们兜售的金钱崇拜主义不仅喋喋不休地向民众贩卖着焦虑，而且处处充满了敌意。一位联合国极端贫困与人权问题研究专家曾这样说道："一些政治人物和媒体向民众宣传关于富人和穷人间据称存在的固有差异的漫画式言论，而且听任这些言论大行其道，令我印象深刻。富人勤奋、富有企业家精神、爱国，是经济成功的驱动者，而穷人是浪费者、失败者和骗子。"[①]这种社会氛围无疑会让贫穷的人认为他们在社会上是不受欢迎的，从而也极大地伤害了他们的自尊。

另一方面，互联网时代社交网络的迅速普及加剧了人们的社会比较倾向，焦虑感也随之而来。美国主要的社交网络如 Facebook、Instagram、Twitter 等有着广泛的用户群体，其主打的实时通信与图片分享等互动形式在某种程度上已经改变了人们的交往方式和生活习惯，以一种最快捷便利的方式拉近了人与人之间的距离。不仅将人们在现实生活中业已建立起来的种种社会关系带入网络空间，而且使普通民众也有机会了解上流社会的生活情形。上流社会日渐盛行的奢靡之风使越来越多普通民众感受到强烈的不公正感，这种沮丧与愤怒所反映的正是中下层民众对富人阶层拥有太多财富而产生的"相对剥夺感"，即个体或群体通过与参照群体比较而感知到自身处于不利地位，进而体验到愤怒和不满等负性情绪的一种主观认知和情绪体验。[②] 伴随着贫富差距的加大，两大阶层之间的对立也越来越严重，处于不利地位的阶层日渐积累了很多不满情绪，他们对财富分配不均的感知也变得更敏感，因此富人的很多行为都容易被放大检视。而当社会财富分配严重不均时，这种由经济困难产生的焦虑感，将不仅笼罩着绝对经济困难者，也会逐渐弥漫至相对经济困难者。归根结底，人类大部分的生活是以社会比较为中心的，没有人会孤立地形成对事物的相应期待，尽管与其他国家相比，美国人更能接受不平等，但是绝大多数人认为美国社会目前贫富分化已经达到了政府必须管控的临界点，然而国会却没能采取相应的措施。[③] 于是，那些在踌躇满志与伤心沮丧之间徘徊已久的底层民众所秉持的理想主义正逐步让位于无能为力的挫败感，并进而催化出一种腐蚀性的意识，将其自我价值未能成功实现归咎于社会上层精英，随时间的发酵逐渐演变为对

[①] Philip Alston, "American Dream is Rapidly Becoming American Illusion, Warns UN Rights Expert On Poverty," http://www.ohchr.org/CH/NewsEvents/Pages/DisplayNews.aspx? NewsID = 22546&LangID = E.

[②] 熊猛、叶一舵：《相对剥夺感——概念、测量、影响因素及作用》，《心理科学进展》2016年第3期，第438页。

[③] 赫德里克·史密斯：《谁偷走了美国梦：从中产到新穷人》，第5页。

精英阶层的怨恨和敌视。

（二）文化上的身份焦虑——美国传统文化价值观遭到冲击

对自由民主制度的信仰普遍与市场经济联系在一起，巨大的贫富差距很容易被转换为不平等的政治影响力。① 对社会不公平的强烈感知正侵蚀着普通美国人对美国政治体制优越性的传统信念。② 弗朗西斯·福山（Francis Fukuyama）认为，"虽然美国社会并未衰落，但政治体制已经在相当大程度上衰败了"③。民意调查显示，公众对国家体制的信任程度正在下降。从1976年以来，越来越少的美国民众表示相信联邦政府在大部分时候会做出正确的决定，到2016年，仅有20%的民众对联邦政府表示高度信任，创下历史新低。④ 而且，这种情况不仅针对政府，在过去的几十年里，民众对其他社会主要机构的信任程度也大幅下降，例如，对教育机构的信任程度从61%降至30%，对大型公司的信任程度从55%降至13%，对新闻报道的信任程度从29%降到11%。⑤ 对国家体制的怀疑背后所折射的，是普通民众对自己的政治权利和影响力失去自信。随着民主制度日益被金钱政治所绑架，民众感觉自己被政府疏远了。近年来，"美国民主政治未能在政治平等的基础上增强公民的社会权利，从而对经济不平等进行有效的调节，反而在富裕阶层的影响下推动了经济不平等的急剧扩大，经济不平等的急剧扩大反过来导致了政治平等的实质下降"⑥。越来越多的普通民众觉得自己在20世纪50—60年代通过民权运动、劳工运动获得的政治话语权正在逐渐丧失，取而代之的是与上层精英之间越来越深的隔阂与对立。

在不平等的民主日益威胁到公民对国家体制的信任之际，移民问题也渐渐

---

① 弗朗西斯·福山：《政治秩序与政治衰败：从工业革命到民主全球化》，毛俊杰译，桂林：广西师范大学出版社2015年版，第423页。
② 谢韬：《美国民主的衰败与中国道路的崛起——对福山政治秩序的批判》，《世界政治研究》2018年第一辑（总第一辑），第178页。
③ Francis Fukuyama, "American Power is Waning Because Washington Won't Stop Quarreling," *The New Republic*, March 10, 2014.
④ Pew Research Center, "Public Trust in Government Remains Near Historic Lows as Partisan Attitudes Shift," May 3, 2017, http://www.people-press.org/2017/05/03/public-trust-in-government-remains-near-historic-lows-as-partisan-attitudes-shift/.
⑤ Harris Interactive, "Confidence in Congress and Supreme Court Drops to Lowest Level in Many Years," May 18, 2011, https://www.prnewswire.com/news-releases/confidence-in-congress-and-supreme-court-drops-to-lowest-level-in-many-years-122167689.html.
⑥ 汪仕凯：《不平等的民主：20世纪70年代以来美国政治的演变》，《世界经济与政治》2016年第5期，第4页。

开始引发白人群体的身份认同危机。美国是当今世界最为典型的移民国家，美国社会极强的包容性和设计精良的政治制度给了多元文化下不同种族人民自由生长的空间，移民为美国社会的发展提供了资本、知识、技术和劳动，为美国传统文化注入了多元与开放的基因，使美国社会焕发着新的生机与活力。全球化的发展使劳动力在世界范围内自由流动，大量的外来移民跟随着全球化的浪潮来到美国，其中，拉美裔和非洲裔美国人是规模最大的两个少数族裔群体，他们的涌入给美国带来了大量廉价劳动力及巨大的消费市场，促进经济增长的同时也增添了人口和文化的多样性。但是，近十几年来，随着移民政策的改革，移民人口数量持续增加，作为美国主体民族的白人群体日渐对自己的身份产生了焦虑。塞缪尔·亨廷顿（Samuel Huntington）曾对这一问题可能引发的后果表示了担忧，他在书中提出了"我们是谁？"的考问，直言以"盎格鲁—新教"文化为特点的美国国家特性正在面临着外来移民，特别是拉美裔移民浪潮的威胁。墨西哥是拉美裔移民的主要来源国，近几十年来，墨西哥移民占美国人口比例不断提高。2012 年，常住美国的墨西哥裔人口数量高达 3404.4 万人，他们主要是来自墨西哥的移民以及在美国本土出生的墨西哥裔美国人。[①] 亨廷顿认为，墨西哥与美国地理上相邻、移民人口众多、非法性强、持续不断、地区分布集中、美墨之间有着深厚的历史渊源，这六个因素综合在一起，导致了墨西哥移民有别于其他移民，他们很难被美国社会所同化，这将导致美国各地的拉美裔化，从而在社会、语言和经济活动等方面形成一个盎格鲁—拉美混合型社会。[②] 据预测，到 2050 年，美国的少数族裔人口将占总人口的 54%，其中拉美裔人口将增加至 1.328 亿人，占总人口的比例也将增加至 30% 左右。[③] 而白人群体的增长率将远远低于其他种族群体，到 2050 年，其占总人口的比例将下降至 47%，成为美国的少数族裔。[④]

如果说移民在人口结构上的变化是隐性而又缓慢的，那么其在经济层面上带给白人群体的威胁则是现实而明显的，"一般来说，容外和排外的变化主要在于

[①] Michae Shul, "Mexican Origin Share Among U. S. Hispanics Declining," http：//www.pewhispanic.org/chart/share-mexican-origin-among-the-u-s-hisp1anic-population/.

[②] 塞缪尔·亨廷顿：《我们是谁：美国国家特性面临的挑战》，第 183—190 页。

[③] U. S. Census Bureau, "An Older and More Diverse Nation by Midcentury, 2008," http：//www.census.gov/Press-Release/www/releases/archives/population/012496.html.

[④] Jeffrey S. Passel and D. Vera Cohn, "U. S. Population Projections, 2005 – 2050," http：//pewhispanic.org/files/reports/85.pdf.

美国经济环境的变化"①，随着金融危机以来美国经济增长的放缓，白人群体和移民群体之间围绕就业机会、社会福利、身份认同以及政治影响力等方面的矛盾不断加深。出于吸引选民的考虑，民主党一贯实行较为宽松的移民政策，奥巴马政府曾经颁布行政令停止驱逐年轻非法移民，并给予他们合法接受高等教育和就业的机会。②面对外来移民享有的种种福利，本土白人的心理日益失衡，认为移民占领了原本属于自己的社会福利，认为他们是插队者和懒惰者，以牺牲白人为代价得到社会优待。因此，坚持"白人优越论"的民众很容易形成一种群体服务偏差（group-serving bias），即当各个群体进行比较时，多数人都认为自己的群体优于其他群体。③而且，通过与外来移民比较而产生的群体相对剥夺体验，使本土居民更加不愿意接纳移民融入他们的群体、也更加不愿意支持政府实施有利于外来移民的政策，而那些具有强烈经济相对剥夺感的个体对外来移民则持有更加消极的态度。④

在某种程度上，这种对"他者"的敌意与偏见实际上是一种寻求"自我"、确立身份的方式。"标准化的信息和消费模式在世界各地传播，引起人们内心的焦虑与不安。人们开始把注意力转向自己的文化，坚持本土文化价值观，把文化作为确定自我身份的一种手段和力量之源。对于那些最贫苦无依的人来说，它们的价值观是他们拥有的唯一财富。在这个纷繁复杂的世界上，传统价值观使他们不至于迷失自我，并赋予他们生活切实的意义。人们担心的是，在经济发展的过程中，民族身份、归属感和个人意义正在逐渐消失。"⑤因此，随着外来移民人口数量的不断攀升，经济困难的美国白人不仅对非法移民深恶痛绝，对合法移民也开始充满担忧与排斥，这种歧视态度的背后潜藏的正是对美国人口结构变化以及美国传统文化价值观泯灭的深切焦虑。这是因为"美国人的民族认同感和自豪感之形成非常独特。作为一个清教徒移民国家，美国不存在传统民族主义土壤中天然形成的种族和血统认同，它的爱国主义情绪和民族凝聚力是依靠某种精神

---

① 葛腾飞：《国家安全·社会认同·个人自由——"9·11"事件后美国社会政治领域中的移民问题》，《国际政治研究》2006年第3期，第140页。
② 唐慧云：《移民问题高度政治化绑架美国政坛》，《文汇报》2018年1月27日。
③ 戴维·迈尔斯：《社会心理学》，侯玉波、乐国安、张智勇等译，北京：人民邮电出版社2016年版，第68—70页。
④ Aleksynska M, "Relative Deprivation, Relative Satisfaction, and Attitudes Towards Immigrants Evidence From Ukraine." *Economic Systems*, vol. 35, no. 2, 2011, pp. 189-207.
⑤ 联合国教科文组织世界文化与发展委员会：《文化多样性与人类全面发展——世界文化与发展委员会报告》，张玉国译，广州：广东人民出版社2006年版，第7页。

力量来维系的"①。而外来移民的大量涌入，所带来的不仅仅是劳动力，还有他们的信仰、政治、文化、语言、爱恨、历史和家庭。② 对于长期在美国生活的移民群体而言，在被美国社会同化的过程中依旧不会轻易放弃自己的文化特征。多元文化正日益冲击着构成美国白人群体身份认同的文化价值观，引发了白人群体的身份认同危机。文化与价值观是美国立国的标准与根基，是美国之所以为美国的重要标志，这种标准与根基的动摇正逐渐引发民众内心深处对自己身份的担忧与恐惧。这必将激起白人强烈的反击，由此创造出一种对其他族群排斥、怨恨的社会氛围。

（三）安全上的身份焦虑——族群矛盾的加剧

与前两者相关，20世纪80年代以来，中下层白人经济上的失落与文化上的不安使其对外来移民产生了刻板的负面印象。美国本土白人认为非法移民给美国社会带来了高犯罪率，并把极端主义带入美国，这种负面印象所累积的排外情绪在经历了"9·11"事件之后愈加得到强化，移民问题开始与安全问题相关联。近年来，民众针对跨国犯罪、毒品交易、恐怖主义以及难民问题的担忧日益强烈，这种个体安全感的缺失使其强化了对外来移民的排斥与猜忌，并进而加剧了白人群体与移民群体之间的紧张对立。

美国本土白人对非法移民，主要是墨西哥裔少数族群的指控主要集中在这一群体的高犯罪率。皮尤研究中心的数据显示，2007年，非法移民的数量达到1220万人，占美国人口的4%，尽管到2015年这一数据减少至3.4%，但是非法移民的人口规模依旧庞大，占美国劳动力人口数量的5%。这些非法移民大部分来自墨西哥，在2016年，约有560万来自墨西哥的非法移民居住在美国，他们大多从事农业和建筑业。③ 毫无疑问，作为毒品交易活动比较猖獗的国家之一，墨西哥裔外来移民很有可能主动或被动地从事毒品贩运，而随着美国对于美墨边境管控日趋严格，移民跨越边境变得更加困难，许多移民为了支付越境费用而从事毒品交易等犯罪活动。超过70%的墨西哥移民在边境执法力度加大之际雇用人口走私者协助其过境，虽然这些人口走私者传统上更像一个向导而并非经验丰

---

① 张宇燕、高程：《美国行为的根源》，第28—29页。
② Philip L. Martin and Michael S. Teitelbaum, "The Mirage of Mexican Guest Workers," https://www.foreignaffairs.com/articles/mexico/2001-11-01/mirage-mexican-guest-workers.
③ Pew Research Center, "5 Facts About Illegal Immigration In The U. S.," http://www.pewresearch.org/fact-tank/2017/04/27/5-facts-about-illegal-immigration-in-the-u-s/.

富的罪犯，但是证据表明，随着边境执法和处罚力度的加大，走私活动变得更加猖獗，其性质也随之变得更加暴力，毒品交易的规模和范围也日益扩大化。① 尽管无论是合法移民还是非法移民，都很少有经验证据表明其犯下的罪行多于美国本土居民。② 甚至相当一部分非法移民为了不暴露自己的身份，不敢或无意参与犯罪活动，但是由于本土白人持有墨西哥移民多数是非法移民的偏见且认为其非法移民至美国本身就是一种违法行为，而且，由于司法系统在针对非法移民和本土居民的犯罪行为上实施双重标准，非法移民只要涉嫌最轻微的违法行为就会被拘押遣返，公众很容易将他们所犯的罪行想象成严重的刑事犯罪，从而放大了对非法移民的偏见。③

与来自墨西哥的非法移民相比，阿拉伯裔群体受到的偏见与排斥在"9·11"事件以后变得更为严重。在"9·11"事件之前，非法移民所带来的威胁大多是毒品走私、人口贩运等犯罪活动，而"9·11"事件则将移民问题上升到国家安全层面，与恐怖主义相关联。不少民众认为正是移民局过于宽松的政策为恐怖分子潜入美国提供了便利的条件，从而导致美国陷入恐怖主义的威胁之中。近年来，随着恐怖主义活动在全球范围内的肆虐，西方国家的民众普遍患上了"恐伊症"，即对伊斯兰教和穆斯林拥有夸大的恐惧、仇恨和敌意。这种偏见与歧视使得穆斯林在政治、社会以及日常生活中被排斥和边缘化。2016 年的调查显示，66% 的犹太裔美国人和 60% 的美国穆斯林都认为美国人普遍对穆斯林持有偏见。相比于其他主要宗教团体的美国人，在美的穆斯林表示他们在上一年中经历过种族或宗教歧视。与犹太人、天主教徒和新教教徒相比，美国穆斯林在上一年中遭受歧视的可能性是其他宗教群体的两倍多。此外，认为美国其对美国不忠的看法进一步助长了本土居民的"恐伊症"。④ "恐伊症"的存在，导致美国主流社会加剧了对穆斯林移民的恐惧与怀疑，反过来，这种不被公平对待的感觉也使得穆斯林群体加大了与白人群体之间的隔阂，二者之间的对立助推了本土恐怖主义活动数量的上升。

---

① Gabriela Rico, "Border Patrol Pressure Leads to More Violence," March 3, 2003, http://www.tucsoncitizen.com/local/3_3_03border_tension.html.

② Pia M. Orrenius, Roberto Coronado, "The Effect of Illegal Immigration and Border Enforcement on Crime Rates Along the U.S.-Mexico Border," p. 3, https://ccis.ucsd.edu/_files/wp131.pdf.

③ American Immigration Council, "The Criminalization of Immigration in the United States," https://www.americanimmigrationcouncil.org/research/criminalization-immigration-united-states.

④ "Islamophobia: Understanding Anti-Muslim Sentiment in the West," https://news.gallup.com/poll/157082/islamophobia-understanding-anti-muslim-sentiment-west.aspx.

除了非法移民给美国社会带来一系列安全问题以外，难民问题和警民冲突也使民众的不安全感日渐强烈。自1975年以来，美国已经接受了来自索马里、缅甸、不丹、叙利亚等国约300万难民。① 而近年来欧洲接受叙利亚难民所滋生的社会问题对于美国人而言无疑是前车之鉴，难民所导致的社会乱象引发了民众日常生活中的不安全感。此外，围绕非裔移民的警民冲突也越来越引起美国民众的关注。虽然黑人总统奥巴马执政八年之久，但是针对黑人的种族歧视与种族冲突依然深深困扰着美国社会。近年来，美国警察的过度执法问题已经不再停留至个人层面，正逐渐导致非裔移民与本土白人两大群体之间关系的恶化。一项调查结果显示，15—34岁的年轻黑人男性在2015年被警察杀害的可能性是其他美国人的9倍。尽管其仅占美国总人口的2%，但是在当年所有由于警察使用致命武器进行调查所导致的死亡人数中，该群体占比高达15%以上。② 白人警察过度执法所引发的冲突主要体现在两方面。一方面，非裔移民在白人警察执法过程中被恶意枪杀的事件层出不穷，而另一方面，黑人争取权益游行示威甚至报复警察等事件也屡见不鲜。两大群体的冲突与对立所折射的正是美国社会种族歧视的阴影。2016年7月，正值总统大选两党对垒的关键时期，美国接连发生了两次黑人袭警案件。7月7日，非裔陆军预备役军官米卡·约翰逊（Micah Johnson）在达拉斯一场旨在抗议警察滥杀无辜黑人的抗议游行中击毙了五名警察，并打伤了另外七人。③ 7月17日，在路易斯安纳州的巴吞鲁日，一名美国前海军陆战队员枪杀了三名警察。④ 这两起袭警事件可以被视为对2016年7月初警察杀害黑人的报复行动，起因在于此前两位黑人在没有过错的情况下被警察杀害。"以暴制暴"的袭警事件不仅加剧了美国社会的紧张气氛，更令白人群体对种族撕裂和安全丧失的焦虑感与日俱增。基于此，美国国会下属的美国政府问责局（Government Accountability Office，GAO）在2018年发布的《国家安全：联邦机构确定的美国将面临的长期新威胁》报告中，将重大事

---

① Ruth Igielnik and Jens Manuel Krogstad, "Where Refugees to the U. S. Come From," Pew Research Center, June 17, 2016, http://www.pewresearch.org/fact-tank/2016/06/17/where-refugees-to-the-u-s-come-from/.

② Jon Swaine, et al., "Young Black Men Killed by US Police at Highest Rate in Year of 1, 134 deaths," *The Guardian*, December 31, 2015.

③ Barney Henderson, "Killings of Black Men by US Police Officers Lead to 'Revenge' Shootings Across America," *The Telegraph*, July 9, 2016.

④ Kate Lyons, et al., "Baton Rouge Shootings: Gunman Who Killed Three Policemen was Former Marine-As it Happened," *The Guardian*, July 18, 2016.

件与人口变化视为美国未来的四大威胁之一。①

(四) 特朗普的政策主张与选举策略

特朗普敏锐地感受到了美国日益右倾的社会气息，他的出现为深受上述身份焦虑困扰的中下层白人提供了情绪宣泄的机会。作为一个经验丰富的电视真人秀节目主持人、制作人，特朗普深知如何戳中大众的痛点和调动大众的情绪。他在竞选时声称的墨西哥移民都是"犯罪分子和强奸犯"、要在美墨边境建立高墙、全面禁止穆斯林入境、要将更多的工作机会带回美国等一系列反对政治正确的言论，试图展现出一种看似无惧冲突、"大无畏的男子气概"，从而在中下层白人，特别是蓝领群体那里激起了强烈的共鸣。特朗普独断、敢言、简单的极权主义风格，正好迎合了部分选民对总统的心理预期。正如支持特朗普的选民所言："我看到了这个国家的衰落——经济疲软，社会结构涣散——特朗普打破两党僵局的意愿会开启一场复兴"②；"特朗普显示自己是一个具有独特政治勇气的男子汉，愿意抵抗歇斯底里的华盛顿战争鹰派、建制派和主流媒体。他们把特朗普说成是反美国的，只因他敢于说出他不同于他们单一的狂热的战争倾向的观点和意见"③。

从支持特朗普的选民来看，特朗普的崛起是极权主义与民粹主义二者共同的产物。根据舆观调查公司的民调数据显示，从年龄来看，45岁以下的选民偏向支持希拉里，而45岁以上的选民则较多支持特朗普；从种族来看，白人对特朗普的支持率高于希拉里8个百分点，黑人族裔则较多支持希拉里；从教育程度来看，受教育程度越高的人越倾向于支持希拉里，在高中及以下学历中，特朗普的支持率高于希拉里2个百分点。④ 而一项关于选民心理特征的研究分析了2016年总统大选六位候选人的选民人格特质，在威权主义、反精英主义、反智主义、民族主义四个维度上，仅有特朗普的支持者的分数均为正值。这说明特朗普的支持者不仅希望拥有强有力的领袖，并且对精英和专业知识分子持怀疑态度，而且

---

① GAO, "National Security: Long-Range Emerging Threats Facing the United States As Identified by Federal Agencies," https://www.gao.gov/assets/700/695981.pdf.
② Julius Krein, "I Voted For Trump, and I Sorely Regret it," *The New York Times*, August 17, 2017.
③ Adam Walinsky, "I Was RFK's Speechwriter. Now I'm Voting for Trump. Here's Why," *Politico Magazine*, September 21, 2016.
④ William Jordan, "Post-debate Poll: Clinton 49%, Trump 39%," October 20, 2016, https://d25d2506sfb94s.cloudfront.net/cumulus_uploads/document/nojfnna7ti/Post%20Debate%20Poll%20Tables.pdf.

拥有极强的排外心理。①

中下层白人自认为是这波全球化浪潮中最大的受害者。从美国建国之日起，工作与婚姻就一直是美国公民文化的核心，"在美国，机械工业进步的奇观比世界上任何地方都更为壮美，甚至已经对全部的道德准则产生了影响。美国人几乎可对任何侮辱逆来顺受，但绝不能被指责不思进取"②。然而，从1968年到2015年短短半个世纪间，白人工人阶层中正值青壮年的男性的劳动力参与率从96%下降至79%，已婚率从86%下降至52%。③ 这些男性中有1/5处于失业状态，他们大多依靠亲戚朋友的接济维持生活，更有甚者选择依赖伤残抚恤金、灰色收入、犯罪收入来勉强支撑。在美国经济增速放缓、社会分裂加剧的大背景下，民众对自己的现状感到非常焦虑，他们担心自己的经济状况逐渐恶化、价值观与生活方式受到外界影响、个人安全没有保障。面对令人失望的美国政治体系，他们迫切希望有一个强硬的领袖能够挺身而出打破当前统治体系运作不良的种种现状，为他们做出改变。因此，这些选民渴望见到执政者们执政思路的转变，而特朗普为他们提供了可能的答案。他所提倡的"美国优先"（America First）实质上是"白人优先"，这迎合了中下层白人对重新找回父辈曾享有的特权与优越感、中产阶级的舒适生活以及作为一个美国人的骄傲的殷切希望。④

当两党的建制派循规蹈矩小心翼翼地呵护着所谓的政治正确时，特朗普却对此不屑一顾。特朗普大声地告诉全世界他没时间管什么"政治正确"，并始终以"圈外人"的身份标榜自己，与传统"建制派"候选人划清界限，这种用意颇深的竞选策略迎合了选民对现行官僚体制的不满和不信任，激活了选民的政治参与热情。⑤ 这种"敢想敢说"的态度，在满怀焦虑又无法言说的中下层白人看来，是政坛上难得的坦诚率真，与其他政治人物一贯表现的虚伪圆滑形成了鲜明对比。因此，他们赞同的可能并非特朗普本人，而是他身上更

---

① Wendy Rahn and Eric Oliver, "Trump's Voters aren't Authoritarians, New Research Says. So What are They?" *The Washington Post*, March 9, 2016.
② 沃尔特·李普曼：《舆论》，第87页。
③ Charles Murray, "The Social Roots of 'Trumpism' in the United States," *Wall Street Journal*, February 22, 2016.
④ 王希：《特朗普为何当选？——对2016年美国总统大选的历史反思》，《美国研究》2017年第3期，第28页。
⑤ 王希：《特朗普为何当选？——对2016年美国总统大选的历史反思》，《美国研究》2017年第3期，第13—14页。

大的"可能性"——打破僵局、带来改变的可能性。并且为了这种可能性，他们甚至可以接受他荒谬的一面，或是相信这些毛病并不重要，而愿意把票投给他。

值得注意的是，社交媒体在特朗普获得选民支持的过程中也扮演了重要角色。一方面，特朗普作为一个媒体经验丰富的"网络红人"，深谙如何利用社交媒体进行宣传，他不断地利用推特发布具有争议性的话题，制造舆论热点，引起大众的注意力，并由此倒逼主流媒体对其报道，从竞选伊始就一直保持着相当高的曝光率，人气优势高居不下。另一方面，随着人工智能、大数据等技术与媒体的结合，社交网络正逐步渗透到人们的政治生活当中，并深刻地影响着选举政治中选民的偏好以及候选人的竞选策略。表面上看，社交网络似乎明显扩大了公民政治参与度，促进了意见的多元化。但实质上，动态新闻推送的智能算法机制（algorithm）却并不能够保证用户接受信息的客观性和全面性。相反，其有选择地向民众推送内容，导致了过滤泡现象和回音室效应，使民众更容易接收到与自己价值观相符的、具有封闭性的单一化信息，这助推了假新闻的泛滥，造成"意见自由市场"的混乱。[①] 这为候选人利用社交媒体上选民的系统数据分析特定区域选民的政治偏好及其变化，然后实施有针对性的广告、动员策略等提供了可能。[②] 根据 Facebook "数据门"事件的相关报道，英国的政治数据分析公司"剑桥分析"（Cambridge Analytica）曾受雇于特朗普竞选团队，主要工作是通过 Facebook 获取用户信息进行数据分析，并实施有针对性的信息推送，以此来影响选民的政治偏好与投票倾向。Facebook 本质上是一家媒体公司，其 20 亿活跃用户中的许多人每天都在从这家公司获取大部分的新闻信息，当它的信息是虚假的或被购买和操纵以影响选举结果时，其影响是巨大的。BuzzFeed 的一项分析表明，在美国总统大选的最后三个月里，Facebook 上表现最好的假新闻比《纽约时报》《华盛顿邮报》《赫芬顿邮报》等主要新闻媒体的头条文章更能吸引民众的眼球。据统计，在大选前的几个月里，排名前 20 位的有关选举的假新闻在 Facebook 上总共产生了 871.1 万次的分享、评论等互动；在同一时期，来自 19 家主流新闻网站表现最好的 20 篇选举报道在 Facebook 上仅产生了 736.7 万次互动。分析发现，在排名前 20 的热门虚假选举新闻中，有 17 篇都是公开支持特朗普或

[①] 韩鸿、彭璟：《论智媒时代社交媒体的社会责任——对 2016 美国大选中 Facebook 假新闻事件的反思》，《新闻界》2017 年第 5 期，第 87 页。

[②] 感谢匿名审稿专家对该要点的补充。

明确反对希拉里的文章。① 因此,针对社交媒体对此次大选的影响,有人这样评价:"如果 Facebook 不存在,特朗普会成为今天的总统吗?尽管他获胜的原因有很多,但越来越多的人相信答案是否定的。"② 可以发现,社交媒体为特朗普赢得选举奠定了至关重要的技术基础,扩大了其胜选优势。

四 偏好伪装的出现:特朗普支持者面临的社会压力与公开偏好的表达

正如卢梭所言:"人是生而自由的,但却无往不在枷锁之中。"③ 权利与权利的行使之间存在着本质的差别。美国自认为是世界上当之无愧的民主国家,并在言论自由上给予了其公民一定的法律保障和制度保障,但是公共观点的压力可能使少数派节制行使宪法赋予他们的表达权。反对政府独裁的保护措施,并不一定能够阻止社会成员联合创造压力从而对其他持不同观点的少数派施加"多数人的暴政"。在任何场合下,行为的产生都不仅仅取决于个体内在的态度,个体面对的情境亦扮演着非常重要的角色。社会影响力有时会非常大,大到能够诱使人们违背他们最深层的信念。

美国大选四年举行一次,作为美国社会最大的一场政治狂欢,媒体和民众都密切地关注着长达一年半之久的总统竞选活动。2016 年的总统选举由于希拉里和特朗普的角逐而尤为人们所关注。众多媒体密集地报道着两位候选人的一举一动。在这次大选中,特朗普这一非同寻常的候选人除了接连被爆出各种丑闻并经常与媒体发生冲突外,还屡屡发表引起巨大争议的极端言论,例如要在美墨边境修建边境墙阻隔来自墨西哥的移民、在排除危险之前彻底禁止穆斯林入境,等等,特朗普的言行招致了社会各界的批评,主流媒体更是对他展开了疯狂的全天候轰炸,成功地将其塑造成了一个带有种族主义偏见、极端排外、性别歧视、劣迹斑斑的疯老头,舆论一度呈现出一种向希拉里一边倒的态势。《金融时报》首

---

① Craig Silverman, "This Analysis Shows How Viral Fake Election News Stories Outperformed Real News On Facebook," November 16, 2016, https://www.buzzfeednews.com/article/craigsilverman/viral-fake-election-news-outperformed-real-news-on-facebook#.emA15rzd0.

② Margaret Sullivan, "Facebook's role in Trump's win is clear. No matter what Mark Zuckerberg says," September 7, 2017, The Washington Post, https://www.washingtonpost.com/lifestyle/style/facebooks-role-in-trumps-win-is-clear-no-matter-what-mark-zuckerberg-says/2017/09/07/b5006c1c-93c7-11e7-89fa-bb822a46da5b_story.html?utm_term=.5ec40c6f04df.

③ 让-雅克·卢梭:《社会契约论》,何兆武译,北京:商务印书馆 2003 年版,第 4 页。

席经济评论员马丁·沃尔夫（Martin Wolf）甚至做出这样的评价："美国是自罗马以来最伟大的共和国，是民主体制的堡垒，是全球自由秩序的保障。如果特朗普最终成为美国总统，那将是一场全球灾难。"①

毫无疑问，对特朗普本人的偏见与歧视同样落在了支持特朗普的支持者身上，他们在选举期间遭遇了巨大的社会和政治压力。掌握话语权的社会精英和主流媒体不假思索地给这些选民贴上了"愚昧且带有种族主义偏见"的标签，声称特朗普的支持者都是一群后知后觉者，不懂得尊重专家的意见。② 更有甚者对支持特朗普的白人采取了极富侮辱性的谩骂，认为他们是"白人垃圾"（white trash），并声称："如果你愿意花费时间亲自去那些贫困白人聚居的地方看一看，你会获得一种可怕的认识。他们依靠社会福利谋生，沉迷于毒品和酒精，虽然没有经历任何诸如战争、饥荒、瘟疫等可怕的灾难，但却过着毫无秩序的生活。过去几十年的经济变迁根本不是他们贫穷和懒散的理由，他们被邪恶而自私的文化笼罩，特朗普的演讲使他们像磕了药一样爽。"③

在支持特朗普的选民看来，特朗普的竞选主张拥有无可辩驳的正当性。在过去二三十年里，美国传统制造业大幅萎缩，很多美国中产阶级和小企业主的地位和生活质量大幅下降，随着中西部制造业中心被掏空，白人工人阶级在失去经济上的安全感的同时，也随之失去了稳定的家庭生活。④ 政府相应的公共政策不仅没能扭转这种趋势，反倒推波助澜——没有在产业调整、教育改革、再就业培训、公共健康、社区扶助等方面实施切实有效的政策，还对华尔街金融利益集团和对高收入人群实行倾斜性的政策；外来移民不仅掠夺了美国白人的工作岗位，还占领了原本属于自己的社会福利甚至为滋生恐怖主义提供了温床，严重威胁了美国的国家安全。但是，一个最基本的道德判断是：这种承认自己无能并归咎于成功者的羞耻感与不加掩盖的种族歧视所带来的违背社会规范的尴尬感，完全与美国社会推崇的自我奋斗、自由开放的精神背道而驰。加之主流社会中充斥着反对特朗普的声音，面对这样的社会氛围，公开声称自己支持特朗普就无疑是与之同流合污，将自己推向了社会正义的对立面。于是，中下层白人整体的政治话语权降低了，政治正确绑架了这些渴望发出自己真实声音的人们。这个国家正在分

---

① Martin Wolf, "How Great Republics Meet Their End," *Financial Times*, March 3, 2016.
② David Brooks, "Fellow Trump Critics, Maybe Try a Little Listening," *The New York Times*, November 22, 2016.
③ Kevin D. Williamson, "Donald Trump & White Working Class Dysfunction: Real Opportunity Needed, Not Trump," *National Review*, March 17, 2016.
④ J. D. 万斯：《乡下人的悲歌》，刘晓同、庄逸抒译，南京：江苏凤凰文艺出版社2017年版。

裂中。有人拥有媒体，有人告诉你要投给希拉里与民主党。这些人完全不愿意理解我们的想法，他们相信左派就是国家唯一出路，现在的情形是"只要是白人、投票给特朗普，就会被贴上白人极端主义的标签"，一名正在尼古拉斯学院就读的24岁学生在接受英国《卫报》采访时如是说道。① "政治正确"在美国校园里更是体现得淋漓尽致，有些学生们不允许他人有一些意见相左的想法，否则就会被视为异议者，并遭到边缘化，"有人认为这样的行径与德国的冲锋队、法国大革命的雅各宾派有着相似之处"②。

支持特朗普的选民清晰地认识到，坦承自己支持特朗普的"私有偏好"在很大程度上是不被社会认可的，这种行为也许不仅会遭到社会的羞辱、媒体的攻击，甚至还有可能导致人身的不安全、职业的毁灭等。这些质疑与责难带来的高额社会、心理和经济成本使相当一部分选民在面对民调时变得非常谨慎，他们不敢、不屑或不愿将自己支持特朗普的偏好表达出来，而是选择将自己的真实偏好伪装起来。原因在于他们维持的虚假形象，也许是对他的整个社会关系和角色的一种保护。正如欧文·戈夫曼所说的那样："每一个在场的个体都坦率地表达自己的真情实感，并真诚地同意其他在场人所表达的感想，这种和谐只不过是一种乐观的理想。相反，社会要求每个人都能对自己内心的感想有所抑制，只对情境表示那些他感到至少暂时能被其他人接受的看法。这种表面的、虚饰的一致，之所以能够维持，是因为每个参与者都把自己的欲望藏匿于他维护社会准则的表述之后。"③ 总而言之，巨大的社会压力使支持特朗普的选民具有很强的偏好伪装倾向。

但是，对于特朗普的支持者而言，言论未必自由，但选票还在手中。德国舆论学家伊丽莎白·诺尔－诺依曼（Elisabeth Noelle Neumann）曾提出了"沉默的螺旋"（spiral of silence）理论。这种理论认为大众传媒在影响舆论方面扮演重要作用，面对具有争议性的议题时人们会试图判断自己的意见是否属于强势意见，即社会中大多数人的意见，如果发现公众意见背离自己的真实态度，他们会由于被孤立的恐惧感而倾向于对该议题保持沉默。④ 不过，多米尼克·拉索沙（Dom-

---

① Richard Luscombe, "'We're Under Attack': Young Conservatives Gather to Reject Political Correctness," *The Guardian*, December 23, 2017.
② Heather Heying and Bret Weinstein, "Bonfire of the Academies: Two Professors on How Leftist Intolerance is Killing Higher Education," *Washington Examiner*, December 12, 2017.
③ 欧文·戈夫曼：《日常生活中的自我呈现》，冯钢译，北京：北京大学出版社2008年版，第7页。
④ 参见伊丽莎白·诺尔－诺依曼：《沉默的螺旋：舆论——我们的社会皮肤》，董璐译，北京：北京大学出版社2013年版。

inic L. Lasorsa）的一项研究则表明，人们表达政治意见时不仅受"意见气候"的影响，同时也会受到诸如年龄、教育程度、收入、个人与议题的相关性等其他变量的影响。当人们面对舆论时，并不像纽曼理论中所主张的那样无助，在某些条件下，这种沉默会转变为公开的表达。① 由于总统大选的投票过程是私密的，此时个体的表演从"前台"转向"幕后"②，观众被隔离使得特朗普的支持者从以往公开的同意转向秘密的反叛。在最后的大选投票过程中，他们终于摆脱了他人的眼睛与思想所带来的种种束缚，卸掉了自己的伪装，将自己从过往隐身的角色中抽离出来，恢复成独立、坦诚、能够对自己行为负责的人。掌握话语权的精英们拒绝倾听关心不同议题的中下层白人的声音，于是这些"愚昧的、贫穷的、带有种族主义偏见的"中下层白人选民也放弃了同精英沟通的努力，他们最终用选票表达了自己的"私有偏好"，用制度内的机制将制度外的特朗普选进了白宫，渴望这位特立独行的政治新人能够给国家、给自己带来切实的改变。

历史上，与此相似的事件也曾多次发生。1982年，洛杉矶市市长汤姆·布莱德利（Tom Bradley）是一名非裔美国人，打算竞选加州州长的职位，尽管选前的民意测验显示他在众多候选人中遥遥领先，但是最后的投票结果与民意测验完全相反，布莱德利未能胜选。同样的情况在其他城市的选举中也出现过。社会学家对此做出的解释是：当选举中有黑人候选人时，民意测验的调查对象，尤其是白人，不愿意表现出自己种族歧视的一面，通常会在民意测验中撒谎，表示自己支持黑人候选人，但是到了投票的时候，这些白人则会把票投给白人候选人。这种现象被称为"布莱德利效应"（Bradley effect）。③ 在2002年年底，由于感受到了"9·11"事件之后的恐惧、愤怒和爱国热情，美国许多立法者公开投票支持小布什政府对伊拉克动武，但同时私下里却持保留意见。强烈的社会影响——害怕被指责，歪曲了真正的意见。④

人类生活的群体性以及个体在人际互动中获得社会认可的内在需求，给个体的偏好表达增添了双重压力，从而在一定程度上影响了意见的真实性。"当一个个体出现在他人面前时，他的行动将会影响他人此刻的情境定义。有时，个体会按照一种完全筹划好的方式来行动，以一种既定的方式表现自己，其目的纯粹是

---

① Dominic L. Lasorsa, "Political Outspokenness: Factors Working Against the Spiral of Silence," *Journalism Quarterly*, vol. 68, no. 1/2, 1991, p. 131.
② 关于戈夫曼的"拟剧论"，参见欧文·戈夫曼：《日常生活中的自我呈现》，2008年版。
③ "Bradley effect-Ballotpedia," https://ballotpedia.org/Bradley effect.
④ Nagourney, A, "For Remarks on Iraq, Gore Gets Praise and Scorn," *New York Times*, September 25, 2002.

为了给他人造成某种印象，使他们做出他预期获得的特定回应。有时，他会有目的、有意识地以某种方式表达自己，但这主要是因为他所属群体或社会地位的传统习惯要求这种表达。"① 作为一种社会性动物，我们总是在向周围的观众表演，我们渴望被社会接纳，渴望得到他人的认可与尊重。他人对我们的看法之所以如此重要，主要原因在于我们对自身价值的判断有一种与生俱来的不确定性，我们的自我感觉与自我认同很大程度上受制于周围人对我们的评价。有意识的自我表露，已经成为每个人的生活方式，我们不断地监控和反思自己的行为，注意他人的反应，根据周围的环境调整自己的社会行为以获得社会赞许或者避免社会歧视。毫无疑问，大多数时候，我们的表达是"我们的真实想法"以及"别人期待的想法"这两者共同作用的结果。特朗普的支持者正是出于这样的逻辑，他们觉得说出自己真实的想法会被批评耻笑，甚至会导致某些惩罚。于是，为了保护自己不受歧视、指责甚至攻击，在民意调查时将自己的真实想法隐藏了起来，他们或者选择沉默，或者说了支持希拉里的"假话"。这种"临时性的妥协"使得特朗普的支持率在接近大选前的民调与大选实际结果之间出现了巨大差距。如前所述，这种差距不仅在全国民调中有所体现，在各州民调中体现得更为明显。

美国舆论研究协会（AAPOR）的研究表明，在竞选活动的最后一周左右，选民对总统候选人的偏好发生了切切实实的变化，很多人转向支持特朗普，尤其是在那些特朗普以微弱优势胜出的州。② 除此之外，来自出口民调的证据显示，与往届选举相比，此次大选存在更多"摇摆不定"的选民，许多选民在最后一刻才选择支持特朗普。③ 尽管民调与实际结果之间存在巨大差距并不能完全归因于支持特朗普的选民进行了偏好伪装，但是选举期间对总统候选人偏好的突然转变以及尚未决定的模糊表态，使得选民进行了偏好伪装的可能性大幅提高。

康奈尔大学在 2016 年 10 月份进行的两项民意调查，佐证了确实有一部分特朗普的支持者存在偏好伪装的现象。调查通过询问选民对候选人诚实性的看法来推断那些声称没有明确投票意愿的受访者实际上支持哪位候选人。即询问受访者"如果你必须选择，你觉得哪个总统候选人更诚实：特朗普还是希拉里？"对于有明确投票倾向的选民而言，在这两项的调查中，这个问题准确地预测了选民的

---

① 欧文·戈夫曼：《日常生活中的自我呈现》，第 5 页。
② Courtney Kennedy et al., "An Evaluation of the 2016 Election Polls in the United States," *Public Opinion Quarterly*, vol. 82, no. 1, 2018, p. 52.
③ Nate Silver, "The Invisible Undecided Voter: Both Reporters and Models Missed the Importance of Undecided and Third-party Voters," https：//fivethirtyeight.com/features/the-invisible-undecided-voter.

投票倾向的比例分别为98%和94%。对于犹豫不决的选民来说，其认为特朗普更诚实的选择实际上已经反映了他们的候选人偏好。如果以诚实性的选择作为受访者偏好计算支持率，希拉里在两项调查中的领先优势就缩小了。例如，在GfK的调查中，标准问题显示42%的人支持希拉里，34%的人支持特朗普，11%的人支持其他候选人，12%的人不打算投票，1%的人没有回答，所以希拉里领先8个百分点。但当被问及诚实与否时，希拉里的领先优势缩小了一半，只有4个百分点。换句话说，通过询问诚实性来促使人们透露自己的真实偏好可以发现，特朗普民调期间的支持率的确被低估了。①

此外，特拉法加集团（Trafalgar Group）的高级策略师罗伯特·卡哈利（Robert Cahaly）在2016年成为唯一一位正确表明特朗普将在密歇根州和宾夕法尼亚州保持领先的民意调查员的事实也从另一个侧面证实了偏好伪装现象的存在。② 他成功地预测了特朗普将在密歇根州、宾夕法尼亚州、北卡罗来纳州和佛罗里达州的胜利。原因在于卡哈利更关注选民对特朗普的支持，他在民意调查中采用了其他民意调查者没能使用的独特方法，试图衡量在最近的选举周期中那些"不活跃"选民的倾向，并在他的调查中添加了相应问题，旨在排除"社会期望偏见"（social desirability bias）对特朗普支持者的影响，即人们因为害怕受到侮辱或在政治上不正确而不告诉民意调查者他们的真实意图。正是由于排除了社会压力对表达真实偏好的影响，所以卡哈利在摇摆州的民调预测通过了实践的验证。

整体而言，由于选前民调被视为社会舆论的重要来源，各大媒体以及民调机构出于对自己声誉的考量一般不会随意操纵民调结果。众多机构虽然政治立场各异，经验水平不同，但综合其各自调查的结果，往往会得到相当数量的共识。因此，选前民调显示的选情，在一定程度上是可以反映真实情况的。但是此次大选的实际结果却完全颠覆了民调的预期，这本身并不是民调的运作过程不够科学，真正的原因出现在选民身上。归根结底，民调通常所能捕捉的仅仅是公众情绪一个简单的掠影，即使民意调查过程做到了真正的科学严谨，但是由于其形式的结构化和私人化，民调无法完全把握公众真实的内心信念。更重要的是，民调想要

---

① Peter K. Enns, Julius Lagodny and Jonathon P. Schuldt, "Understanding the 2016 US Presidential Polls: The Importance of Hidden Trump Supporters," *De Gruyter*, vol. 8, no. 1, 2017, pp. 41 – 63.
② Tom Bevan, "Pollster Who Got It Right in 2016 Does It Again," November 10, 2018, RealClearPolitics, https://www.realclearpolitics.com/articles/2018/11/10/pollster_who_got_it_right_in_2016_does_it_again_138621.html.

准确反映现实，一个根本前提是被调查者愿意在调查时袒露自己的真实想法，否则，任何技术先进的民调都不过是以静止的调查方法来衡量瞬息多变的人心，这无异于刻舟求剑。

五 结论与讨论

焦虑作为人的一种基本情绪，其本身并不具备外显性。但是，社会发展与群体认同之间的不同步会导致群体的心理失衡，使得社会成员中普遍存在一种紧张不安的情绪，于是，个体焦虑会逐渐演变为群体的社会焦虑。[①] 以自由贸易、资本流动、人口迁徙、文化融合等为特点的全球化运动，在提升世界各国总体福利的同时，也不可避免地损害了一些国家和国内部分群体的利益，激发了许多社会矛盾。作为全球化程度最深的美国，在这一进程中没有完全处理好社会各阶层之间的利益平衡，使得美国社会经济、文化、安全问题丛生，其后果就是美国民众对自己身份产生了较强的焦虑感，而特朗普的出现，给这种焦虑情绪的宣泄甚至缓和提供了契机。他凭借"让美国再次伟大""美国优先"以及其他极端言论所体现的施政方针，吸引了不少深受焦虑之苦的美国中下层白人。但是其在社会内部制造敌我矛盾、煽动民众情绪的政治手法，客观上给其支持者带去了巨大的社会压力。支持特朗普的选民清楚，在选前一旦坦言自己支持特朗普，会为其带来巨大的社会、心理和经济成本。尽管有些支持者心甘情愿、义无反顾地接受这种代价，明确表示支持特朗普，但是更多民众出于成本收益的考量，选择了在民调时暂时妥协，以支持希拉里或者沉默的公开偏好代替支持特朗普的私有偏好，而在最后大选实际投票中将手中的选票投给了特朗普。简言之，选民的身份焦虑决定了其支持特朗普的私有偏好，而社会压力使其在面对民意调查时表达了支持希拉里或者尚未决定的公开偏好，二者的不一致产生了偏好伪装，致使此次民调未能准确预测特朗普胜选的后果。这解释了为何此次大选民调显示希拉里稳操胜券，但结局却是特朗普意外获胜的谜题。

总体而言，特朗普当选美国总统，出乎意料但又在情理之中。这一事实背后所折射的，是相当一部分美国中下层白人群体对统治阶层的不满与愤怒。然而握有话语权的社会精英和主流媒体却长期沉浸在自己的道德优越感中无法自拔，不愿倾听不同的声音、不愿意做出切实的改变，反而简单地给特朗普的支持者贴上

[①] 吴忠民：《社会焦虑的成因与缓解之策》，《河北学刊》2012年第1期，第110页。

"贫穷落后""愚昧无知""种族主义偏见"等一系列简单粗暴的标签，并将中下层白人的观点极端化而拒绝思考其意义。统治阶层认知上的惰性实质上反映了他们对自己利益的维护，正是他们在公共讨论中对敏感问题的避重就轻阻碍了双方的沟通，于是问题变得无法解决。这一切让民众的身份焦虑感日渐强烈。今天，很多美国民众生活水平下降、精神状态糟糕，他们唯一能做的就是在政治上团结起来，利用手中的选票表达自己愤怒的声音。因此，当特朗普向民众许诺立竿见影的变革时，积累的民怨找到了突破口。这表明一股愤怒的逆全球化力量正在美国觉醒。"从某种意义上讲，这种表现是大众对打着自由主义旗号的全球化所带来的经济、文化紊乱的一种延迟反应，自由民主中的'民主'部分正在日益崛起，并开始对'自由'部分展开报复。"[1]

  需要指出的是，本文从选民偏好伪装视角对2016年美国大选民调偏差进行分析，并不意味着完全否定其他解释，而是对其他解释的一种补充与完善。由于不存在于大选之后对美国选民是否存在偏好伪装行为进行事后研究的可能，因此，研究者除了对比民调数据和实际选举结果以及一些零星的证据以外很难验证本文的假设，故针对这一问题还有进一步研究的空间。此外，在政治选举中，由于存在不可被完全观察的因素，民调与实际结果之间往往出现较大的偏差，从而产生令人意外的结果。公众的偏好伪装使得把握和解释社会趋势变得更加复杂和困难，这进一步促使我们对民主进程进行反思。在今天，调查研究方法作为了解社会、政治、经济行为的工具已被人们广为接受。各类民意调查层出不穷，并日益发展为公众话语中最具有说服力的要素。然而，值得思考的是，这些量化数据是否是一种理解公众情绪客观准确的方法？其存在是否促进了公众政治生活的民主化？换言之，民调在政治领域中的应用到底是鼓励民众表达自己的政治意见，还是促成了他们对敏感问题的回避，甚至导致了虚假意见的流行，进而造成符合"政治正确"意见在政治生活中居于主导地位，从而压制了多元性意见的存在？

---

[1] Francis Fukuyama, "America: the Failed State," *Prospect Magazine*, December 13, 2016.

"富国强兵"的遗产
——军工技术产业化与战后日本的经济复兴[*]

王广涛[**]

【内容提要】 日本在第二次世界大战中遭到毁灭性打击,以军需工业生产为核心的近代工业体系几近崩溃。本文基于历史制度主义的分析视角,认为战后日本经济高速增长的逻辑背后有军工技术产业化作为强大的推动力。在《日本国宪法》的约束下,战后初期的日本并没有走上军事大国化的道路,但是其战前以及战时总动员体制下军工技术遗产,以及战后因应朝鲜战争的特需而重启的军工生产、美国对日本技术上以及经济上的援助、日本政府内部相关利益集团部门的推动等都从主客观条件上促进了军工技术的产业化。军事技术产业化的重点并不是在武器研发领域,而是将军工技术波及民用部门(spin-off)领域并开始规模化生产,战后日本多数大企业集团其成长壮大的背后都得益于军工技术在民用部门领域的产业化。与此同时,战后初期相对稳定的和平环境并没有迫使日本在重整军备的道路上走向极端,这些都有助于我们基于军工技术产业化的视角来理解日本战后复兴和经济增长的逻辑。

【关键词】 富国强兵 日本经济复兴 军工技术产业化 军工企业 产业政策

---

[*] 本文系上海日本研究交流中心2018年委托科研课题"军工产业与日本的安全保障政策研究"的成果,特此致谢。感谢《世界政治研究》匿名审稿人提出的修改意见,作者文责自负。
[**] 王广涛,复旦大学国际问题研究院副研究员。

一 问题的提出

(一) 战后日本经济增长的解释维度

日本在第二次世界大战中遭到毁灭性打击,以军需工业生产为核心、以战时总动员体制为特征的近代工业体系几近崩溃。战败后的日本在经历了长达 7 年的占领期后迅速实现经济复兴,并在此后保持了近 20 年的经济高速增长,创造了资本主义世界经济发展的奇迹。日本经济的奇迹既为学术研究提供了新鲜的范式,同时也是一个非常重要的待解释案例。在这些见仁见智、纷繁复杂的先行研究中,来自政治学、经济学以及社会学视角的解释更关涉本文的研究主题,因此值得做一番简单的学术史回顾。

来自政治学的视角一般将日本经济的高速增长归因于冷战时期的国际格局,以及战后美国对日本相对彻底的民主化改革。"和平宪法繁荣论"和"日美安保繁荣论"是其中的代表性主张,日本得益于整体良好的国际环境,为经济发展赢得了时间和空间。[①] 1947 年 5 月 3 日实施的《日本国宪法》第九条关于日本不得保有军队以及不承认国家交战权的规定,客观上迫使日本作为"和平国家"重返国际舞台。"日美安保繁荣论"认为战后日本的经济高速增长得益于日美安保条约的保障,正是在美国的核保护伞以及驻日美军基地的保护下,日本才得以减轻防卫上的负担,放手发展经济,实现经济高速增长。"日美安保繁荣论"同时也是"吉田路线"的自然延伸,日本首相吉田茂(Shigeru Yoshida)所主张的"小规模、轻武装;重经济,轻军事"的国家路线在冷战期间基本得到继承,日本可以集中更多的资源和力量发展经济,不用过多地考虑国家可能面临的安全威胁以及军事负担。[②] 如此一来,理想主义色彩浓厚的"和平宪法"和现实主义色彩浓厚的"日美安保"成为确保战后日本整体和平、实现经济高速增长的两个支柱。然而,这两个支柱只是从宏观上确保了日本相对和平的环境,给日本的经济腾飞创造了空间,并没有直接导致经济的高速增长。

日本经济的高速增长也刺激政治经济学者们拓宽了研究视野,他们从政府产

---

① 木原正雄:『日本の軍事産業』,新日本出版社 1994 年版,第 13—14 頁。
② 关于吉田路线的讨论可参见理查德·J. 塞缪尔斯:《日本的大战略与东亚的未来》,刘铁娃译,上海:上海人民出版社 2010 年版,第 33—43 页。

业政策制定的视角进行归因。① 产业政策是国家或者政府所主导的对本国经济产业计划进行制定、规划和指导的政策。产业政策对于日本而言具有特殊的意义,长期以来在日本国内关于"产业政策"的讨论远远比"经济政策"的讨论要更加激烈,而学术界对日本经济实现快速增长的解释也更多地归功于日本政府成功的产业政策。一般认为,后发国家要想获得竞争优势,必须由政府主导制定积极的产业政策,而日本在战后快速实现经济高速增长正是遵循了这一逻辑。② 学术界在研究日本的产业政策时也往往会陷入这样的误区,即思考产业政策的作用时,会过度评价政府的作用。即使深受马克思主义经济学影响的学者通常也认为无论是明治维新之后还是战后日本的经济发展都是自上而下的发展,这里的"自上"更多地强调国家主导或者政治指导的成分,但事实上国家并不等同于政府,即使在政府内部围绕产业政策也有不同的主张。③

一项产业政策的成立往往是政府内部各部门相互竞争之后的结果,考虑到通商产业省(现更名为经济产业省)在战后日本产业政策制定过程中的主导性作用,也有相当一部分研究极端地把日本的产业政策认定为通产省的政策。④ 美国政治学者查默斯·约翰逊(Chalmers A. Johnson)及其后续的跟进研究将通产省与日本经济高速增长的相关性研究引领到一个新的高度。⑤ 约翰逊将经济高速增长归结为日本政府持续且高效的产业政策,他以通产省为例,详细探讨了其在产业政策制定、官僚精英的确保以及政府的行政指导等方面为经济增长做出的突出贡献,日本开始成为"发展型国家"(developmental state)实现经济高速增长的典范。从结果上来看通产省在产业政策的制定过程中功不可没,本文则基于政策

---

① 相关研究综述可参见桥本寿明:『戦後日本経済の成長構造』,有斐閣 2001 年版,第 179—192 页。

② 林毅夫等人在考察日本以及"东亚四小龙"经济发展奇迹的研究中特别强调了政府在经济发展中的作用,在他们看来经济发展的重要原因就是政府自上而下的产业政策。参见林毅夫、蔡昉、李周:《比较优势与发展战略——对"东亚奇迹"的再解释》,《中国社会科学》1999 年第 5 期,第 4—20 页。当然也有不同的声音,如日本政策研究大学院大学八田达夫认为促使日本经济成功的是自由竞争的政策而非计划性的产业政策。参见 Tatsuo Hatta, "Competition Policy vs. Industrial Policy as a Growth Strategy," *China Economic Journal*, vol. 10, no. 2, 2017, pp. 162–174。

③ 桥本寿明:『戦後高度経済成長の成果と問題点』,『社会経済史学』52 巻 2 号,1986 年,第 244—267 页。基于马克思主义经济学的立场而进行的代表性研究可参见川上忠信、粕谷信次、佐藤浩一:『現代日本帝国主義:企業国家体制の運命』,現代評論社 1979 年版。

④ 貝塚啓明:『経済政策の課題』,東京大学出版会 1973 年版,第 167 页。

⑤ Chalmers A. Johnson, *MITI and the Japanese Miracle: The Growth of Industrial Policy, 1925–1975*, Stanford: Stanford University Press, 1982. 相关的研究可参见 D. I. Okimoto, *Between MITI and the Market*, Stanford: Stanford University Press, 1989; Andrea Boltho and Andreas Boltho, "Was Japan's Industrial Policy Successful?" *Cambridge Journal of Economics*, vol. 9, no. 2, 1985, pp. 187–201。

制定过程中的多元主义视角，认为一项政策的制定和出台是国内各政治部门（包括政府性质的相关省厅以及国内各利益集团）竞争和博弈的结果。① 在政策制定领域握有预算权的大藏省（现更名为财务省）通常被视为与通产省相对立的省厅，大藏省更加重视财政均衡、通产省更加重视重点产业的扶持。除了对通产省等部门领域的关注外，美国商务部（Department of Commerce）早期对日本经济高速增长的奇迹也进行了跟踪调查，以该调查为蓝本的报告书认为日本政府与企业的联合体——"日本株式会社"（日本股份有限公司），才是最能够解释日本经济增长的机制之一。② 也就是说，日本政府能够很大程度上代表大公司的利益，在产业政策上能够保持同企业之间构成协调统一的关系。

还有一种解释来自更加微观的文化思想以及特殊的制度层面。美国华人学者高柏（Bai Gao）指出，形成于20世纪30年代的产业政策在战后持续地影响了日本经济的治理结构，正是这种良性的治理结构塑造了经济的高速增长。日本对产业政策的推崇已经发展成为较为稳定的一种经济意识形态，短期内这种意识形态并不会发生改变，且这种意识形态的惯性让日本政府坚信，有效的产业政策可以引导国家走向经济高速增长的道路。③ 这种强调观念对政策制定塑造能力的研究特别适合于日本这种比较特殊的案例。作为思想观念的延伸，美国社会学者傅高义（Ezra F. Vogel）认为出色的经济社会制度推动了日本经济的高速增长，而且这种社会制度和经济制度安排恰恰凸显了日本与其他西方资本主义国家的不同。傅高义虽然从结果上是在研究为何能够取得成功，而在分析上实际采用的是人类学、社会学的田野调查方法。通过对家族制度、社会秩序、经济形态等一系列的考察，傅高义认为日本的制度是在不断反思自身以及借鉴的基础上建立起来的，"日本式经营"（年功序列、终身雇佣等）也成为后来具有代表性的经营方式。④ 在此之后，以强调日本自身文化、社会制度等特殊性的研究开始出现，各式各样为日本经济高速增长背书的"日本人论"风靡20世纪80年代。⑤ 当然，

---

① Jill Hills, "The Industrial Policy of Japan," *Journal of Public Policy*, vol. 3, no. 1, 1983, pp. 63 - 80；大嶽秀夫：『現代日本の政治権力経済権力』，三一書房1979年版。

② U. S. Department of Commerce, *Japan: Government-Business Relationship*, 1972.

③ Bai Gao, *Economic Ideology and Japanese Industrial Policy: Developmentalism from 1931 to 1965*, Cambridge: Cambridge University Press, 1997.

④ 具体可参见傅高义的两本日本研究专著，傅高义：《日本新中产阶级》，周晓红等译，上海：上海译文出版社2017年版；傅高义：《日本第一》，谷英等译，上海：上海译文出版社2016年版。

⑤ 相关代表性研究可参见南博：《日本人论——从明治维新到现代》，邱淑雯译，桂林：广西师范大学出版社2007年版。

这种强调日本人特殊性的主张也为后来美国在经济上打压日本并将其列为"修正主义"（revisionism）、"例外主义"（exceptionism）提供了直接理由。①

经济学者的解释部分是对政治学者的回应、修正和发展，自20世纪70年代以来学术界对日本经济高速增长的解释大多由政治学者来完成，经济学者并没有获得足够的发言权。② 来自经济学的解释更加多样化，甚至很多相互对立的经济学流派分别基于自身关注的视角做出了不同的论证。当然，经济学理论对价格理论、货币政策以及分配机制等领域的解释超出了本文所要研究的范围和笔者的研究能力，在此不再赘述。这里需要明确的一点是，所有的政治都是国内政治，所有的经济都是国际经济。任何的经济政策和经济行为都"嵌入"在一定的国内政治和社会结构中。③ 考察日本经济高速增长背后的机制，离不开对日本国内政治的考察，同时国内政治也会受到国际政治特别是来自体系格局的结构压力，这是本文写作的基本出发点。

（二）本文的分析视角：军工技术产业化

本文并不排斥上述各类分析视角，同时也承认其解释力度的有效性。在此前提下，本文希望给出这样一个分析框架，即军工产业给日本的经济增长带来了怎样的积极影响。一般认为，战后日本作为"和平国家"，其军工产业无论是对日本的经济增长，还是在安全保障政策制定的过程中所扮演的角色似乎并不那么重要。1947年生效的《日本国宪法》第9条规定日本不得保有军队、不承认国家的交战权等限制性因素已经让日本"强兵"的梦想变得不太可能。同时，战后初期驻日盟军司令部（GHQ）所发出的解散财阀等相关指令，很大程度上削弱了日本的基础工业实力，与此同时军工产业从结构上解体归零。这些经验性的事实似乎都无法说明军工产业在日本实现战后复兴和经济高速增长过程中的重要作用，而本文则希望提出一种替代性或者补充性解释，即军工产业从不同的角度为日本的经济高速增长做出了贡献，同时也有效地保持了经济增长同安全保障之间

---

① Chalmers Johnson, "Japan in Search of a 'Normal' Role," *Daedalus*, vol. 121, no. 4, 1992, pp. 1 – 33; Ryūzō Satō, *The Chrysanthemum and the Eagle: The Future of U. S. -Japan Relations*, NYU Press, 1995; R. Taggart Murphy, "Making Sense of Japan: A Reassessment of Revisionism," *The National Interest*, no. 43, 1996, pp. 50 – 63; Karel van Wolferen, *The Enigma of Japanese Power: People and Politics in a Stateless Nation*, New York: Knopf, 1989.

② Kazutoshi Koshiro, "Japan's Industrial Policy for New Technologies," *Journal of Institutional and Theoretical Economics (JITE) / Zeitschrift für diegesamte Staatswissenschaft*, vol. 142, no. 1, 1986, p. 163.

③ 贺平：《贸易与国际关系》，上海：上海人民出版社2018年版，第3页。

的平衡。军工产业的发展动向是战后日本产业政策以及安全保障政策变化的风向标,可以为理解上述政策的变化发展提供重要的分析框架。

理查德·塞缪尔斯(Richard J. Samuels)敏锐地注意到这一点,他指出战后日本虽然整体上在军费开支领域维持了相对较低的水准,但是日本却拥有很多在全球首屈一指的军民两用技术。军事经济虽然在日本经济的总量中所占比重并不大,但军工技术却是其高新技术的重要来源。当然,塞缪尔斯并没有更多地把精力放在军工产业对日本经济增长的影响上,而是专注于日本军工产业/军工企业所具有的技术爱国主义(technological nationalism)属性以及对日本安全保障政策制定的推动作用。[①]当前对日本军工产业的研究更多的是被置于安全保障的维度进行考察,"寓军于民"可以说是对上述行为比较到位的解释。[②]笔者在早先发表的文章中注意到军工生产与日本经济之间的相互依赖关系,冷战期间日本经济的高速增长并没有大规模重开军工生产的现实需求,而冷战结束以后在日本经济持续衰退的情势下,通过开放防卫产业、扩大武器出口、刺激军事工业技术进步并最终在经济增长和安全保障两个方面都获益对于日本而言具有逻辑自洽性。[③]

依循以上逻辑,本文提出的问题如下:军工技术为战后这些大型企业集团的成长做出了什么样的贡献?战后日本企业集团的成长所内含的军工技术是继承了战前以及战时总动员体制的遗产,还是战后搭乘了美国技术革新以及技术转移的便车?基于军工技术产业化的视角,日本政府和大企业集团分别扮演了什么样的角色?日本是否如欧美学术界所定义的那样,政企联合组成了所谓的"日本株式会社"?本文将结合战后日本军工产业的发展对上述研究问题进行考察。

在进入相关讨论之前,对本文所涉及的研究方法、研究对象、相关概念以及时期界定做如下简要说明。

首先,本文倾向于历史制度主义的分析方法。历史制度主义认为业已存在的

---

① Richard J. Samuels, *"Rich Nation, Strong Army": National Security and Technological Transformation of Japan*, Ithaca and London: Cornell University Press, 1996.
② 相关研究可参见王宏伟:《寓军于民:日本军工业发展模式》,《科学决策》2004年第5期,第24—29页;程蕴:《"武器出口三原则"的突破与日本军工产业的海外扩张构想》,《东北亚学刊》2015年第2期,第15—21页;张玉国、鲁燕:《日本军工产业规模分析》,《现代日本经济》2005年第5期,第51—56页;Michael J. Green, *Arming Japan: Defense Production, Alliance Politics, and the Postwar Search for Autonomy*, New York: Columbia University Press, 1995.
③ 王广涛:《军工利益集团与日本的安全政策——兼论安倍政权下的军工利益诱导政治》,《世界经济与政治》2017年第12期,第26—47页。

选择影响和决定了新制度的设计和形成。历史制度主义强调历史遗产对制度选择的影响，主张从一个整体的、相互联系的、辩证发展以及历史的视角研究制度的演化。历史制度主义强调路径依赖和意外后果，认为制度的变迁是一个不断演进的过程而非设计的产物；强调过去对现在的影响，即前一阶段的政策选择往往会决定和影响着后一阶段的政策方案；强调关键时间节点，当实质性的制度发生变迁时，就会由此产生出某种"关键节点"（critical juncture），使得历史的发展走上某种新的道路。① 比较政治学者希达·斯考切波（Theda Skocpol）在1985年主编的著名论文集《找回国家》中，特别强调国家制定的政策以及国家与社会集团的模式化关系会影响政治和社会过程，但是较宏观的社会科学视角无益于推进国家研究，只有比较历史分析才能对处于不同社会背景和跨国环境中的国家结构和行为提供理想的研究工具。②

战后日本的经济高速增长作为一项政策结果，需要对其政策过程以及相关演变机制进行追踪还原。政治学中的历史制度主义特别重视从时空中思考社会结构和过程问题，注重考查制度演变过程中的延续性以及对时空背景的追溯。③ 本文的分析视角其实在某种程度上是对斯考切波上述主张的延伸，我们认为战前日本的经济政策并没有因为日本在第二次世界大战的战败而宣告终结，作为政策虽然会被禁止，但是作为一种意识形态和特定历史背景下的经济思想可以有效影响战后日本政府的经济政策制定。此外，关于国家与社会集团的模式化关系，本文也特别强调日本政府与军工利益集团的互动。从更加微观的视角来看，本文所强调的军工技术对日本经济增长的促进作用从本质上也是制度框架内各行为主体竞争后的结果。

其次，战后日本规模化、产业化的军工企业数量相对较少，虽然学术界也有各种关于日本正在或已经形成"军工复合体"的批判声音，但在笔者看来其警示性的成分仍远大于事实上的成分。④ 当然，可能还有另一种声音认为战后日本

---

① 以上关于历史制度主义的界定引自席桂桂：《制度内选择行为与东亚经济一体化的路径选择》，广州：暨南大学出版社2017年版，第12—13页。

② Peter Evans, Dietrich Rueschemeyer and Theda Skocpol, *Bring the State Back in*, New York: Cambridge University Press, 1985, p. 323.

③ 相关研究综述可参见马雪松：《社会科学中的新制度主义政治学：一项学科史考查》，《比较政治学研究》2018年第1期，第1—36页。

④ Bjørn Elias Mikalsen Grønning, "Operational and Industrial Military Integration: Extending the Frontiers of Japan-US Alliance," *International Affairs*, vol. 94, no. 4, 2018, pp. 755–772；坂井昭夫：『日米軍産複合体の復活と変容』，『軍縮問題資料』2001年第2号，第22—27页。

作为一个"和平国家",也不存在严格意义上的军工企业。对此,本文采取斯德哥尔摩国际和平研究所（Stockholm International Peace Research Institute）对军工企业的定义,只要是成规模的生产和销售军用产品,那么这个企业即可被视为军工企业,这里并不考虑其军工产品在总产品销售中所占的份额。① 根据斯德哥尔摩国际和平研究所武器产业数据库（Arms Industry Database）2016 年数据显示,位列前 100 位的军工企业中有五家来自日本的企业,它们分别是三菱重工（第21 位）、川崎重工（第 49 位）、IHI（第 68 位）、日本电气（第 86 位）、三菱电机（第 99 位）。② 从这个角度而言,本文对日本军工企业、军工产业的定位是合理的（参见表1）。

表1　　　　　　　　战后日本代表性的军工企业及其源流

企业名称	成立时间	战前主营	战后主营	财阀	军工占比
三菱重工	1884 年	舰船、航空机、发动机	交通运输、宇宙航空、发动机	三菱	12%
川崎重工	1896 年	舰船、航空机	交通运输、宇宙航空、摩托车	—	7%
三菱电机	1884 年	发电机、电动机械	交通运输、重型机械、家用电器	三菱	2%
IHI	1889 年	航空机、舰船、发动机	宇宙航空、建筑机械、工业机械	三井	2%
东芝	1904 年	电气照明、工业机械	家用电器、重型机械、计算机	三井	0.79%
富士重工	1917 年	航空机、发动机	小汽车、宇宙航空、工业机械	—	N/A
日本电气	1899 年	无线电通信	电气通信、计算机、通信软件	住友	3%
富士通	1923 年	电气通信	计算机、电气通信、无线终端	古河	2%
日立制作所	1920 年	蒸汽机车、家电制品	计算机、家用电器、重型机械	久原	N/A
小松制作所	1921 年	建筑机械、推土机	机械工业、交通运输、建筑机械	—	6%

资料来源:笔者根据各企业的主页以及相关数据制作而成,其中军工占比一栏中三菱重工、川崎重工、三菱电机、IHI、日本电气、小松制作所的数据为 2017 年,东芝、富士通的数据为 2016 年,富士重工和日立制作所没有相关数据。参见 https://people.defensenews.com/top-100/。

再次,本文所指军工技术主要强调为军事领域所提供的军事工业产品技术,而非军事技术。所谓军事技术,狭义上是指武器技术,广义上还包括与武器运用

---

① Stockholm International Peace Research Institute, *SIPRI Yearbook* 2015, Oxford: Oxford University Press, 2015, p. 452.
② 参见 https://www.sipri.org/databases/armsindustry。

相关的用以组织作战的方式方法。① 军工技术更多地将关注点放到了武器的技术来源。另外还需要澄清的一点是，军工技术并非完全应用在军事工业领域，军工技术来源于军工产品但是其具体应用也有在民用工业领域应用的可能。事实上，军工技术向民用产品领域的技术转化（spin-off）是战后技术革新领域的一大基本特征。特别是在日本，随着美国对日本占领初期非军事化原则的推进，以及《日本国宪法》对日本作为和平国家的制度性约束，日本主客观的军事需求十分有限。"军工技术产业化"并不意味着"军事工业的产业化"，战后的日本虽然不存在规模化的军工产业，但是可以利用战前所保存以及战后通过技术革新以及技术转移所获得的军工技术迅速实现产业化，这也是本文研究的重点。这种产业化可以是前述军转民，或者军民两用（dual-use）。当前我们耳熟能详的三菱、三井、住友、日产、中岛（后改称富士重工，现改称为"斯巴鲁"）、石川岛播磨重工（现改称为"IHI"）、东京芝浦工业（现改称为"东芝"）、川崎重工等集团，追根溯源其在战前就是从事大规模军工生产的财阀以及大企业，它们在战后迅速占据民用产品的市场份额，并发展成为石油化学、电子机械工业领域的翘楚。

最后，本文主要考察战后复兴以及经济高速增长初期的军工产业同经济增长以及安全保障政策制定之间的关系，从时间段来看大概起于1945年，止于20世纪50年代中期。这一时期既是日本经济复兴和发展的关键时期，同时也是日本安全保障政策形塑的关键时期，因此可以清楚地看到经济增长与安全保障这二者的叠加效应。虽然本文研究的起点是战后的日本，但是日本军工生产的历史并非始于战后，战前以及战争期间日本的军工生产给战后日本经济的复兴带来了哪些"积极的"的遗产也在本文的考察范围之内（甚至可以说这是本文的一项重要研究内容）。当然，我们对所谓战前、战时以及战后的考察并不遵循线性的历史事实，而是基于议题的相关性而有所跳跃。总的来说本文所使用的历史资料以及对史实的整理并不服从历史学的逻辑，而是围绕论证本文的研究主题，即日本的军工技术产业化对战后日本经济增长的促进作用。

二 "富国强兵"的技术遗产

（一）日本军工生产的历史演变

"文明开化""殖产兴业"和"富国强兵"是日本明治维新之后所采取的三

---

① 蒙克：《超越反转的第二意向——国家间战争、个人社会流动和福利国家的军事起源》，《世界经济与政治》2018年第7期，第105页。

大基本国策。回顾日本近代化的轨迹可以发现，"文明"与"开化"、"殖产"与"兴业"无论是分开还是结合在一起解读都无明显差异，而"富国强兵"并不是一个浑然天成、不可分割的战略口号。富国与强兵是否并行不悖？还是二者存在逻辑上的先后顺序？概括而言，"富国"与"强兵"其侧重点有所不同，战前的日本在"富国"和"强兵"之间更加重视后者，最终给日本帝国带来毁灭性打击；战后的日本由于主客观的原因弱化了"强兵"方面的需求，换来的则是经济意义上的"富国"效益。①

总体而言，"富国强兵"可以从"经济增长"和"安全保障"这两个维度来理解。关于经济增长和安全保障二者之间的关系，学术界已经有过一些有益的探讨。毫无疑问，经济增长会促进国民财富的增加以及社会福利的提升，但是要保障一国的安全则势必要拿出更多的经济预算放在军事技术研发以及购买先进武器等领域，这就意味着国家以及国民的一部分财富要流向军费支出领域。既有文献往往把焦点集中在经济增长同军费预算的关系上（正相关、负相关或者无关），反而忽视了防卫产业在促进经济增长的过程中所发挥的作用。② 在笔者看来，防卫预算（军费）只是安全保障问题领域内的一个小分支，不足以同经济增长相提并论，而且防卫预算的增加或者减少反映的只是"强兵"与否的结果。我们更加强调的是作为"强兵"之过程的军工产业的发展和演进，以及其同经济增长的内在关系。在"富国"和"强兵"之间，军工产业扮演了十分重要的角色，作为产业部门的一个分支，军工产业的进步、技术的革新是富国的前提条件。强兵既需要训练有素的军队以及相关的军事制度、作战技术，同时也需要武器技术，军工产业的发展可以促进武器装备技术的提升。

当然，无节制的军工生产也并不必然能够带来经济的增长，虽然这会让军工企业大发战争横财，但是对于国家整体经济的增长或许并无助益。自1937年7月7日全面扩大侵华之后，日本政府经济统制的目标从生产限制向生产扩大化方向转移，为了加强军需用品的生产，国家开始直接管制民间资本，经济结构向以军需用品为中心过渡。特别是1938年《军需工业动员法》启动之后，各大财阀相继被指定为军需公司（军需会社），军需生产给财阀们带来特殊利益的同时，

---

① 其实在明治维新时期，日本政府在不同阶段对"富国强兵"的理解和侧重也有所区别，相关研究可参见坂野润治：《未完的明治维新》，宋晓煜译，北京：社会科学文献出版社2018年版。
② 代表性文献有：Todd Sandler and Keith Hartley, *The Economics of Defense*, New York: Cambridge University Press, 1999; Abdur R. Chowdhury, "A Causal Analysis of Defense Spending and Economic Growth," *Journal of Conflict Resolution*, vol. 35, no. 1, 1991, pp. 80 – 97。

也将日本国家的整体经济带到了万劫不复的深渊。①

日本的军工产业有着相对悠久的历史,早在德川幕府后期就有一些地方上的强藩自主建立兵工厂,这些兵工厂不仅在日后讨伐德川幕府时发挥了重要作用,同时也为明治维新后日本近代工业体系的建立奠定了基础。星野芳郎(Hoshino Yoshiro)指出,日本的产业革命之所以能够成功实现,其中独立的军事工业体系做出了重要贡献。明治初期,日本政府基于国家独立的视角出发,大力发展军事工业,虽然日本当时的机械制造业整体上距离欧美列强尚有距离,但是军事工业的相对优势地位造就了日本产业革命进程中较为突出的军工产业化现象。② 当前日本的几家大型军工企业,比如三菱重工(1857年,前称"三菱造船")、IHI(1853年,前称"石川岛播磨重工")、东芝(1875年,前称"东京芝浦工业")、川崎重工(1878年)等都是幕末或明治维新初期凭借着政府的资金支持、业务承包发展起来的。③ 以东芝集团为例,东芝的前身田中制造所是明治维新之后成立较早的民营工厂,成立之初作为工部省指定的工厂主要生产电信机械,但是随后不久(1878年)该工厂就开始涉足鱼雷、机械水雷等海军兵器制造领域,到1887年该工厂已经发展成为拥有680名员工的大型工厂,为其后东芝的成立奠定了基础。④ 这些大企业同日本政府的联合形成所谓的"政商",构成了财阀系统的最重要组成部分。日俄战争之后在日本国家政策的扶植下,依靠军需生产以及殖民地经营而发展的企业,如日产、昭和电工等被称为新财阀。当然,这些企业早期都是名副其实的军工企业,生产的船舶、军舰、火炮以及枪支亦主要提供给军方。

进入1930年代之后,随着日本对外扩张的加速,官营军工厂的武器生产能力已经不能满足军方的需求,军部对民间企业的武器生产依赖度越来越高,其中在火器、火炮等轻型武器的生产领域,民间企业所占份额已经超过官营军工厂,重型武器如军舰达到59%、战车达到95%,航空器(如战斗机、运输机)的生产则完全掌握在民营企业手中,其中三菱重工业和中岛飞机是两家

---

① 三岛康雄ほか:『第二次大戦と三菱財閥』,日本経済新聞社1987年版,第2—11页。当然,日本的大财阀们与军部之间的关系也是若即若离,一些研究已经指出,在战争初期阶段,财阀基于自身利益考虑虽然迎合了军方的主张,但是随着战争的扩大化,特别是日本同美英两国宣战之后,日本财阀的海外利益受到影响,且部分财阀已经开始担心日本输掉战争的问题了。

② 星野芳郎:『日本の技術革新』,勁草書房1966年版,第75页。

③ Michael J. Green, *Arming Japan: Defense Production, Alliance Politics, and the Postwar Search for Autonomy*, p. 8.

④ 星野芳郎:『日本の技術革新』,第75页。

最大的民间军需企业。① 1941—1945 年，三菱重工业和中岛飞机所生产飞机数量分别为 19561 架和 12513 架，分别占飞机生产总量的 18.4% 和 28.8%，而日本军部的海军航空工厂和陆军航空工厂总共生产不过 2704 架，占比仅为 4%。② 由此可见，日本军队在对外侵略扩张的过程中，民间企业提供的军事武器所扮演的重要角色。

表 2　　　　　　三大财阀对重化学工业投入资本金比较（1937 年）

单位：千日元

	三菱		三井		住友	
基础部门	对日本制铁的投资	15554	对日本制铁的投资	25265	对日本制铁的投资	600
	东京钢材	3500	三井矿山	73500	住友矿业	17000
	三菱矿业	75000	北海道炭矿汽船	53800	大日本矿业	1500
	九州炭矿汽船	6250	太平洋炭矿	8250	住友铝业	2500
	熊别炭矿	5000	基隆炭矿	7000		
	北桦太矿业	5000				
	合计	110304（43.7%）	合计	167815（51.5%）	合计	21600（13.7%）
舰船及机械兵器工业	三菱重工业	75000	玉造船所	5000	住友金属工业	62500
	三菱电机	22500	芝浦制作所	18750	住友电线制造所	22500
	日本光学工业	24000	日本制钢所	15000	藤仓电线	7500
	日本电池	2625	东洋精机	3950	安立电气	875
	东京计器制作所	2700	昭和重工业	1250	住友机械制作	2500
	东京 EC 工业	600	东京电气	34175	日本乐器制造	3740
			丰田式织机	9375		
	合计	127425（50.4%）	合计	87500（26.8%）	合计	99615（63.4%）
火药炸药及化学兵器工业	日本化成工业	15000	东洋高压	24000	住友化学	25000
			电气化学工业	28000	日本燃料	11000
			合成工业	2375		
			北海苏打	3750		
			レーヨン苏打	375		
			大日本合成树脂	12500		
	合计	15000（5.9%）	合计	71000（21.8%）	合计	36000（22.9%）
总计	252729（100.0%）		325815（100.0%）		157215（100.0%）	

资料来源：三岛康雄ほか：『第二次大戦と三菱財閥』，第 5 页。

---

① 東洋経済新報社編：『昭和産業史第一巻』，東洋経済新報社 1950 年版，第 492 页，第 570—571 页。

② J. B. コーヘン著、大内兵衛訳：『戦時戦後の日本経済上巻』，岩波書店 1950 年版，第 318 页。

随着日本军部对武器装备的需求日盛，日本各大民营企业也开始迎合军部的意向，着力向武器生产以及相关重化学工业领域追加投入。以著名的三大财阀为例，1931年日本侵华战争全面爆发之时，三菱、三井、住友对重化学工业的投入明显增加，其中三井注资3.25亿日元，三菱注资2.52亿日元，住友注资1.57亿日元（参见表2）。在重化学工业的门类中，舰船以及机械兵器工业、炸药火药以及化学兵器工业所占比重超过基础部门，可以看作战争特需刺激各大企业集团扩大武器生产的原动力。当然，各大财阀生产的重心有所差异，三菱财阀一直以重工业为中心，旗下的三菱重工业、三菱电机、日本光学工业等企业获得了三菱财阀的巨额注资。

第二次世界大战行将结束之时，中美英三国首脑联合发表的《波茨坦公告》明确了日本的非军事化原则。关于日本战时所开设的官营兵工厂，根据1945年9月22日美国国务院发布"投降后初期美国对日方针"（U.S. Initial Post-Surrender Policy for Japan, SWNCC150/4/A）规定，"除日本经济和平发展及占领军补给所需物资设备之外亦应悉数引渡至各战胜国"①。各大财阀则面临解散以及重组的命运，其中三菱、三井、住友、安田、古河五大传统财阀的解体工作相对彻底，三菱旗下综合商社三菱商事被解体成为130多个小公司，三井物产则被解体成为220多个小公司。1947年12月根据GHQ制定的《过度经济力集中排除法》，三菱重工业、中岛飞机、川崎航空机等战时日本的军需企业被分割成若干企业。② 财阀遭到解散之后，日本的主要工业产业的集中程度降低，钢铁、煤炭、铝业等部门从战前以及战时财阀的绝对垄断向着多元化的趋势发展。③

日本在宣布无条件投降之后，军需生产事实上处于终止状态，后来随着美国占领军进入日本，日本的军需生产全面停止。军需生产的停止给日本经济带来的打击是全方位的，航空机、兵器部门毫无疑问首当其冲，机械、金属、化学等领域也一度面临全面停产的困境。战时日本各大企业集团（财阀）对军需市场的依存度非常高，日本因为战争的失败而解散了军队，可想而知给军工产业带来的毁灭性打击。原则上来说，军需生产的停止对于大多数日本国民来说是减轻负担

---

① The Department of State Bulletin, vol.13, no.236, September 23, 1945, pp.423–427.

② 其中，三菱重工业一分为三，中岛飞机一分为十二，川崎航空机一分为三，详细可参见星野芳郎：『日本の技術革新』，第191—193页；武田晴人：『独占資本と財閥解体』，大石嘉一郎编『日本帝国主義史3 第二次世界大戦期』，東京大学出版会1994年版，第271—274页。

③ Takafusa Nakamura, The Postwar Japanese Economy: Its Development and Structure, Tokyo: University of Tokyo Press, 1981, p.26.

的一种方式，但是日本政府的军事支出和民间军需工业投资占国民生产总值半数以上，随着军需生产的停止、军需市场的消失自然也带来解雇、失业等一系列社会问题。根据经济学家小林秀雄（Hideo Kobayashi）的统计，1945年8月日本工业的生产指数（不包括直接的军工生产在内，1935—1945年的平均值为100）为8.5，这只相当于战前日本工业生产指数的10%，战时峰值的5%。① 可见战后初期日本工业生产受军工生产、军需市场影响程度之大。

（二）从军需到民用：战时军工技术的延续

对于日本而言，1945年8月15日是十分重要的时间节点，是战前和战后的分界线。学术界对日本的战败也给予了特殊的关注，战败对于日本而言究竟意味着什么？战败在多大程度上断绝了同战前日本制度上的联系？又或者说战败的日本在多大程度上继承了战前日本制度的本质性特点？战败后的日本在美国的占领下制定了《日本国宪法》，实行了西方的民主制度，政治、社会面貌焕然一新，但是学术界在研究这一时期日本的政治、经济、社会诸项制度时却通常出现截然不同的两个学派。②

主张战后同战前断绝的学派认为战后的日本是对军国主义的彻底告别，这种告别既体现在政治制度上，同时也体现在经济制度上。以本文所关注的产业政策领域为例，在战后日本经济界占据主流地位的马克思主义学者们认为，战后日本的经济体制在本质上是一种国家垄断资本主义，这种体制是在战前的垄断资本主义体制经历了战后改革之后形成的，它的主要特征是在政治、经济、社会、文化等诸多领域实现了民主化，从而改良了战前那种带有强烈封建性、军事性、落后性的体制，带来了战后经济的高速发展。基于这种观点，这类学说普遍评价战后改革的历史作用，认为其构成了战前、战后在经济体制上的分水岭。③

但是，随着制度经济学的兴起，日本学者开始对联合国的占领体制以及战时日本统制经济体制进行反思，他们提出了"战时起源说"，对长期以来一直占据统治地位的战前战后经济体制"断绝说"开始了正面宣战。例如东京大学教授

---

① 小林秀雄：『戦後日本経済史』，日本評論社1963年版，第8—9页。
② 学术界多用"连续性"和"非连续性"来表示对战前日本的继承和断绝，代表性文献可参见菅原彬州编：『連続性と非連続性の日本政治』，中央大学出版部2008年版；エドゥアルド＝クロッペンシュタイン、鈴木貞美编集：『日本文化の連続性と非連続性1920年—1970年』，勉誠出版2005年版。
③ 雷鸣：《日本战时统制经济研究》，北京：人民出版社2007年版，第3页。

野口悠纪雄（Yukio Noguchi）就指出，现代日本经济体制在推行战时统制经济的 1940 年前后（"1940 年体制"）便已成形，"对于日本经济而言，这场战争从来就没有结束"，他认为即使在 50 年后的今天，日本经济运行的逻辑无论是在制度上还是意识形态上仍然在按照"1940 年体制"运行。① 也就是说，现代日本的整个经济体系都处于战时统制经济的延长线上。在本文所关心的产业政策领域，前述约翰逊以及高柏等学者也是该学说的坚定支持者。随着战后日本产业政策的发展和演变，主张继承学派的势力越来越强势，这种强调制度路径依赖的学说越来越多地为学术界所接受。

通过对上一节表 2 中三大财阀的比较也可以看出战后日本经济发展的逻辑。日本政府在 GHQ 占领期间根据东京大学教授有泽广巳（Hiromi Arisawa）的意见，施行了名为"倾斜生产方式"的经济政策。所谓"倾斜生产"就是将工业生产的重心向煤炭、钢铁领域集中，当煤炭、钢铁的产能达到一定水准之后再带动其他相关产业的发展，最终实现整体经济复兴的目的。也就是说，煤炭、钢铁等产业部门的发展是基础，也是后来日本经济高速增长期经济重心向重化学工业转移的逻辑出发点。② 透过战后日本产业政策演变的轨迹再来看战前日本产业政策的动向，1937 年正值侵华战争全面爆发的前夜，而日本产业政策的发展重点从结果上来看与战后并无本质上的差别。三大财阀对重化学工业领域的投入中，煤炭钢铁作为基础部门占据相当大的比重。虽然舰船、火药以及机械兵器是当时发展的重点，战后利用战前这些固有的军工技术基础，日本迅速实现向重化学工业的转移也绝不是偶然得来的成功。

如前所述，军工产业在战时日本产业布局中占据主导地位，本文坚持战后日本对战前继承性的视角，军工产业虽然在战后遭到了打击，但是并不排除对战前的继承，这种继承体现在生产能力、军工技术以及研发技术人员的继承等领域。

在生产能力上，虽然军工产业的解体以及军需市场的丧失给战后日本重化学工业的发展带来了不小的打击，但是在设备领域以及工业生产能力上，除了一些专门生产武器的设备机械之外，其他设备都得以保存，即使是作为战争赔偿的抵押引渡给战胜国的机械设备也仅限于官营兵工厂，以这些得以留存的设备机械作为基本盘，在战后实现了向和平的、民用产业的转换。另外，日本战败后虽然大

---

① 野口悠纪雄：『1940 年体制：さらば「戦時経済」』，東洋経済新報社 1993 年版。
② 有沢広巳监修：『日本産業史 2』，日本経済新聞社 1994 年版，第 22 頁。

量的兵器、舰船根据GHQ的指令遭到了破坏，但是在日本宣布战败、GHQ进驻日本之前的空白期内（大约为两周），很多军用设施、军需物资已经完成了向民间企业部门的转移。① 也就是说，从形式上战时日本的军工产业设备遭到了拆解和破坏，但是实质上却得以留存，这种军事工业的生产能力成为战后日本发展民用工业的基础。

在军事技术领域，以战时飞机产业的生产技术为例，战前日本飞机制造技术已经有一些领域达到世界先进水平，但是在大型发动机、螺旋桨等部分的研究开发其实并没有实现技术突破。随着战争的日益迫近，日本政府也加速了军工生产的步伐，针对飞机领域，先从机体，再到发动机，截至日本发动全面侵华战争之前，在飞机制造的各个领域已经达到世界水平。② 日本政府（军部）在推动飞机产业技术革新的过程中起到了关键性作用，日本军部于1932年重开飞机"竞争试作政策"，该政策鼓励各大飞机制造商、引擎制造商向军部提出申请，军队对设计方案合理、结构性能更高的飞机模型予以政策上和财政上的支持，这大大刺激了军工企业特别是技术人员的生产积极性。③ 战争期间虽然日本的飞机技术最终没能在大飞机制造等领域取得突破，但是其发展成熟的小型发动机技术为战后日本汽车工业（飞机发动机转换为汽车引擎）、车体材料（飞机机体转换为汽车车体）等部门所继承。从技术转移的视角来看，战后日本汽车工业的异军突起，战前以及战时飞机制造所留下的遗产功不可没。

表3　　　　　　　　帝国海军技术人员在战后民间企业就职情况

姓名	职务	战时从事的开发部门
池田勇吉	三菱汽车副社长	火箭引擎
曾根嘉年	三菱汽车/民间航空机社长	零式舰载战斗机
上田茂人	日产汽车要职	"荣"号引擎
爱甲文雄	第一合成化学社长	氧气鱼雷研发

① 村上胜彦：『軍需産業』，载大石嘉一郎编『日本帝国主義史3 第二次世界大戦期』，東京大学出版会1994年版，第198頁。
② 村上胜彦：『軍需産業』，第174頁。
③ 关于战时日本飞机产业的技术进步，可参见 Richard J. Samuels, "*Rich Nation, Strong Army*": *National Security and Technological Transformation of Japan*, pp. 108–129；前田裕子：『戦時期航空機工業と生産技術形成：三菱航空エンジンと深尾純二』，東京大学出版会2001年版。

续表

姓名	职务	战时从事的开发部门
中川良一	日产汽车部长	"誉"号引擎
上野辰一	日本无线社长	探测仪器
箕原勉	防卫厅技术研究本部部长	技术大佐
松井信夫	东京汽车调查部要职	振动体研究
服部六郎	普利司通设计师	"银河"号设计者
油井一	小松制作所顾问	C-1，T-2 计划负责人
水间正一郎	岛田理化学会长	雷达技术人员
井深大	索尼创始人	潜水艇研发
盛田昭夫	索尼创始人	N/A
高柳健次郎	日本音响（JVC）社长	N/A
上岛外二	高砂橡胶顾问	火药
青木义郎	八兴电设社长	N/A
风户健二	日本电子社长	电机技师
永野治	石川岛播磨重工副社长	"ネ-20"，气泵
种子岛时休	日产汽车研究所所长	"ネ-20"，气泵
城阪现	松下电器副社长	N/A
大内淳义	日本电气副社长	N/A
绪方研二	安藤电气会长	野战通讯机器
新川浩	国际电信电话研究所所长	收音机电波研究
吉田稔	TBS 副社长	微波
清宫博	富士通社长	N/A
北野多喜夫	日本电送要职	舰载轰炸机
稻富久雄	马自达研究所所长	"誉"号引擎
菊地庄治	富士重工要职	N/A
宍道一郎	日本音响（JVC）会长	N/A

资料来源：Richard J. Samuels, "*Rich Nation, Strong Army*": *National Security and Technological Transformation of Japan*, p.106. 本文系根据本书日译本转译，参见奥田章顺訳：『富国強兵の遺産：技術戦略にみる日本の総合安全保障』，三田出版会 1997 年版，第 160 页。

在研发技术人才的确保上，战前日本把最顶尖的人才都投放到军事武器研发领域，这些人才散布在各大兵工厂、军事研究所，战后这些人员凭借着自身拥有的核心技术在各大企业谋得要职,并直接牵引了战后日本的经济发展。① 在这些技术人员的名单里面,包括了三菱重工、富士通、日产汽车、IHI、富士重工、日本电气、小松制作所等多个日本大企业(也是目前日本著名的军工企业,参见表3)的总裁、董事顾问、技术顾问等。表3所示为战时海军部服务的各类技术人员在战后的转业以及就职情况,可以看出大多数技术人员基本上是发挥战争期间技术研发的才能,战后又在民用相关领域取得突破性进展。约翰·道尔(John W. Dower)在其名著《拥抱战败》一书中亦提到这一点,他指出战后许多成功的电子工业会社,其前身多为制造军用通信设备的中等规模的公司。投降数周内,此类公司的一位前雇员井深大(Masaru Ibuka)与几位同事合作生产一种受欢迎的装置,将短波广播转换为常规频率的广播,为索尼(Sony)公司奠定了基石。② 井深大在战时曾经在跟海军关系十分密切的军需公司从事研发工作,而盛田昭夫(Akio Morita)在战时担任海军技术中尉,从事军事技术研发。战败后二人共同成立了东京通信公司,就是现今索尼公司的前身。

三 战后日本军工技术产业化的发展

(一)朝鲜战争与军需生产

因应朝鲜战争的特需,日本于1952年重新开始武器生产,这意味着日本军工产业重建的开端。但是此后日本的军工产业却高开低走,虽然经济界利益集团一直尝试振兴,但是主客观条件并没有让这一意图得以实现。同时,日本政府的防卫预算无论是从横向比较,还是纵向比较都处于较低的层次。从国内政治经济结构的要素来分析,导致上述结果的原因大致可以归纳为如下三点。第一是国内各相关利益集团的竞争,大藏省(财务省)在预算分配上主要受到农业、公共事业等利益集团的影响,日本虽然成立了防卫厅,但是其地位远不及大藏省、通产省等部门,军工利益集团虽然活动频繁但并没有占据主导性地位,这一不平等地位直到2007年安倍晋三(Shinzo Abe)将防卫厅升格为防卫省才得以扭转。③ 第二是基于政治上的考虑,日本政府在经历1960年安保斗争以后,池田勇人

---

① J. W. M. Chapman, Reinhard Drifte and Ian T. M. Gow, *Japan's Quest for Comprehensive Security*: *Defense*, *Diplomacy*, *Dependence*, New York: St. Martin's Press, 1982, p. 145.

② 约翰·W. 道尔:《拥抱战败:第二次世界大战后的日本》,胡博译,北京:生活·读书·新知三联书店2008年版,第520页。

③ 大嶽秀夫编著:『日本政治の争点』,三一書房1984年版,第29—44頁。

（Hayato Ikeda）内阁开始将注意力从政治领域转移到经济领域，社会党等在野党在防卫领域议题上的掣肘、日本国民国防意识的薄弱等都促成了日本政府压低防卫预算的决定。① 第三是基于经济上的考虑，经济界甚至通产省内部对军工产业的扩大亦有担忧。他们认为日本作为"和平国家"，内有"武器出口三原则"的限制，外有盟友美国的军事保护，考虑经济效应，发展防卫产业并没有太大的市场。②

国际关系学界一般认为战后日本成长为经济大国的过程有赖于其"反军事主义"（anti-militarism）的国家路线。③ 这种和平主义志向的逻辑往往忽略掉日本军工产业在经济发展过程中所起到的积极作用。"反军事主义"并不否定其固有的军工技术能力和防卫上的技术需求，防卫上的需要是战后日本重建的原动力，也是其后日本技术力量的重要源泉，日本所擅长的是把防卫产业有效地转移到民生经济活动中。这样导致的一个结果是，日本固有的军工技术、专业人才虽然主导了经济的高速增长，但是防卫产业和防卫预算却长期保持了低姿态。

朝鲜战争的爆发直接刺激了日本"特需经济"的诞生，朝鲜战争期间美军在远东的战备物质、后勤补给物资悉数由日本企业提供。遭到解体而濒临破产的财阀正是靠着朝鲜战争的"特需"，赚得了战后的第一桶金。战后为日本经济增长提供理论依据的经济学家有泽广已指出"特需，即兵器生产开启了战后日本经济复兴的唯一道路"④。当然，碍于非军事化的原则，这些军工企业已经化身为普通企业，三菱重工、富士重工、川崎重工等这些战前生产战斗机、战舰的企业利用自身具有的技术优势改而生产摩托车、引擎盖和推土机等，并迅速占领日本市场甚至在日后出口美国。⑤

相关的案例不胜枚举。坦克部件和战舰船锚的生产者小松制作所社长，因看到美国推土机平整机场场地获得灵感，就将推土机作为重建公司的产品。战后成功的相机制造商佳能（Canon）和尼康（Nikon）曾是军用光学仪器制造商。

---

① Kent E. Calder, *Crisis and Compensation: Public Policy and Political Stability in Japan, 1949 – 1986*, Princeton: Princeton University Press, 1988, p. 364.
② Richard J. Samuels, "*Rich Nation, Strong Army*": *National Security and Technological Transformation of Japan*, pp. 169 – 170.
③ Yasuhiro Izumikawa, "Explaining Japanese Antimilitarism: Normative and Realist Constraints on Japan's Security Policy," *International Security*, vol. 35, no. 2, 2010, pp. 123 – 160.
④ 有沢広已:『兵器生産と日本経済』,『中央公論』1953年4月号，第20頁。
⑤ Richard J. Samuels, "*Rich Nation, Strong Army*": *National Security and Technological Transformation of Japan*, pp. 136 – 137.

1946年，战时曾为丰田供应活塞环的小分包商本田宗一郎（Honda Sohichiro），开始将军用通信设备使用的小型发动机装到自行车上。这种轻型摩托在小卖店老板和黑市小商贩中间大受欢迎，导致了1949年名为"梦幻号"的摩托车上市，并标志着本田技研工业帝国的发端。① 这类军用技术向民用转化并且获得发展是战后日本经济发展的第一阶段，即战前的军工企业利用自身技术上的优势，在战后迅速占据市场份额，并且通过持续的技术研发为日本的经济增长注入活力。

朝鲜战争的特需给日本带来的福音有两个方面：第一，朝鲜战场上联合国军对军用物资的需求。以1950年7月至1951年6月的一年间为例，这一年因应朝鲜战争的特需，日本接受军事订货接近3亿4000万美元，日本在朝鲜战争之前滞销的相关物资约1000亿日元，以1美元兑换360日元的标准来看，朝鲜战争第一年的军事物资订货就把之前日本囤积的物资消费一空。② 特需所需要的物资主要有货车、蒸汽机车、钢筋等重工业品，还有一些民生劳保用品。日本的八幡制铁、富士制铁、日本钢管、丰田、五十铃、小松制作所等大型公司在朝鲜军事特需中受益最多。

在一些具体的机械工业领域，美军在朝鲜战争中所使用的吉普车（JEEP）以及商用车（GMC）的72％、战车的45％、装甲车的45％、火炮的75％、精密仪器的64％、枪械类的80％都是从太平洋战争时期的日本旧兵器中作为新产品生产并提供给美国的。③ 此外，近现代战争的战场上所必需的起重机、推土机等大型配套机械产品也大多是日本从当年遗弃在太平洋战场上的丛林中找出来重新加工而成的。当然，日本利用这些旧武器再加工以及生产的过程中，利用廉价的劳动力以及优越的地理位置，很快战胜美国本土的生产商，对这些机械装备的量产化让前述钢铁、机械制造业的大型公司迅速掌握技术并获得经济效益。

第二，朝鲜战争带动了日本出口贸易的快速增加。广义的特需包括物资和服务贸易在内，自1950年7月开始四年间超过23亿7000万美元，同时期美元贸易出超19亿4500万美元，日本的美元外汇大幅增加。这不仅仅从物质层面挽救了濒临死亡的一大批日本企业，同时还给日本政府特别是大企业带来了丰厚的资本积累。④ 随着朝鲜战争的爆发，国际社会对第三次世界大战的担忧普遍较强，

---

① 约翰·W. 道尔：《拥抱战败：第二次世界大战后的日本》，第520页。
② 有沢広巳监修：『日本産業史2』，第35頁。
③ 星野芳郎：『日本の技術革新』，第156—157頁。
④ 有沢広巳监修：『日本産業史2』，第35頁。

各国扩军备战的动向日益凸显。日本趁此机会向相关国家大量出口金属、机械、化学药品等相关产品。这些虽然并没有被定性为军需产品,但是毫无疑问是因应朝鲜战争以及所带来的后续战争的可能性而生产的产品。

朝鲜战争的军事特需虽然只是给日本带来了短暂的繁荣,但是给日本企业家带来了信心和希望,这预示着日本产业新局面的开端,即产业生产力扩大以及工业近代化(再近代化)的开始。另外,朝鲜战争还迫使美国改变对日政策,无论是安全保障领域还是经济复兴领域,美国都开始更加重视和扶植日本,客观上加速了日本军工生产的重启以及军工技术产业化的推进,这是朝鲜战争不经意间给日本带来的最大助益。

(二) 重整军备与重启武器生产

与朝鲜战争相伴生的是重整军备。根据《日本国宪法》的规定,日本不得保留武装力量,但是美国考虑到冷战以及朝鲜战争的实际需要,开始要求日本政府有限地发展武装力量。① 同时,日本政府内部旧军人与政府要人的联系密切,在重整军备的过程中扮演了积极的角色。重新开启军工生产是这些旧军人的重要目的,日本政府虽然内部意见不一,但是也显然受到了美国以及旧军人利益集团的影响。② 同时,战后成立的经济团体联合会(以下简称经团联),由于战前从事军工生产的都是大型企业,所以经团联也是积极主张重启武器生产的经济界利益集团。重启武器生产与朝鲜战争时期的军需生产有所不同。军需生产仅限于生产当时朝鲜战争中美军所必需的相关军事以及后勤补给物资,原则上来说日本不能直接生产武器。但是重启武器生产则表明日本可以生产进攻性或防御性的武器,直接关涉到军事以及战争行为。

1951年日本技术生产协力会成立(后改名为"日本兵器工业会"),针对朝鲜战争的军事特需,准备重启日本的兵器生产。1952年8月,经团联防卫生产委员会成立,日本的财界有意重新开启军工生产。③ 其实在此之前,日本政府在1952年3月解禁兵器、飞机、弹药等的生产,《旧金山和约》生效之后的1952年7月,日本政府制定《航空机制造事业法》,8月份制定《武器等制造法》

---

① 关于美国对日本增强防卫力量的压力可参见坂元一哉:『日米同盟の絆:安保条約の相互性の模索』,有斐閣2000年版,第76—105頁。

② 相关内容可参见佐道明広:『自衛隊史論:政・官・民の60年』,吉川弘文館2015年版,第13—22頁。

③ 关于防卫生产委员会可参见防衛生産委員会編:『防衛生産委員会十年史』,防衛生産委員会,1964年。

（通过是在 1953 年 7 月），从法律上保障了军工生产的可能性。当然，根据上述两个法律的规定，航空器、武器等生产和修理等需要政府的许可。毫无疑问，日本政府重开武器生产最重要的政策背景是满足美国在朝鲜战争中的军事特需。日本自战败到 1952 年，已经经历了 7 年的武器生产空白期，即使日本的这些企业具备战前的军工技术，也不太可能快速从事军工生产。① 这时美国的技术援助起到了重要的作用，当然，美国的技术援助也不是无条件的，其中一个重要的条件是日本能够重整军备。

美国政府于 1951 年制定并通过了《共同安全法》（Mutual Security Act），该法案作为马歇尔计划的后续援助计划，强调对那些刚刚实现复兴的美国盟国在军事以及经济上提供技术援助。但是前提条件是相关受援国能够在军事领域尽可能实现最大限度的自主防卫。② 日本在《旧金山条约》生效之后，作为主权国家回归国际社会，美国也希望日本能够在安全保障领域实现自助。1953 年美国国务卿约翰·杜勒斯（John F. Dulles）表明《共同安全法》适用于日本，也是在变相迫使日本重整军备。对于日本政府而言，他们并不仅仅期望《共同安全法》对日本的援助是增强自身军事技术和防卫力量的援助，同时也对日本的经济独立和发展寄予了特别高的期待。在朝鲜战争停战协定签署之后，财界已经开始普遍担心朝鲜特需的停止给日本经济可能带来的冲击，因此财界也希望能够通过《共同安全法》的军事援助帮助日本重开军工生产，并且利用军工生产重新振兴日本的经济。③

战后日本的工业资本和商业资本在重开军工生产这一问题上表现得并不一致。前者属于代表着老财阀的重工业公司，例如三菱公司，试图利用战前的军队高官实现日本野心勃勃的重整军备计划，以及将武器工业作为战后再发展引擎的乐观计划。④ "防卫生产"还得到了通产省的支持，它希望能够在日本的技术战略中恢复国防生产的中心地位。鸠山一郎（Ichiro Hatoyama）、岸信介（Kishi Nobusuke）以及其他的修正主义者联合起来支持这场预算斗争。但是银行家们以

---

① 植村甲午郎伝記編集室編：『人間・植村甲午郎——戦後経済発展の軌跡』，サンケイ出版 1979 年版，第 270—274 頁。
② 关于《共同安全法》的详细内容可参见大嶽秀夫編：解説『戦後日本防衛問題資料集 第三巻 自衛隊の創設』，三一書房 1993 年版，第 333—358 頁。
③ 大嶽秀夫編：解説『戦後日本防衛問題資料集 第三巻自衛隊の創設』，第 333—358 頁。
④ "防卫生产"其实是很婉转的表述，以便能够让公众接受武器生产的事实。1951 年 1 月杜勒斯（John F. Dulles）访问日本的时候，日本工业界首次组织起来推动武器生产。同样的人马后来又组织了经团联的防卫生产委员会，这是对武器工业的最重要的游说机构。

及大藏省对此并不认同。他们和吉田站在一起，认为武器制造会分散更有希望（而且更加稳定）增长的其他部门的资源。原财阀出身的银行家们拒绝为那些防卫产品的生产计划超过20%—30%的公司融资。① 大藏省的官僚们回忆起军国主义者在战时的压力，也惧怕再次出现预算赤字。

在1954年预算计划的准备中，这场争论初见端倪。大藏省与首相吉田茂坚决反对通产省支持武器工业；通产省的一些官员也怀疑支持武器工业的有效性，转而倾向于具有战略意义的电力工业，大藏省受到了这些通产省官员的影响。通产省以及在军工生产领域主张相对激进的政治家们必须通过武器制造法争取有限的管制权力，该法案于1953年7月在内阁获得通过。与该时期其他工业政策不同，这项法案向资本市场发出的信号是，武器生产并不会获得政府的额外资助。大量国防合同商从武器工业领域撤出，有些甚至三四十年都没有重返该领域。② 但是那些最大型的国防合同商同时在战前也是最重要军工企业的财阀并没有从这场斗争中退出，经团联下属的防卫生产委员会是这些军工企业的大本营，利用防卫生产委员会同防卫族议员、旧军官等的特殊关系，军工生产重启之后，日本的军工生产（特别是武器生产）给这些企业带来的效益是非常有限但是却意义深远的。除了一些常规武器的出口之外（参见表4），这些军工企业接受的较大订单就是美军武器的修理代工服务。

（三）军工技术产业化与日本的经济复兴

日本在解禁武器制造以及航空机制造之后，最早的军事订单是美军装甲车、飞机等军事机械的修理服务。在战前就从事此项工作的三菱重工、川崎重工、昭和飞机、小松制作所等公司利用旧军工设施开始从事美国军事机械的修理工作。其中，战斗机等飞机的修理给战后日本飞机特别是发动机领域的发展做出了重要贡献。1953—1954年，日本各大企业在从事喷气式飞机（JET）修理的过程中，逐渐掌握了此前从没有过生产经验的喷气式飞机机身制作以及发动机的相关技术原理。③ 三菱重工和川崎重工主修的F-86喷气式战斗机、T-33喷气式练习机，日本飞机主修的F-86D全天候战斗机，新明和兴业主修的海军用双发机等都是在修理这些航空机的过程中掌握了技术要领，最后为发动

---

① 『産経新聞』1995年8月2日；『朝日新聞』1953年6月18日。转引自理查德·J. 塞缪尔斯：《日本的大战略与东亚的未来》，第39页。
② 本段以及上一段内容引自理查德·J. 塞缪尔斯：《日本的大战略与东亚的未来》，第39—40页。
③ 富山和夫：『日本の防衛産業』，東洋経済新報社1979年版，第37页。

机领域的技术进步奠定了基础。

表4　　　　　　　　　日本的武器出口（1956—1968年）

年份	出口对象国家与地区	武器内容	金额（美元）
1956	缅甸	6.5毫米子弹	84150
1957	缅甸、中国台湾、巴西、南越	6.5毫米子弹、91式鱼雷	1466095
1958	南越	子弹	7200
1959	印度尼西亚	射击管制装置	83000
1960	印度尼西亚、印度	机枪零部件、训练用手雷	49175
1961	印度尼西亚	枪械零部件	125100
1962	美国	手枪	9300
1963	美国、印度尼西亚	手枪、机枪零部件	61500
1964	美国	手枪	66000
1965	泰国、美国	猎枪、子弹、手枪	867000
1966	泰国	猎枪、手枪	672000
1967	美国	手枪	N/A
1968	美国	手枪	N/A

资料来源：富山和夫：『日本の防衛産業』，第36頁。

这一时期，无论是出于美国重整军备的外在压力，还是出于日本自身对军事工业发展的内部需求。军工生产的重启对于日本军工技术的发展以及产业化而言是一个重要的转折点。当然，纯武器生产给日本经济带来的增长效应是非常有限的，但是通过武器生产而带来的技术革新和技术进步却是不容忽视的问题。[1]

笔者在早先考察日本军工产业利益集团的相关研究中曾经提到日本军工产业的相对弱势地位。日本的军工企业会同时发展民用产业和军用产业，当然从经济效益的角度来看民用产业的生产要优先于军用产业。[2] 军工产品销售额占企业总销售额的比重较低，特别是在进入经济高速增长期以后，这一比例进一步大幅下降。进入20世纪60年代以后，日本各大企业武器产品销售额占市场总销售额分

---

[1] 鎌倉孝夫：『日本帝国主義と軍需産業』，ありえす書房1979年版，第42頁。
[2] 王广涛：《军工利益集团与日本的安全政策——兼论安倍政权下的军工利益诱导政治》，第26—47页。

量逐年降低，相比民用部门产品，军用部门产品的劳动成本则要高出250倍之多。① 即使到现在那些被认为是军工企业的大型公司，其军工产品占比并不突出，但是在军工生产过程中所积蓄的技术向民用产业转移的过程中所发挥的重要作用显然是这些大企业不愿放弃军工生产的重要原因。

除了继承战前核心技术、保留技术人才之外，技术转移也是日本企业实现技术创新的重要途径。出于冷战期间日美之间同盟关系的原因，技术转移主要是指日本积极从欧美（主要是美国）吸收技术，并且将这些技术国产化和国内普及的过程。② 塞缪尔斯在考察日本武器技术发展模式时曾提出"国产化、技术普及和技术升级"的三段论模式，"国产化"环节最重要的是要确保国外先进技术得以引进，从这一点来看，《日美安保条约》为日本获得美国的技术专利提供了便利。

日本企业主要通过"许可证生产"（licensed production）的方式从美军那里拿到军事订单。战后汽车企业（丰田、日产）、轮胎橡胶企业（普利司通、横滨轮胎）、发动机等重工企业（三菱重工、川崎重工）多是通过同美国军方签约并获得技术许可的方式逐步掌握核心制造技术、产品标准化技术，并奠定了发动机、汽车、机械制造等关键产业的基础。③ "技术普及"主要是指日本自身以及从美国等国家获取的技术在日本国内市场的普及化，这些技术在一开始是基于军事目的，但是在日本大企业的运筹下迅速向民用市场转移并取得成功。"技术升级"则较容易理解，技术在得到普及之后企业会加大对该技术的研发（R&D）投入，确保其在领域内的核心竞争力。

表5　　　　　　　　部分军工技术在民用领域的波及效果

飞机	汽车	动力机车	机械
盘式制动器	乘用车	高速电车	—
陶瓷合金内膜	大型巴士、叉车用离合器	—	船舶、一般机械、远心分离机用制动

---

① Kent E. Calder, *Crisis and Compensation: Public Policy and Political Stability in Japan, 1949 – 1986*, p. 371.
② 黄琪轩：《世界技术变迁的国际政治经济学——大国权力竞争如何引发了技术革命》，《世界政治研究》2018年第一辑（总第一辑），第104页。
③ 久保田ゆかり：『日本の防衛産業の特質——産業構造と安全保障政策が与えた影響の分析』，日本国際政治学会編『国際政治』（2002年10月），第120页；Michael W. Chinworth, *Inside Japan's Defense*, Washington D. C.: Brassey's. 格林也特别强调国产化之于日本防卫政策的重要性，参见 Michael J. Green, *Arming Japan: Defense Production, Alliance Politics, and the Postwar Search for Autonomy*, 1995。

续表

飞机	汽车	动力机车	机械
铝制热交换器	引擎冷却器、机油冷却器、车内空调	油压制动	制动试验机等自动化机械
气密膜	—	新干线车窗、车门	船舶铭牌贴、原子炉出入口
橡胶燃料缸	备用容器	—	远洋渔业备用容器
轴承	—	新干线轴承	—

资料来源：富山和夫：『日本の防衛産業』，第140页。

总而言之，这些所谓的军工技术在武器生产领域的应用相对有限，受到制度规范（武器出口三原则等）的影响，日本的军工技术并不一定用来生产武器，但是并不表示军工技术不能够实现产业化和规模化生产。这种产业化和规模化生产是军工技术向民用技术溢出之后的效果。当然，我们无从确切地通过量化的方式掌握军工技术对战后日本民用技术领域的促进作用占比几何，但是经验性的观察已经可以充分证明军工技术对战后产业整体的提升效应（代表性的案例可参见表5）。①

四　结论

本文遵循历史制度主义的视角，考察日本军工产业的技术来源、技术应用以及技术普及等问题，重新审视战后日本复兴以及经济高速增长的制度性根源。通过论证可以发现，军工产业虽然并没有直接为日本经济的高速增长贡献力量，但是战前日本军工产业留下的技术在战后得到了很大程度上的继承。这种继承是全方位的，战后日本众多代表性的大企业（这些大企业也是此后日本经济高速增长的支柱型企业）都或多或少从战前的军工技术遗产中受益。

同时，这些技术遗产是在朝鲜战争爆发、美国加快军事上和经济上扶植日本的政策背景下得以应用的。朝鲜战争带来的军事特需刺激了日本政府利用军需生产来重启武器生产，进而利用武器生产带动经济增长的意图。虽然日本政府内部各省厅存在是否应该积极发展军工生产的争论，但是在军工技术产业化的问题上，政府内部几乎不存在争议。在安全保障政策领域，日本政府相对保守，并没

---

① 军用技术在民用领域更多的运用案例可参见 Richard J. Samuels, "Rich Nation, Strong Army"：National Security and Technological Transformation of Japan, pp. 196-197。

有为了重开军工生产而大规模地重整军备,这也从侧面验证了本文假设的正确性。即,日本重启武器生产是在发展经济这一前提下开展的,而不是主要为了追求重整军备。当然,日本的军工技术在民用领域大放异彩之后,随时可以反哺军工武器生产领域(spin-on)。

虽然日本的军工产业存在诸多短板,但是这些大企业并没有因此而削弱对军工产业部门的支持力度,究其原因还在于希望通过军工技术的产业化推动民用技术生产的步伐。军工企业深知防卫技术开发及防卫武器生产之于国家整体技术进步的重要性。防卫厅为获得新式武器提供给各大企业巨额的研发费用,军工企业利用防卫厅的研发费用开发的产品其专利权为各军工企业所有。这些专利技术随即流入民用产品部门,最终仍有利于提高企业收益。这方面比较有代表性的例子是电子通信产业的普及。20世纪50年代初,以防卫部门的电子通信设备研发为契机,电子产业制品在防卫产业领域占比达5.5%,但是到1962年这一比例下降到1.3%,与之形成对比的是民用生产部门电子产业制品的比例倍增,从1953年6.6%增加到1962年的12.9%。[①]

日本国内以防卫生产委员会为代表的军工利益集团一直都在积极游说日本政府放开防卫生产,但是日本在这一阶段并没有军事大国化的实际需求。即使军工利益集团游说政府放开军工生产,也不能否定其追求军工技术国产化以及军工技术升级创新的意图。[②] 当然,这种国产化和技术升级的背后是国家利益优先(即所谓的技术爱国主义)还是企业利益优先(即通过军工技术向民用部门的转化以获取经更大的收益),自然还有讨论的空间。

[①] 機械振興協会・経済団体連合会防衛生産委員会编:『防衛機械産業の実態』,機械振興協会・経済団体連合会防衛生産委員会,1965年,第400—401页。
[②] Richard J. Samuels, "*Rich Nation, Strong Army*": *National Security and Technological Transformation of Japan*, pp. 151 – 153.

劳动力流动性的内生化：
一个党派政治的解释*

周　强**

【内容提要】 许多既有文献表明，跨行业的要素流动具有重要政治经济含义，但认为其对政治进程而言是外生的。本文认为，出于党派政治的原因，劳动力跨行业流动可能内生于权力关系的变化。基于一般均衡模型的预测是，当工会分散化时，左翼政党领导的政府相较于右翼政党会寻求和获得更高的劳动力流动性。然而，随着工会变得更加集中化，这种区别就变得不那么明确了。对经合组织（OECD）国家1960—1999年的时间序列横截面分析支持了此预期以及劳动力流动性的内生化假说。

【关键词】 国内政治　内生的要素流动　行业间劳动力流动性　党派　工会集中度

一　引言

在政治经济学领域的一些研究中，要素所有者拥有突出的能力将其生产性资

---

* 本文的英文版为 Qiang Zhou, "Endogenizing Labor Mobility: A Partisan Politics Explanation," *International Interactions*, vol. 43, no. 4, 2017, pp. 688–715，中文版获得了 Taylor & Francis 集团的授权。感谢海伦·米尔纳（Helen Milner）、巴勃罗·平托（Pablo Pinto）、露西·古德哈特（Lucy Goodhart）的意见与建议。本文曾在芝加哥大学国际政治、经济与安全项目（PIPES）展示。本文获国家社会科学基金一般项目"资产属性对中国社会利益群体政治态度和行为的影响研究"（15BZZ027）资助。本文译者为中国人民大学国际关系学院博士研究生陈兆源。

** 周强，北京大学政府管理学院助理教授。

产转移到各个部门（sectors），这种能力被称作跨部门的（cross-sectoral）或行业间的（interindustry）要素流动性。在本文中"要素"一词主要指的是资本或劳动。这些流动的要素决定了到底是赫克歇尔—俄林—斯托尔珀—萨缪尔森框架（Heckscher-Ohlin-Stolper-Samuelson framework）还是李嘉图—维纳特定要素模型（Ricardo-Viner specific factors model）更适合解释涉及国际贸易的政治问题。[①]

除贸易之外，跨部门要素流动性，特别是跨部门劳动力流动性，在资本主义多样性（Varieties of Capitalism，VoC）文献中起到了重要作用。根据彼得·霍尔（Peter A. Hall）和戴维·索斯凯斯（David Soskice）的研究，协调市场经济体（Coordinated Market Economies，CMEs）和自由市场经济体（Liberal Market Economies，LMEs）之间的一个重要区别是：协调市场经济体内建立的制度互补性有利于长期关系的构建和特定技能的形成，而在自由市场经济体中往往相反。[②] 因而协调市场经济体中的技能和人力资本通常较之自由市场经济体更为特定，由此产生的推断是，协调市场经济体中的跨部门劳动力流动性通常比自由市场经济体低。当然，劳动力流动性（或反过来说，劳动力专用性）的不同模式可能反过来又强化了各自制度的互补性，这是资本主义多样性的基础。

此外，跨部门要素流动性可能会影响一国的经济增长轨迹。跨部门要素流动的障碍能以多种形式存在，其中包括使人强制性依附于土地的奴役或债役（debt bondage）、限制人才进出一个行业的行会、将某些政府部门预留给那些出身高贵的贵族制，以及取决于贷款方和借款人身份而非项目本身优点的有限信贷机会。[③] 亚当·普沃斯基（Adam Przeworski）认为，这类要素流动的障碍可能会导致技能和机会错配，从而降低整体生产力。

故既有文献在很大程度上认同要素流动程度可以从根本上塑造经济。考虑到要素流动的基础性作用，令人惊讶的一个事实是，大多数研究者在讨论要素流动

[①] Ronald W. Jones, "A Three-Factor Model in Theory, Trade, and History," in Jagdish N. Bhagwati, Ronald W. Jones, Robert A. Mundell and Jaroslav Vanek eds., *Trade, Balance of Payments and Growth: Papers in International Economics in Honor of Charles P. Kindleberger*, Amsterdam: North-Holland Publishing, 1971, pp. 3 – 21; Paul A. Samuelson, "Ohlin Was Right," *Swedish Journal of Economics*, vol. 73, no. 4, 1971, pp. 365 – 384; Wolfgang F. Stolper and Paul A. Samuelson, "Protection and Real Wages," *The Review of Economic Studies*, vol. 9, no. 1, 1941, pp. 58 – 73.

[②] Peter A. Hall and David Soskice, "An Introduction to Varieties of Capitalism," in Peter A. Hall and David Soskice, eds., *Varieties of Capitalism-The Institutional Foundations of Comparative Advantage*, New York: Oxford University Press, 2001, pp. 1 – 68.

[③] Adam Przeworski, "Political Rights, Property Rights, and Economic Development," 2007, http://www.princeton.edu/~piirs/projects/Democracy&Development/papers/adam_%20talk.pdf.

性时排除了政治因素,并简单地假定一国的行业间要素流动性相对于其国内政治经济来说是外生的①,鲜有例外。② 通过本文,笔者直面关于要素流动性外生化的传统假定,并且聚焦于行业间劳动力流动性(Interindustry Labor Mobility, ILM)。③ 笔者认为在短期内,由于党派政治(partisan politics)的逻辑,ILM 可以被国内政治进程塑造。

注意到几乎所有发达工业国的政治都是以沿着"左右之分"(left-right dimension)的党派政治为主导的,笔者认为无论是左翼还是右翼政府都倾向于拥有一个团结的核心选民基础,以实施它们所偏好的党派政策。一个一般均衡模型显示,ILM 水平塑造了劳动和资本所有者各自之间的凝聚力。在其他条件不变的情况下,较高的 ILM 水平会导致更为团结的劳工和更不团结的资本家。因此,左翼(右翼)政府倾向于拥有高(低)ILM 水平,以获得具有凝聚力的劳工(商业界)选民的支持。此外,国内工会运动的集中化调节了党派政治的影响。

---

① Jeffry Frieden, *Debt, Development, and Democracy: Modern Political Economy and Latin America, 1965 – 1985*, Princeton: Princeton University Press, 1991; Gene M. Grossman and Elhanan Helpman, "Protection for Sale," *The American Economic Review*, vol. 84, no. 4, 1994, pp. 833 – 850; Michael J. Hiscox, "Commerce, Coalitions, and Factor Mobility: Evidence from Congressional Votes on Trade Legislation," *American Political Science Review*, vol. 96, no. 3, 2002, pp. 593 – 608; Michael J. Hiscox, *International Trade and Political Conflict: Commerce, Coalitions, and Mobility*, Princeton: Princeton University Press, 2002; Bumba Mukherjee, Dale Smith and Quan Li, "Labor (Im) mobility and the Politics of Trade Protection in Majoritarian Democracies," *The Journal of Politics*, vol. 71, no. 1, 2009, pp. 291 – 308; Stephanie J. Rickard, "Broad versus Narrow: Explaining the Form of Redistributive Policies," Paper Presented at the Annual Meeting of the American Political Science Association, Washington, D. C., September 1 – 4, 2005; Ronald Rogowski, *Commerce and Coalitions: How Trade Affects Domestic Political Alignments*, Princeton: Princeton University Press, 1989.

② 詹姆斯·阿尔特(James E. Alt)和迈克尔·吉利根(Michael Gilligan)认为,在资产对其当前使用高度专用化的行业中,要素所有者可以通过投资更多(更少),以致力于某种保护主义(自由化),并影响政府的政治决定。马克·布劳利(Mark R. Brawley)认为,那些选举命运很大程度上取决于主要贸易分歧的政府可能会采取干预,目的是转移主要分歧,主要以摇摆不定的群体为目标。如此一来,布劳利不再将社会分裂(被认为是行业间要素流动程度的直接后果)视为外生给定的,而是认为它们容易受到政治操纵。此外,迈克尔·希斯考克斯(Michael J. Hiscox)认为,长期而言,国内要素流动性可能受到政府政策法规的影响,不过他仍主张要素流动性变化的最重要来源是技术变迁。参见 James E. Alt and Michael Gilligan, "The Political Economy of Trading States: Factor Specificity, Collective Action Problems, and Domestic Political Institutions," *Journal of Political Philosophy*, vol. 2, no. 2, 1994, pp. 165 – 192; Mark R. Brawley, "Adjustment, Ambiguity, and Policy Interventions: A Political Approach to the Domestic Politics of Trade," Paper Presented at the Inaugural Meeting of the International Political Economy Society, Princeton University, November 16 – 17, 2006, https://ncgg.princeton.edu/IPES/2006/papers/brawley_ F930_ 16. pdf; Michael J. Hiscox, *International Trade and Political Conflict: Commerce, Coalitions, and Mobility*, 2002。

③ ILM 是工人跨越行业的能力,这被定义为"沿着转换曲线的替代弹性,将一个行业使用的一种要素转换映射到另一行业中,并伴随着机会成本的增加"。参见 Michael J. Hiscox, *International Trade and Political Conflict: Commerce, Coalitions, and Mobility*, 2002。

集中化的工会与生俱来地喜欢高 ILM，而且它们的存在会影响不同党派政府针对 ILM 的策略，因而劳动力流动性水平与党派的清晰关联性将在分散化工会的条件下最为明显。

世界各国政府历来有干预劳动力市场的传统，其中就包括改变工人的跨部门流动性。例如自 20 世纪 90 年代以来，丹麦历届政府大幅度增加了对再就业培训项目（job retraining programs）的投资。这些项目与丹麦福利体系的其他方面一道，包括慷慨的失业津贴、医疗保健和可携式养老金（portable pensions），在很大程度上消除了人们对失业的恐惧，并使丹麦工人能够更好地适应全球化带来的就业变化。另一个例子是瑞典政府长期以来一直参与干预经济，可以说是在瑞典工会联合会（Swedish Confederation of Trade Unions，LO）的指令下行事。瑞典工会联合会一直主张协调经济与工资政策，提高劳动者的适应性以应对战后时期劳动力市场的波动。瑞典政府通过诸如全国劳动力市场委员会（national labor market board）等机构实施了这些关于工资限制和提高适应能力的提议。[1] 在很大程度上，正是这些经验观察激发了笔者对这一主题的研究。

二 一个内生的行业间劳动力流动性理论

（一）政府的党派与劳动力流动性

现代政党的立场反映了它们一般的意识形态偏好及其选民的利益。对党派政治和宏观经济政策的研究发现，各政党之间存在着明显的左—右分化，尤其是在发达工业国家更是如此。一方面，左翼政党通常以劳工为导向，以工人阶级为基础，其支持者主要为低收入群体。左翼政党及其选民大体上会支持旨在实现低失业率和高经济增长的宏观经济政策，并且对再分配性质的政府政策更有好感。另一方面，右翼政党通常以商业为导向，以上中产阶级（upper-middle-class）为基础，其核心支持者主要由平日持有金融资本的更为富裕的群体组成。右翼政党及其支持者所青睐的宏观经济政策大多以低通胀和稳健增长为特征；这些政党也更加反感通过福利国家进行再分配。

---

[1] Michael J. Hiscox, *International Trade and Political Conflict: Commerce, Coalitions, and Mobility*, 2002; Peter Katzenstein, *Small States in World Market*, Ithaca: Cornell University Press, 1985; LO, *Trade Unions and Full Employment*, Stockholm: The Swedish Confederation of Trade Unions, 1953; LO, *Economic Expansion and Structural Change: A Trade Union Manifesto*, translated and edited by T. L. Johnston, London: George Allen & Unwin LTD, 1963.

已有大量文献讨论了党派政治以及左翼/右翼与劳工/商业阶级之间的对应。① 普山·杜特（Pushan Dutt）和德瓦旭希·米特拉（Devashish Mitra）指出："在政治经济学文献中，在描述政党时将左翼（右翼）和亲劳工（亲资本）互换使用是相当标准的做法。"②

一旦政党执政掌权，在宏观经济绩效和政策偏好方面的党派差异通常便会显现。③ 根据道格拉斯·希布斯（Douglas A. Hibbs）的研究，"政党核心支持者的利益和偏好会使左翼政府偏向于推行相对扩张的政策，旨在促进经济增长和降低失业率；而右翼则会采取相对限制性的政策以遏制通货膨胀"④。在本文中，笔者假定具有党派属性的政府会实施那些主要反映政府内执政党偏好的政策。此外笔者还认为，执政党要么是亲劳工的、要么是亲资本的，这取决于其主要的选民基础。

强调政党的政策关切是有道理的。沃尔夫冈·缪勒（Wolfgang C. Müller）和和卡雷·斯特伦（Kaare Strøm）认为，政党尤其是政党的领导人，经常地为在职位、政策和选票三者之间找到适当平衡而艰苦斗争。⑤ 然而一旦进入政府，政党很可能会全神贯注于它们能否贯彻它们所偏好的政策，或者它们能否在下轮选

---

① Alberto Alesina and Howard Rosenthal, *Partisan Politics, Divided Government, and the Economy*, New York: Cambridge University Press, 1995; Alberto Alesina, Nouriel Roubini and Gerald D. Cohen, *Political Cycles and the Macroeconomy*, Cambridge: The MIT Press, 1997; Douglas A. Hibbs, "Political Parties and Macroeconomic Policy," *American Political Science Review*, vol. 71, no. 4, 1977, pp. 1467 – 1487; Douglas A. Hibbs, *The American Political Economy*, Cambridge: Harvard University Press, 1987; Douglas A. Hibbs, "The Partisan Model of Macroeconomic Cycles: More Theory and Evidence for the United States," *Economics and Politics*, vol. 6, no. 1, 1994, pp. 1 – 23; Torben Iversen, "Class Politics Is Dead! Long Live Class Politics! A Political Economy Perspective on the New Partisan Politics," *APSA-CP Newsletter*, 2006, pp. 1 – 6; Adam Przeworski and John Sprague, *Paper Stones: An History of Electoral Socialism*, Chicago: Chicago University Press, 1986.

② Pushan Dutt and Devashish Mitra, "Political Ideology and Endogenous Trade Policy: An Empirical Investigation," *The Review of Economics and Statistics*, vol. 87, no. 1, 2005, pp. 59 – 60.

③ Alberto Alesina and Howard Rosenthal, "Partisan Cycles in Congressional Elections and the Macroeconomy," *American Political Science Review*, vol. 83, no. 2, 1989, pp. 373 – 398. Alberto Alesina and Howard Rosenthal, *Partisan Politics, Divided Government, and the Economy*, 1995; Carles Boix, "Political Parties and the Supply Side of the Economy: The Provision of Physical and Human Capital in Advanced Economies, 1960 – 90," *American Journal of Political Science*, vol. 41, no. 3, 1997, pp. 814 – 845; Geoffrey Garrett, *Partisan Politics in the Global Economy*, New York: Cambridge University Press, 1998; Helen V. Milner and Benjamin Judkins, "Partisanship, Trade Policy, and Globalization: Is There a Left-Right Divide on Trade Policy?" *International Studies Quarterly*, vol. 48, no. 1, 2004, pp. 95 – 119.

④ Douglas A. Hibbs, "Brief Essay on 'Political Parties and Macroeconomic Policy'," *American Political Science Review*, vol. 100, no. 4, 2006, p. 671.

⑤ Wolfgang C. Müller and Kaare Strøm, eds., *Policy, Office, or Votes? How Political Parties in Western Europe Make Hard Decisions*, New York: Cambridge University Press, 1999.

举中获得足够的选票以保持执政。由于选举只是工具性目标（instrumental goals），故政党最关心的问题还是如何实施它们理想中的政策。对政党政策的强调可以从政党竞争的党派模型的相关文献中获得更多支持。根据该模型，政党和选民在赢得选举之余，还关心政策结果①；并且正如唐斯式模型（Downsian model）所说明的那样，"政党想赢得选举是为了能够选择政策"，而非选择政策以赢得选举。②

相比于内部分裂且异质化的政党或执政联盟，一个统一并且有凝聚力的政党或执政联盟往往在决策中具有优势；如果该政党或联盟还在政府执政，并努力贯彻其所偏好的政策，这种优势就更加明显。直觉上，异质性会给决策过程增加一些否决者（veto players），而随着否决者数量的增加，政策变化的可能性就会减少。③ 支持者之间凝聚力的增加通常会减少潜在的否决者数量，因为各部门在此情况下具有更为相似的经济利益。正因为政党在一定程度上关心政策成果，故它们有兴趣维持支持者的凝聚力以减少潜在的否决者数量。下面的模型将说明 ILM 是如何与不同政治派别的选民之间的凝聚力内在联系起来的。

（二）关于选民凝聚力的简单一般均衡模型

罗纳德·琼斯（Ronald Jones）曾提出一个一般均衡模型，分析由两种要素（劳动力和资本）、两个部门和两种商品构成的经济体④；其他人也对该模型有进一步的发展。⑤ 这一模型揭示了 ILM 水平与劳动力和资本所有者相对收入之间的明确关系。本文在此模型的基础上分析了 ILM 与选民凝聚力之间的关系。

---

① Randall L. Calvert, "Robustness of the Multidimensional Voting Model: Candidate Motivations, Uncertainty, and Convergence," *American Journal of Political Science*, vol. 29, no. 1, 1985, pp. 69 – 95; Donald Wittman, "Candidates with Policy Preferences: A Dynamic Model," *Journal of Economic Theory*, vol. 14, no. 1, 1977, pp. 180 – 189; Donald Wittman, "Candidate Motivation: A Synthesis of Alternative Theories," *American Political Science Review*, vol. 77, no. 1, 1983, pp. 142 – 157.

② Alberto Alesina and Howard Rosenthal, *Partisan Politics, Divided Government, and the Economy*, p. 17.

③ George Tsebelis, *Veto Players: How Political Institutions Work*, Princeton: Princeton University Press, 2002.

④ Ronald W. Jones, "The Structure of Simple General Equilibrium Models," *Journal of Political Economy*, vol. 73, no. 6, 1965, pp. 557 – 572; Ronald W. Jones, "A Three-Factor Model in Theory, Trade, and History," in Jagdish N. Bhagwati, Ronald W. Jones, Robert A. Mundell and Jaroslav Vanek, eds., *Trade, Balance of Payments and Growth: Papers in International Economics in Honor of Charles P. Kindleberger*, pp. 3 – 21.

⑤ John K. Hill and José A. Méndez, "Factor Mobility and the General Equilibrium Model of Production," *Journal of International Economics*, vol. 15, no. 1, 1983, pp. 19 – 25; Michael J. Hiscox, *International Trade and Political Conflict: Commerce, Coalitions, and Mobility*, 2002; Amar K. Parai and Eden S. H. Yu, "Factor Mobility and Customs Unions Theory," *Southern Economic Journal*, vol. 55, no. 4, 1989, pp. 842 – 852.

与本文的研究目的直接相关，该模型展示了如下关系：①

$$\frac{\partial(|\hat{w}_1 - \hat{w}_2|)}{\partial \eta_L} < 0 \tag{1}$$

$$\frac{\partial(|\hat{r}_1 - \hat{r}_2|)}{\partial \eta_L} > 0 \tag{2}$$

其中（$|\hat{w}_1 - \hat{w}_2|$）表示不同行业中相同劳动力要素的劳动要素回报的相对（或百分比）变化的绝对值，变量上方的脱字符"^"表示该变量的百分比变化。例如，$\hat{w}_1 = dw_1/w_1$。因此，这个绝对值可以被用来表示"劳工阶级团结度"（labor class solidarity）。② 同样地，（$|\hat{r}_1 - \hat{r}_2|$）表示不同行业中相同资本要素的租金率的绝对值。η_L 表示在此经济体中行业间劳动力流动性（ILM）水平。

由于对任何类型的要素所有者而言，其效用都取决于从其要素资产获得的收入，因此该模型可以说明劳工和商业集团的基本经济利益是如何受不同 ILM 水平影响的。此外，该模型指出，不同程度的劳动力流动性将影响不同类型要素所有者之间的凝聚力，并且影响其对党派政府（partisan governments）的政治支持。

式（1）说明更高的劳动力流动性（η_L）会带来跨行业劳动力所有者之间工资收入的收敛，即动态的更公平的劳动收入分配（或曰更高的劳工团结度）。换言之，随着劳动力流动性的增加，部门 A 的工资变化将与部门 B 的工资变化更加同步。因此，受雇于部门 A 或部门 B 的工人们彼此之间将处于更加稳定的经济关系之中；没有工人群体可以简单地通过受雇于特定行业来提高他们相对于其他群体的收入。其他情况相同时，ILM 增加将导致工人收入更多地取决于工人的一般劳动力市场技能，而非其他因素。因此，较高的 ILM 与较高的劳工阶级团结度相关，即相似技能工人之间工资会动态趋同。故随着 ILM 水平的增加，劳工阶级的凝聚力将单调递增。

式（2）表明较高的劳动力流动性与不同行业间相似资本要素的资本回报率的发散相关，因而资产阶级的团结度较低。换言之，随着劳动力流动性增加，部门 A

---

① 该模型的完整推导可参见本文英文版在线附录。
② 根据文献，"阶级团结"可以被测量为不同行业中使用相同要素的回报变化之差的绝对值，该值越小表示更紧密的阶级团结。绝对值的减小表示更大的团结度，这意味着给定任何技能水平，不同行业中相同要素的不同所有者的要素回报更有可能是稳定的，并且经济结构内各要素所有者的相对位置通常是固定的；不那么团结意味着这样的结构不那么稳定，更易发生变化。因此，工资间相对变化的绝对值表示劳工阶级的团结度，而资本回报率相对变化的绝对值表示资产阶级的团结度。参见 Michael J. Hiscox, *International Trade and Political Conflict: Commerce, Coalitions, and Mobility*, 2002。

的资本回报变化与部门B的资本回报变化将更不成比例（out of proportion）。因此，一个行业的资本所有者只需在特定行业中使用其资本，就可以改善其相对于其他行业的资本所有者的经济地位。原本相似的资本资产间动态增加的资本回报差异将减少资产阶级的团结度。因此，资产阶级的凝聚力会随ILM水平的增加而单调减弱。

式（2）所展示的效应是清晰的，但是使低ILM水平和更高资产阶级团结度相关联的机制并不完全清楚；这与加里·金（Gary King）、罗伯特·基欧汉（Robert Keohane）和西德尼·维巴（Sidney Verba）讨论的因果效应（causal effect）和因果机制（causal mechanism）之间的差异类似。[①] 笔者在一般均衡框架内进行了有根据的猜测，认为这种关联的原因可能是低ILM水平阻碍了高生产率工人对跨部门工资差异的回应，也阻碍了跨行业流动，因此许多这类工人留在了那些原本会失去他们的行业当中。这些工人继续拥有高产出，所以他们的雇主将获得高于正常的资本回报率，即使他们的生产率值得拿更高的工资。与此平行的是，还有低生产率的工人留在其他高工资行业，因此这些行业的资本回报率低于正常水平。此外，在均衡状态下，低于或高于正常的资本回报率往往会相互抵消，而当ILM水平较低时，不同行业的资本将获得相似的回报率。接下来的是，当ILM水平较低时，对资本所有者而言，他们将较少面对将资产投入到哪个行业中的问题；更重要的是他们作为资本所有者的身份，而这往往会确保他们在经济体的任何地方都能有一定的回报率。

相应地可以推断，随着ILM水平下降一个单位，劳工阶级的团结将会恶化、资产阶级的团结将会改善。关于劳动力流动水平与政治之间的关系，高水平的ILM与高水平的劳工凝聚力有关。通过劳动力流动机制，劳动力所有者能够从有利于劳工的政策的成功出台中分得一杯羹，因为他们可以运用转行能力进入更有效率的行业而从这些政策中获益。[②] 因此，在劳动力流动性高的情况下，工人之间会有较高凝聚力来推动使劳工获益的政策，故劳动力所有者对使劳工获益政策的支持力度也高。同样，高ILM水平将导致资本所有者之间的凝聚力恶化，因为一些资本所有者可以简单地通过在某些行业投资其资产而获得相对其他资本所

[①] Gary King, Robert Keohane and Sidney Verba, *Designing Social Inquiry: Scientific Inference in Qualitative Research*, Princeton: Princeton University Press, 1994, chapter 3.

[②] 当ILM水平很高时，所有的政策要么是使劳工获益的（labor-benefiting）要么是不能使劳工获益的（non-labor-benefiting）。即使一些政策仅仅是为使一部分劳工获益，但劳动力流动机制会受益范围扩大到整个劳动力，因为（1）高ILM确保高生产率的工人能够进入那些有政策支持的行业；（2）高ILM会使得相对工资变化的绝对差异较小，因此那些没有政策支持的行业的工资也将与那些受到政策支持的行业同步上涨。

有者的收益。因此，在劳动力流动性高的情况下，资本所有者之间的凝聚力较低，而且资本所有者对使资本受益政策的总体支持力度也较低。

该模型揭示了 ILM 水平与劳工（资本）阶级团结度之间明确的正（负）相关关系，因此可以推断，ILM 的水平将直接影响到公众对党派政治议程（partisan political agendas）的支持程度。笔者认为，为了推动党派政治议程，各国政府将参与对劳动力流动水平的党派操纵（partisan manipulation）。具体而言，左倾政府倾向于拥有相对较高的 ILM 水平以维持一个坚实的劳工选民基础，而右倾政府则喜欢相对较低的 ILM 水平以帮助将商业界的支持者团结在一起。①

例如可以认为，瑞典社会民主党（Sweden Social Democratic Party，SAP）长期主导瑞典政治的主要原因是瑞典工会联合会的支持以及瑞典社会民主党基于互惠原则而实施的为工会联合会所青睐的政策。② 瑞典工会联合会实现充分就业的目标在瑞恩—梅德纳模式（Rehn-Meidner model）中得到了体现，该模式的工资团结原则（principle of wage solidarity）可以概括为"同工同酬"，即不同行业间的相同工作应该得到同等报酬，任何工资差异都必须以工作的困难程度为依据来证明合理。③ 如前所述，瑞典政府还设立了一些旨在提高劳工适应性的政策和

---

① 使用琼斯模型的直觉和逻辑来揭示劳动力流动性和劳工凝聚力之间的关系的一个担心是，劳动力市场上通常有不同的工人群体，且他们在部门一级的流动性可能不同于上文讨论所依赖的国家层面的劳动力流动性。可能的情形是，不同的工人群体享有不同的跨部门流动性（通常由技术水平决定），如此一来，国家层面的高 ILM 或许就不等于所有工人的高流动性，因而也不等于劳工阶级的高度团结。另一个担心是，与"保护待售"（protection for sale）框架相一致，受益于有限的跨部门流动性的部门可能会游说政府不要（继续）追求高的总体劳动力流动性，故即使高 ILM 水平是可取的，政府也可能不会真正追求此目标。除下一节识别出的主要干预因素外，笔者愿提供解决这一担心的两种可能性。首先，这一担心取决于利益集团追求其特殊利益的意愿和能力，不过与此担心所表达的不同是，我们尚不清楚是否所有国家的所有利益集团都可以并愿意寻求特殊待遇或保护。实现特殊利益偏好也关键性地取决于一个国家的政治制度及地理位置，因此，并非所有国家都拥有适用于保护待售模型的有利环境。其次，即使我们的确承认特殊利益集团能直接参与政府决策，不过仍然无法确定他们是否会针对 ILM 进行一系列团结的游说。很可能有些群体（部门）喜欢高的总体 ILM，而其他群体（部门）却偏好低的总体 ILM，而按净计算，这些不同的影响会相互抵消，从而仅对政府决策产生很小的影响。因此在本文中，笔者聚焦于总的跨部门劳动力流动性水平。参见 Robert Wade, "Managing Trade: Taiwan and South Korea as Challenges to Economics and Political Science," *Comparative Politics*, vol. 25, no. 2, 1993, pp. 147 – 167; Fiona McGillivray, *Privileging Industry: The Comparative Politics of Trade and Industrial Policy*, Princeton: Princeton University Press, 2004。

② Hugh Heclo and Henrik Madsen, *Policy and Politics in Sweden: Principled Pragmatism*, Philadelphia: Temple University Press, 1987.

③ Lennart Erixon, *The Rehn-Meidner Model in Sweden: Its Rise, Challenges and Survival*, Stockholm: Department of Economics, Stockholm University, 2008; Douglas A. Hibbs and Hakan Locking, "Wage Compression, Wage Drift and Wage Inflation in Sweden," *Labour Economics*, vol. 3, no. 2, 1996, pp. 109 – 141; Zhou Qiang, *Partisanship, Union Centralization and Mobility: The Political Roots of Interindustry Labor Mobility*, Paris: L'Harmattan, 2016.

机构。①

如同社会科学中所有建模一样，模型化的优势是精简地（parsimoniously）展示彼此的关系，而弱点是它不能轻易地说明丰富的社会和政治复杂性。本文背后的两要素、两部门模型也不例外。笔者论点背后一个隐含的假定是，这样的两要素模型足以解释笔者所关心的大部分变化。这一妥协是合理的，因为毕竟应当在"任何假定的失败都不会系统地或显著地偏离模型的结论"② 的地方寻找适当的平衡。

来自 OECD 国家，尤其是北欧社会民主国家之外的一些政治事例似乎偏离了笔者的预期。政府中的左翼政党可能并不总是追求增加各劳工群体同质性的战略；在某些情况下，我们可以看到左翼政党使用社会保护手段来降低其部分"天然"支持者的流动性。③ 事实上，这种现象并不限于 OECD 国家。在欠发达国家同样可以观察到类似的事态发展，例如阿根廷政党——劳工联结（Party-Labor linkage）的"破裂"以及智利左翼政府在减少收入和财富不平等上的总体失败。④ 资本所有者和右倾政党也可能发生这类偏离。⑤

从理论上讲，对目前分析的有用扩展是超越最初的两要素假定并引入高维多要素模型。例如，我们可以不把劳动要素假定为单一要素，而将其分为不熟练、半熟练和专业的，每种劳动都与最初的 2×2 模型一样对待。然而代数推导表明，多要素模型并不会从根本上改变基于传统的 2×2 要素禀赋模型的预测，即一国将出口丰富要素的服务并进口稀缺要素的服务。⑥ 由于要素禀赋模型是我分析的理论基础，对于此处的研究目的来说很容易推断的是，即使在多要素框架下，各

---

① Michael J. Hiscox, *International Trade and Political Conflict: Commerce, Coalitions, and Mobility*, 2002; Peter Katzenstein, *Small States in World Market*, 1985; LO, *Trade Unions and Full Employment*, 1953; LO, *Economic Expansion and Structural Change: A Trade Union Manifesto*, 1963.

② Robert E. Baldwin, "Determinants of the Commodity Structure of U. S. Trade," *American Economic Review*, vol. 61, no. 1, 1971, p. 127.

③ 例如可参见 Andre Krouwel, *Party Transformations in European Democracies*, New York: State University of New York Press, 2012; Sara Watson, "The Left Divided: Parties, Unions, and the Resolution of Southern Spain's Agrarian Social Question," *Politics and Society*, vol. 36, no. 4, 2008, pp. 451–477。

④ Steven Levitsky, *Transforming Labor-Based Parties in Latin America: Argentine Peronism in Comparative Perspective*, New York: Cambridge University Press, 2003; Tariq Thachil, "Elite Parties and Poor Voters: Theory and Evidence from India," *American Political Science Review*, vol. 108, no. 2, 2014, pp. 454–477. Kurt Weyland, Raul L. Madrid and Wendy Hunter, eds., *Leftist Governments in Latin America: Successes and Shortcomings*, New York: Cambridge University Press, 2010.

⑤ Mabel Berezin, *Illiberal Politics in Neoliberal Times: Culture, Security and Populism in the New Europe*, Cambridge: Cambridge University Press, 2009. 这一讨论的灵感来自两位匿名审稿人的评论。

⑥ 参见 Edward Leamer, *Sources of International Comparative Advantage: Theory and Evidence*, Cambridge: The MIT Press, 1984, pp. 11–18。

要素中的团结度将随着该要素部门间流动性的增加而增加，与此同时，其他要素中的团结度则减少。在本文的实证分析部分，笔者将再次讨论此问题。

（三）工会及其调节效应

一些政治经济因素可以调解劳动力流动性的党派操纵过程。具体而言，各级工会在聚集和代表劳动者的经济需求和政治意愿中发挥着重要作用，并对劳动力市场和政府政策产生其独立影响。以这种方式，它们可以帮助塑造劳动力市场均衡，在资本主义民主国家尤为如此。

迈克尔·阿尔瓦雷斯（Michael R. Álvarez）、杰弗里·盖瑞特（Geoffrey Garrett）和彼得·兰格（Peter Lange）认为，当左翼政府与集中化的劳工运动相结合时，或者当右翼政府与弱劳工运动相结合时，该国的宏观经济表现将比其他组合更好。[1] 盖瑞特进一步发展了劳工运动包含性（encompassness）的思想。[2] 他认为当政治经济一致时，宏观经济表现将向好，而当政治经济不一致时，宏观经济表现会变糟。他将一致性定义为左翼政府与包含性的劳动力市场制度结盟，或者右翼政府与劳动力市场中的弱制度相结合。此外，许多研究者认为，工会和其他劳动力市场制度必须被视为现代资本主义经济的组成部分，并且它们对许多政治经济结果都产生了影响。[3]

笔者关注的是工会对劳动力市场的干预能力。根据米里亚姆·戈尔登（Miriam Golden）以及戈尔登、兰格和迈克尔·沃勒斯坦（Michael Wallerstein）的研究，工会集中度（labor union centralization）指的是工会联合会（union confederations）对下级组织机构行使内部权力的程度。联合会指的是劳工的中央高峰协会（central peak associations）；它们由国家层面的各个工会组成，并且

---

[1] R. Michael Álvarez, Geoffrey Garrett and Peter Lange, "Government Partisanship, Labor Organization and Macroeconomic Performance," *American Political Science Review*, vol. 85, no. 2, 1991, pp. 541 – 556.

[2] Geoffrey Garrett, *Partisan Politics in the Global Economy*, 1998.

[3] 参见 Peter A. Hall and Robert J. Franzese, "Mixed Signals: Central Bank Independence, Coordinated Wage Bargaining, and European Monetary Union," *International Organization*, vol. 52, no. 3, 1998, pp. 505 – 535; Peter A. Hall and David Soskice, eds., *Varieties of Capitalism-The Institutional Foundations of Comparative Advantage*, 2001. Jonas Pontusson, *Inequality and Prosperity: Social Europe vs. Liberal America*, Ithaca/London: Cornell University Press, 2005; Michael Wallerstein, "Centralized Bargaining and Wage Restraint," *American Journal of Political Science*, vol. 34, no. 4, 1990, pp. 982 – 1004; Michael Wallerstein, "Wage-Setting Institutions and Pay Inequality in Advanced Industrial Societies," *American Journal of Political Science*, vol. 43, no. 3, 1999, pp. 649 – 680. 资本的组织，如雇主协会，也可能存在相似的作用，不过是以相反的方向。然而就行业间劳动力流动性而言，劳工组织可能比资本组织有更多直接和第一阶的影响力。故此处的讨论仅考虑了劳工组织。

是多部门的、整个经济系统的（economy-wide）机构，在不同程度上与政府进行集体谈判。① 当工会集中度高的时候，中央联合会可以独自正式发起罢工，并可能有权就工资协议进行谈判，这些协议的适用范围将延伸到整个行业乃至整个经济领域。

在工会集中度低的情况下，行业或企业层面的工会可能被授权分别发起罢工，并自行签署协议。特别地，分散化的工会在很大程度上倾向于扩大其各自成员的利益，即使这可能以其他工会及其成员为代价。

分散化的工会本身往往缺乏制度化的协调，而名义上的中央联合会，如果它们存在的话，不会对其成员的行为拥有任何真正的制裁权力。相反，集中化工会的区别在于其有效的协调能力和它们所拥有的对离群工会成员的制裁权力。它们往往是那些有关工人福利的决定被收集、妥协和实施的中心，同时也是普通劳动力所有者对其未来经济利益的期望汇聚的地方。在这种情况下，工会是集中的，意味着它们将争取劳动力所有者的普遍利益，而非只针对一小部分劳动力所有者，并且它们往往有很强的集体政治行动能力。

为便于发展这个论点，笔者程式化地做出如下假定：集中化的工会将努力改善所有劳动力所有者的福利，而分散化的工会只希望改善某些特定群体的劳动力所有者的福利。这是文献中的一个常见假定，认为每个工会都试图使其成员的长期效用最大化，而集中化的工会运动在分析中就等价于一个放大了的包含全体劳动力在内的工会。②

协调良好的工会，加上高度的执行力，通常会成为支持使劳工普遍受益的政策的关键力量。同时，集中化的工会的有效性会因劳工的凝聚力而加强，因为如果劳工群体存在不相同的经济利益，内部的纷争就会增加，同时协调和制裁的成本将变得更加高昂。因此，集中化的工会将更欢迎一个有凝聚力的劳工阶级。考虑到劳工凝聚力与劳动力流动性之间的正相关关系，正如前面所讨论的那样，可以预期集中化的工会将青睐高水平的ILM。③

---

① Miriam Golden, "The Dynamics of Trade Unionism and National Economic Performance," *American Political Science Review*, vol. 87, no. 2, 1993, pp. 439 – 454; Miriam Golden, Peter Lange and Michael Wallerstein, *Union Centralization among Advanced Industrial Societies: An Empirical Study*, Ann Arbor: Inter-university Consortium for Political and Social Research, 2006.

② Jonas Pontusson, *Inequality and Prosperity: Social Europe vs. Liberal America*, 2005; Michael Wallerstein, "Centralized Bargaining and Wage Restraint," pp. 982 – 1004.

③ 同时，工会化和劳动力流动水平短期内在很大程度上是相互独立的。有关这一点的证据请参见下文。

由于工会运动的调节,党派政府将战略性地追求其相应的劳动力流动性水平,以便更好地实现其维持支持性选民团体的目标。表 1 显示了政府所偏好的 ILM 水平,左上方的单元格显示当工会是分散化的时候,左翼政府会更青睐高水平的 ILM 以促进实施其偏好的使劳工获益的政策。高水平的 ILM 确保劳动力所有者的经济利益更有可能由一般劳动力市场技能决定,而不是由他们所属的特定行业决定。通过劳动力流动的机制,政策的经济影响将扩展至所有的劳动力所有者。因此,劳动力所有者将能从实施使劳工获益的政策中分一杯羹。由于工会是分散化的,劳工组织无法提供对这类政策的协调的政治支持,故左翼政党将有强烈的动机来弥补这种支持的缺乏。由于高度的劳工凝聚力有利于从劳动力所有者那里获得高水平的政治支持,因此可以预期的是,左翼政府倾向于较高的 ILM 水平,并且在需要时,左翼政府会通过精明的设计以增加 ILM 水平。

表 1　**不同工会集中度下按照左右之分的政府所偏好的 ILM 水平**

	左翼政府	右翼政府
分散化工会	高	低
集中化工会	不确定	不确定

资料来源:笔者自制。

同时,表 1 右上方的单元格显示,当工会分散化时,右翼政府倾向于拥有较低水平的 ILM 以便实施其偏好的使资本受益的政策。前面已讨论过,随着 ILM 水平的降低,资产阶级的团结度将会更高。使资本受益的政策将普遍让资本所有者获益;然而,资本所有者对使资本受益政策的支持程度取决于资本所有者之间的凝聚力。支持力度往往随着 ILM 水平的减少而增加,且伴随着资产阶级团结度的增加。没有集中的工会意味着在工会之间没有有效的集体行动,工会之间也缺乏协调以限制右翼政府的政策选择。对于那些倾向于实施使资本获益政策的右翼政府来说,理性的做法是支持低 ILM 水平,并在必要时设法减少 ILM 水平以获得其核心支持者——资本所有者对其政策更大程度的支持。

当工会是集中化的时候,劳工群体之间的协调将是普遍而有效的,且劳工对左翼政府的劳工受益政策的支持也会更多。由于左翼政府可以从集中化的工会处确保获得许多其所需的政治支持,所以它们对通过高 ILM 水平来实现劳工选民的凝聚力的偏好将会减弱。① 不过，基于两点原因，这种缺乏积极追求高水平 ILM 的动机并不必然导致劳动力流动性水平的降低。其一，集中化的工会将会起调节作用。集中化的工会运动以及它的最高联合会具有强烈的动机来保持劳工的凝聚力，对此目的而言，即是有保持高水平 ILM 的动机。作为左翼政府政治支持的重要组成部分，集中化工会对高劳工凝聚力（暗示地指高 ILM 水平）的偏好往往会反映在左翼政府的政策选择中。其二，虽然左翼政府此时缺乏积极追求高 ILM 的动机，但它们没有动机追求低 ILM，因为这对它们的政治命运有害。因而当存在集中化的工会时，如表 1 左下角单元格所示，笔者对左翼政府针对 ILM 水平的行为的预期是不确定的。

在集中化的工会条件下，较高的集体行动能力意味着集中化的工会可以对右翼政府的政策施加相当大的限制。如果没有集中化的工会，右翼政府可能会设法将 ILM 保持在低水平。然而由于集中化工会的存在，右翼政府试图降低 ILM 水平的企图很可能会遭遇来自这些工会的强烈抵制。除其他方面外，右翼政府可能还不得不改变它们对劳动力流动性的立场以安抚集中化的工会。② 同时，右翼政府并没有真诚的意愿来提高 ILM 水平。因而可以预期，有集中化的工会将缓和右翼政府对低 ILM 水平的党派追求，如表 1 右下角单元格所示，故最终右翼政府对 ILM 水平的影响是不明确的。

简而言之，沿着左右之分的政治光谱，笔者建立的理论认为，其他条件相同，当工会是分散化的，通常左翼政府比右翼政府拥有更高的 ILM 水平。当工会是集中化的，由于其调节效应，政府党派的左右之分对 ILM 水平的影响就变得不明确了，最终的影响多大是一个实证问题。

需要指出的是，这一理论旨在对 ILM 的水平而非 ILM 的变化进行分析。尽管这一理论表明，在某些情况下，政府完全有动机提高或降低 ILM 水平，但理论也认为政府并非被 ILM 水平的变化本身所激励，而是对经济中占上风的 ILM 的最终水平感兴趣。假设在一个有集中化工会的国家里存在一个左翼政府。从理论上我们知道，集中化的工会几乎肯定会给予其政治支持。因此，为促进劳工团

---

① 这是因为政府干预的成本是高昂的，干预措施将耗费大量资源，而政府本可将其投入其他用途。例如，在控制其他社会支出政策和一系列政治经济变量后，失业补偿占人均 GDP 的比例每增加 1% 将导致劳动力流动性水平增加大约 0.3 个标准差。大体上说，左翼政府可以利用集中化工会的存在来节省自身资源，以便在其他地方使用。

② Carles Boix, "Partisan Governments, the International Economy and Macroeconomic Policies in Advanced Nations, 1960 – 93," *World Politics*, vol. 53, no. 1, 2000, pp. 38 – 73; Geoffrey Garrett, *Partisan Politics in the Global Economy*, 1998.

结以及获得更多政治支持而提高 ILM 水平将不会是左翼政府最为有效的资源运用方式。同样从理论上可以预期，在这种情况下，左翼政府会集中于维持 ILM 水平以免它变得更低，而不是提高 ILM 水平。

以下假说概括了主要预测：当国内工会处于分散化状态时，左翼政府比右翼政府拥有更高的 ILM 水平。这种党派差异将随着工会集中度的增加而变得不那么明显。

三 党派政治影响行业间劳动力流动性的实证分析

（一）数据与方法

笔者在实证分析中关注的样本是 OECD 国家，因为相比于其他国家，有效的党派政治和工会化（unionization）的概念通常在发达工业国家更为明显。① 因变量是 ILM 水平，对其使用的是一种弹性测量（elasticity measure）。② 这一测量遵循了贸易文献中对 ILM 定义的标准，将跨部门劳动力流动性定义为劳动力供给对跨部门工资差异的响应。利用联合国工业发展组织（United Nations Industrial Development Organization，UNIDO）关于工资和就业的国家—年份—行业层次的全面数据集③，笔者使用以下等式估算这一弹性：

$$\ln(E_{it}/E_t) = \alpha_t + \beta_t \times \ln(w_{it-1}/w_{t-1}) + \varepsilon_{it} \qquad (3)$$

其中 E_{it} 是行业 i 在时间 t 的就业，E_t 是经济体在时间 t 的总就业，w_{it-1} 是行业 i 在时间 $t-1$ 的平均工资，w_{t-1} 是整个经济体在时间 $t-1$ 的平均工资，ε_{it} 是假定为独立且正态分布的误差项，α_t 是常数项，β_t 是该国家该年的 ILM 的弹性测量估算值。较高的弹性值表示较高的 ILM 水平。

此处的两个主要自变量是政府的党派性质和工会的集中度。对于前者，笔者选择使用由金熙敏（Hee-Min Kim）和理查德·福丁（Richard C. Fording）创建

---

① 另一个原因是，可以容易地从 OECD 国家获得可供跨国比较的可靠数据，这使得实证分析成为可能，但很难从其他国家得到这类数据。笔者纳入了包括人均 GDP 在内的控制变量，以控制 OECD 国家可能存在的特有属性。

② 对 ILM 的第二种测量，即行业间工资的变异系数（Coefficient of Variation，CV），曾在本文较早的版本中使用。基于变异系数测量的结果强烈印证了此处的研究结果。为节省空间，这些结果未被包括进来，可根据要求提供。

③ 截至 2005 年，UNIDO 在国际标准产业分类（International Standard Industrial Classification，ISIC）代码（rev.2）三位数产业层面（3-digit industry level）为 1961—2003 年的 217 个国家提供了一个系统的工业统计数据库（Industrial Statistics Database），数据涵盖 29 类制造业。

的政府党派变量。① 政府党派的这一测量是以两个步骤构建的。首先，根据迈克尔·拉韦尔（Michael J. Laver）和伊恩·巴奇（Ian Budge）的比较政党宣言数据（comparative party manifesto data）②，金和福丁每年为每个国家创建了一个政党意识形态的测量。依照拉韦尔和巴奇提出的 26 个分类③，金和福丁从每个政党宣言中识别出亲左翼叙述的百分比，而且将各个政党的测量从 0 到 100 标准化，较高的数值表示更多的左倾。其次，他们收集每个国家每个政党的内阁组合（cabinet portfolios）数量的年度数据，然后采用政党意识形态得分的加权平均数，其中权重是各党拥有的内阁组合的比例。④ 党的意识形态分值的加权平均数系列将会成为政府党派的最终测量。根据金和福丁：

> 对于有些国家，其常态是拥有统一控制的政府，那么执政党的政党意识形态得分将会成为政府的党派性质得分。然而对于多党政府（multi-party governments）而言，这种测量利用了我们所掌握的有关各党不同意识形态及其相对权力份额的信息。⑤

最初，这项政府党派测量的范围为 0 至 100，较高的数字表示更多的左倾；且只有在选举年才有赋值。⑥ 为了便于解释，笔者重新构造了这一系列的政府党

---

① Hee-Min Kim and Richard C. Fording, "Government Partisanship in Western Democracies, 1945 – 1998," *European Journal of Political Research*, vol. 41, no. 2, 2002, pp. 187 – 206.
② Michael J. Laver and Ian Budge, eds., *Party Policy and Government Coalitions*. London: Macmillan, 1992.
③ 例如，这些分类包括右翼的"企业自由经营"（free enterprise）和"激励"（incentives），以及左翼的"资本主义规制"（regulation of capitalism）和"经济计划"（economic planning）。
④ Hee-Min Kim and Richard C. Fording, "Government Partisanship in Western Democracies, 1945 – 1998," pp. 187 – 206.
⑤ Hee-Min Kim and Richard C. Fording, "Government Partisanship in Western Democracies, 1945 – 1998," p. 191.
⑥ 该测量在一次选举后成立政府时记录一个值。然而，在两次选举之间可能形成多个政府，而他们会在此测量中记录多个值。值得注意的是，该政府党派的测量并没有关于美国的取值。为了处理此问题，笔者找到了金和福丁的另一项测量，他们使用类似的方法来计算中间选民的意识形态，所得到的测量值包含美国的数据。笔者把中间选民意识形态的测量转化为与政府党派测量相同的数值范围，使其具有相同的均值。然后，笔者利用这些转换后的中间选民意识形态数值来填补美国的缺失值。这样笔者便有了一种包含美国数据在内的"政府"党派测量。不过作为稳健性检验，当笔者使用没有美国数据的政府党派数据运行相同的回归时，结果几乎没有变化。参见 Hee-Min Kim and Richard C. Fording, "Extending Party Estimates to Governments and Electors," in Ian Budge, Hans-Dieter Klingemann, Andrea Volkens, Judith Bara and Eric Tanenbaum, eds., *Mapping Policy Preferences: Estimates for Parties, Electors, and Governments 1945 – 1998*, Oxford: Oxford University Press, 2001, pp. 157 – 177。

派，使得其范围仍是 0 至 100，但更高的数值表示更为右倾的政府。① 由于 1998 年是金和福丁测量可得数据的最后一年，笔者将 1999 年作为本实证分析的最后一年。

对于工会集中度的指标，笔者采用的是"确定工资的层级"（the level at which wages are determined），来自戈尔登等构建的工会集中度数据集。② 这一指标越高，工会的集中度就越大。该指标的取值范围为 1 到 5，其中 1 是工厂层次的工资设定，2 是没有制裁的行业层次的工资设定，3 是有制裁的行业层次的工资设定，4 是没有制裁的集中的工资设定，5 是有制裁的集中工资设定。

不过在这种对工会集中度的分类中，并不清楚两个值之间的差意味着什么。例如，当一个国家的工会集中度从 1 增加到 2 时，工人的集体谈判能力增加的数量会与该数值从 4 增加到 5 时相同吗？这一点并非显而易见。为了缓解这个问题，且考虑到此变量的数据结构，笔者将工会集中度重新编码为一个更加广义的定序变量，使得 0 的值意味着低工会集中度，这是当原始变量取 1 和 2 的值的时候；新变量中 1 的值表示中间水平的工会集中度，即原始变量取值为 3 时；而新变量中的值 2 意味着高工会集中度，这是当原始变量取 4 和 5 的值时。如此一来，重新编码的集中度指数表示了质的差异。

笔者还包括了一系列控制变量。在人口统计指标方面，笔者控制了老龄人口，其测量方式为 65 岁以上总人数，这也是伊芙琳胡伯（Evelyne Huber）、查尔斯·拉金（Charles Ragin）和约翰·斯蒂芬斯（John D. Stephens）在研究福利支出时的建议③，该数据来自世界银行的世界发展指标（World Development Indicators）。④

笔者在分析中加入了 5 个经济控制变量。作为占总劳动力百分比的失业率数据被纳入用于控制其社会经济影响。高失业率可能引起工人之间对有限空缺职位的竞争；因此，较高的失业率可能有助于提高劳动力流动性。笔者用人均 GDP 和经济开放度来控制一国的经济发展水平。斯蒂芬妮·里卡德（Stephanie J. Rickard）认为一国遭遇外部经济冲击的程度将影响观测到的行业间劳动力流

---

① 新变量数值等于 100 减去旧变量数值。
② Miriam Golden, Peter Lange and Michael Wallerstein, *Union Centralization among Advanced Industrial Societies: An Empirical Study*, ICPSR04541-v1. Ann Arbor, MI: Inter-university Consortium for Political and Social Research, 2006.
③ Evelyne Huber, Charles Ragin and John D. Stephens, "Social Democracy, Christian Democracy, Constitutional Structure, and the Welfare State," *American Journal of Sociology*, vol. 99, no. 3, 1993, pp. 711–749.
④ World Bank, World Development Indicators, Washington, D.C.: World Bank, 2010.

动率，而这是她对劳动力流动性的测量。她表示"接触国际贸易可能会激励劳工在不同行业之间流动"①。因此，更大的开放度将导致更高的 ILM。

GDP 增长表明经济的总体健康状况。GDP 增长越快，工资增长的机会也就越大。然后工人需要比平时更大的工资差异方才考虑改行。因此，劳工对工资信号的敏感性，即劳动力流动性会降低。最后，笔者加入了通货膨胀率这一经济变量，通过所有商品和服务的消费者价格对上一年同期的百分比变化来测量。有一些强有力的经济学论证，例如菲利普斯曲线认为经济中失业率和通货膨胀率之间存在反比关系，而且政治经济学已经表明，在所偏好的通胀水平上存在党派差异。笔者将通货膨胀率包括进来，并预期它将对 ILM 产生相反的影响，正如失业的影响那样。这些经济控制变量来自世界发展指标和 OECD 的主要经济指标（Main Economic Indicators，MEI）数据库。

在 OECD 的某些联邦体系中，地方政府可能会影响劳动力流动性，而次国家（subnational）层面的多样性或许有助于提高 ILM 水平。笔者通过纳入一个联邦主义的变量来控制这种可能性，其范围在 0 到 2 之间，数字越大表示联邦主义倾向越高。该数据来自政治制度数据库（DPI2004）。

对 ILM 的另一个截然不同的政治影响或许来自欧盟等超国家体系，因为欧盟可能会提供促进 ILM 的制度化激励措施。因此，笔者加入了欧盟的虚拟变量，当有关国家是该年度的欧盟成员时编码为 1，否则为 0。

笔者使用时间序列横截面回归来检验政府党派将影响 ILM 水平的假说，并且此影响将受到国内工会集中度的调节。在笔者的数据之集中，一个典型的观测值是"国家—某届政府"（country-administration）。使用"国家—某届政府"有两个理由。首先从实质上说，对 ILM 水平的党派操纵，如果这种操纵确实发生的话，可能不会在任何时间段自动发生，但几乎肯定会在行政过程中发生。这样做的原因是，在受到一系列限制因素的影响时，党派政府可能对通过其所偏好的政策的前景有着最佳了解，并且会相应地调整其资源以最大限度地利用此前景。对 ILM 水平的操纵很可能是根据其特殊的政治时间表进行的，因此即使这种操纵的直接影响可能无法察觉，但在一届政府任上的累积效应也更可能是显著的。

其次，笔者对政府党派性的测量是报告每个国家的每届政府。因为该测量是主要的自变量，所以分析的时间范围最好是与自变量一致，以避免因变量变化而

---

① Stephanie J. Rickard, "Broad versus Narrow: Explaining the Form of Redistributive Policies," Paper Presented at the Annual Meeting of the American Political Science Association, Washington, D. C., September 1 – 4, 2005, p. 28.

自变量不变的奇怪情况。因为 ILM 水平的测量是年度的，而典型的一届政府将持续两年以上。

因此，在一届政府持续期间，政府党派的变量值将与特定政府形成时的值相同。① 在极少数情况下，在同一年形成了多届政府，笔者采用多届政府的党派分值的平均数。对于分析中的所有其他变量，笔者取每个"国家—某届政府"的平均值。为 1960—1999 年 OECD 国家构建的最终数据库包括 24 个单位（国家）的 381 个观测值，平均有 16 个时期（届政府）。② 其中瑞士为最大值，40 余年拥有 34 届政府（接下来是 24 届政府的意大利，以及 22 届政府的丹麦和土耳其）。

此外，笔者还包括一个变量——时期，旨在表明一个国家内各届政府的时间顺序。如果 ILM 不仅仅受这里所标识出的变量影响，而是随着时间的推移而向上或向下移动，则时期变量将发现这样的趋势。

基准模型（baseline model）的具体表述如下：

$$Mobility_{it} = \alpha + \beta_1(gov\_partisanship_{it}) + \beta_2(union\_centralization_{it}) + \beta_3(par_{it} * cent_{it}) + \beta_4(pop\_over65_{it}) + \beta_5(unempl\_rate_{it}) + \beta_6(GDP\_pc_{it}) + \beta_7(GDP\_growth_{it}) + \beta_8(openness_{it}) + \beta_9(cpi\_index_{it}) + \beta_{10}(federalism_{it}) + \beta_{11}(EU_{it}) + \beta_{12}(Time_i) + u_i + \varepsilon_{it}$$

(4)

笔者控制了国家特定固定效应。根据纳撒尼尔·贝克（Nathaniel Beck）的研究，对于本文这种时间序列横截面数据，固定效应是常见且适当的技术规范。③ 基于此处的数据结构，带面板校正标准误（Panel Corrected Standard Errors, PCSEs）的最小二乘法（OLS）将被作为主要的估计方法。此外，使用可行的广义最小二乘法（Feasible Generalized Least Squares, FGLS）也强有力地确证了实证结果。

---

① 行政部门/政府的起始日期是政府成立的自然年份，不管其开始是在 1 月还是 12 月。
② 由此可知行政部门的平均任期为 2.5 年。
③ Nathaniel Beck, "Time-Series-Cross-Section Data: What Have We Learned in the Past Few Years?" *Annual Review of Political Science*, vol. 4, no. 1, 2001, pp. 271 – 293. 固定效果模型还可以减轻遗漏变量问题。笔者采用了两种检验以确保固定效应是适当的。首先，笔者确认了在固定效应 OLS 估计后的 F 检验是显著的。其次，笔者用随机效应运行模型然后进行布劳殊和佩刚拉格朗日乘数检验（Breusch and Pagan Lagrangian multiplier test），并确保检验拒绝没有国家特定差异的零假设。在模型中应该控制国家固定效应的另一个原因是，误差项中可能存在同时与自变量相关的未观测变量，这可能导致另一类型的内生性。国家固定效应可以帮助缓解这类内生性。

(二) 结果

表 2 展示了根据基准设定使用 PCSEs 的结果。在模型 1 中，政府党派是从 0 到 100 的连续变量；在模型 2 中，政府党派被重新编码为虚拟变量，其中党派分数高于平均数（44.73）的被编码为 1，意味着政府党派为右翼；那些低于平均值的分数被编码为 0 以表示左翼政府。

首先，政府党派变量的系数显示了当工会集中度取值为 0 时（意味着低工会集中度），政府党派对 ILM 水平影响的点估计（point estimate）。在模型 1 中，政府党派的系数显著为负，说明党派分数的增加（或曰当政府变得更加右倾时）与劳动力流动性水平的降低相关，系数为（-0.016），表明当工会分散时，从典型的左翼政府（平均党派分数为 31）转变为典型的右翼政府（平均党派分数为 58）相当于 ILM 下降 0.432（0.016×27）单位，超过 ILM 标准差的 1/3。①

在模型 2 中，由虚拟变量衡量的政府党派与 ILM 水平存在负相关关系，系数为（-0.308）。同样，这一点估计表明，在工会分散化时，如果我们从广义上的左翼政府（党派虚拟变量为 0）转变为广义上的右翼政府（党派虚拟变量为 1），则相应的 ILM 水平将下降 0.308，这是弹性测量的 ILM 的标准差的三分之一。此结果很大程度上确证了假说。

表 2　　使用带 PCLEs 的 OLS 估计党派对 ILM 水平的影响

	模型 1	模型 2
政府党派（连续变量）	-0.016**	
	(0.008)	
政府党派（虚拟变量）		-0.308
		(0.263)
工会集中度	0.145	0.442***
	(0.225)	(0.155)
政府党派*工会集中度	0.011**	0.263
	(0.004)	(0.167)

---

① 对 ILM 的弹性测量的标准差为 1.12。

续表

	模型 1	模型 2
65 岁以上人口	0.620	0.284
	(0.770)	(0.790)
失业率	0.062 **	0.068 ***
	(0.026)	(0.026)
人均 GDP（购买力平价）	0.068 **	0.066 **
	(0.027)	(0.029)
开放度	0.002	0.004
	(0.009)	(0.010)
GDP 增长率	-0.075 ***	-0.072 **
	(0.028)	(0.029)
通货膨胀	-0.010	0.005
	(0.023)	(0.024)
联邦主义	0.100	0.220
	(0.624)	(0.646)
欧盟成员	1.224 ***	1.219 ***
	(0.210)	(0.205)
时期	-0.119 **	-0.093
	(0.057)	(0.057)
常数项	-9.980	-6.299
	(10.942)	(11.278)
观测值	119	119
国家数	16	16
Wald chi2	1371.604	1555.368
Prob > chi2	0.000	0.000
R-squared	0.850	0.838

注：使用带 PCSEs 的 OLS 估计，国家固定效应，所有模型均假定异方差面板和 AR（1）。括号内为面板校正标准误，未报告国家效应。* $p<0.10$，** $p<0.05$，*** $p<0.01$。

资料来源：笔者自制。

有人担心 20 世纪 80 年代之后，本文的理论论点可能会丧失一定的相关性，因为左派阵营中的利益分化可能变得尤为复杂、更加充满争议甚至是对抗性。①为回应这些关切,笔者在表3中对1980年之后的时期重新运行了上述模型。

表3中估计系数的符号是正确的,并且在更高的置信水平上显著。因此,表3强烈地支持了笔者的假说,并进一步表明左翼或右翼党派会通过政治操纵以使其核心选民获利的假定在1980年后继续具有很强的现实说服力。

表3　使用带PCLEs的OLS估计1980年后党派对ILM水平的影响

	模型3	模型4
政府党派（连续变量）	-0.017**	
	(0.008)	
政府党派（虚拟变量）		-0.423
		(0.272)
工会集中度	0.044	0.376**
	(0.242)	(0.164)
政府党派*工会集中度	0.013***	0.369**
	(0.005)	(0.179)
65岁以上人口	-0.160	-0.532
	(0.799)	(0.848)
失业率	0.052*	0.058**
	(0.027)	(0.027)
人均GDP（购买力平价）	0.056**	0.056*
	(0.028)	(0.029)
开放度	0.014	0.017*
	(0.010)	(0.010)

---

① Andre Krouwel, *Party Transformations in European Democracies*, New York: State University of New York Press, 2012; Steven Levitsky, *Transforming Labor-Based Parties in Latin America: Argentine Peronism in Comparative Perspective*, New York: Cambridge University Press, 2003; Tariq Thachil, "Elite Parties and Poor Voters: Theory and Evidence from India," *American Political Science Review*, vol. 108, no. 2, 2014, pp. 454 – 477; Sara Watson, "The Left Divided: Parties, Unions, and the Resolution of Southern Spain's Agrarian Social Question," *Politics and Society*, vol. 36, no. 4, 2008, pp. 451 – 477; Kurt Weyland, Raul L. Madrid and Wendy Hunter, eds., *Leftist Governments in Latin America: Successes and Shortcomings*, New York: Cambridge University Press, 2010.

续表

	模型 3	模型 4
GDP 增长率	-0.104***	-0.096***
	(0.030)	(0.031)
通货膨胀	-0.020	0.000
	(0.025)	(0.025)
联邦主义	0.381	0.542*
	(0.350)	(0.329)
欧盟成员	1.100***	1.078***
	(0.225)	(0.223)
时期	-0.070	-0.043
	(0.062)	(0.062)
常数项	0.305	4.322
	(11.285)	(11.981)
观测值	112	112
国家数	16	16
Wald chi2	1354.694	1508.417
Prob > chi2	0.000	0.000
R-squared	0.868	0.854

注：使用带 PCSEs 的 OLS 估计，国家固定效应，所有模型均假定异方差面板和 AR（1）。括号内为面板校正标准误，未报告国家效应。* $p<0.10$，** $p<0.05$，*** $p<0.01$。

资料来源：笔者自制。

到目前为止，笔者对回归结果的讨论都集中在点估计上；没有说明在工会集中度这一调节变量的一系列取值下，政府党派如何影响 ILM 水平。正如许多学者展示的那样，报告这种条件效应（conditional effect）的更直观的方法是将它们呈现在图中。① 图 1 说明了在不同工会集中度下，政府党派对 ILM 的边际影响以及相应的 95% 置信区间。为方便解释，其基于的是表 2 中的模型 1。政府党派对 ILM 的边际影响用圆点表示，顶部和底部的直线代表

---

① Bear F. Braumoeller, "Hypothesis Testing and Multiplicative Interaction Terms," *International Organization*, vol. 58, no. 4, 2004, pp. 807 – 820; Thomas Brambor, William Roberts Clark and Matt Golder, "Understanding Interaction Models: Improving Empirical Analyses," *Political Analysis*, vol. 14, no. 1, 2006, pp. 63 – 82.

95%置信区间。

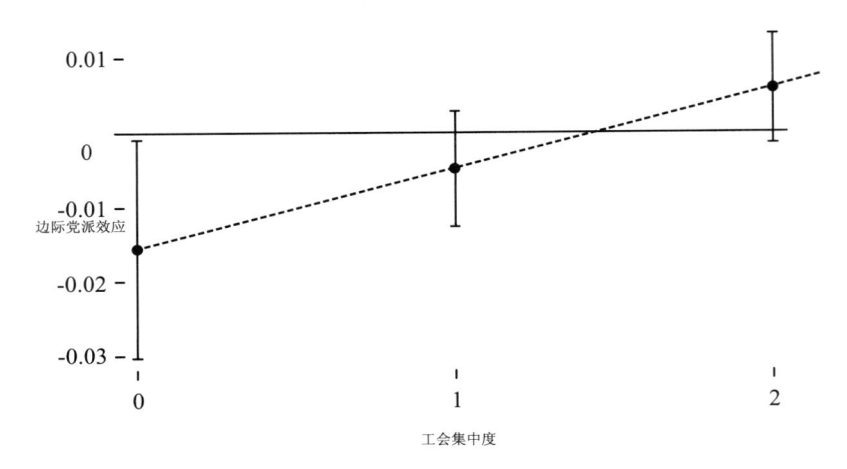

图1 以工会集中度为条件的党派对ILM水平边际影响的PCSEs估计

注：党派的ILM影响使用的是党派的连续测量。圆点代表对ILM的边际影响，直线代表95%置信区间。

资料来源：笔者自制。

在图1中，当工会集中度为0时边际效应是（-0.016），为模型1中政府党派的系数。连接图1中的圆点，很明显当我们向右移动时虚线向上倾斜。这表明随着工会变得更加集中，劳动力流动性在左翼政府治下相比于右翼政府更高的趋势变得不那么明显了。这样的观察证实了假说，即集中化工会的调节效应往往会改变党派政府的行为，工会集中度的上升会使得工会分散化时党派—ILM相关性的预测变得模糊。[①]

此外，在控制变量中，较高的失业率显著增加了劳动力流动性，这意味着较高的横向压力会导致工人更积极地寻找工作。通货膨胀对劳动力流动性几乎没有影响。与预期相反，较高的人均GDP有助于显著增加劳动力流动性，这意味着更多的财富使工人能够更好地应对价格激励并使其迁移到更适合的行业。即使在控制了许多其他变量之后，欧盟成员也显著地增加了劳动力流动性。然而，经济增长通常会降低劳动力流动性，这可能是由于人们不愿在经济繁荣的时候放弃眼前的工作。

---

① 使用另一种劳动力流动性的测量方法对该假说进行统计和图表检验亦得到了强有力的支持。

四 对可能的内生性问题的讨论

鉴于研究者认为行业间要素流动水平可能塑造了国内政治联盟的类型,并限制了党派政府可供选择的政策空间①,可能有人会担心一国的政府党派并不独立于 ILM 水平。对于工会集中度也可能会引起类似的担心,故笔者的回归可能会受到内生性的影响,在这种情况下,政府党派和工会集中度作为主要自变量是由行业间劳动力流动性这一因变量所决定的。

通过澄清这些研究中使用的不同时间期限(time frames)可以缓解这种担心。研究者通常从长期角度来寻求行业间要素流动性对政治的决定性影响②,并且他们发现,从长期来看,要素流动性的确塑造了各种政治样式。③ 然而,本文的理论、假说和经验证据涉及的是短期内可能发生的党派对 ILM 的操纵,通常不超过一任政府的任期。这里的论点是,从短期来看,政府的党派会对 ILM 水平产生显著影响,其中起作用的假定是 ILM 水平在短期内不会影响政府的党派。④ 因此,此处的理论旨在解释短期变化,诚然其积累可能具有长期影响。

笔者也从统计上处理了内生性问题。首先,笔者检验了关键模型的逆向因果关系。在逆向因果模型中,因变量首先是政府党派的连续性测量然后是工会集中度水平,用以检验这些变量之间的内生性。劳动力流动性水平(滞后一期)则成为自变量,交互项由于会导致共线性而被删除。预期是在所有的逆向因果模型中,ILM 变量的系数应该不具有统计上的显著性,意味着前一时期的 ILM 水平对

---

① James E. Alt and Michael Gilligan, "The Political Economy of Trading States: Factor Specificity, Collective Action Problems, and Domestic Political Institutions," *Journal of Political Philosophy*, vol. 2, no. 2, 1994, pp. 165–192; Michael J. Hiscox, "The Magic Bullet? The RTAA, Institutional Reform, and Trade Liberalization," *International Organization*, vol. 53, no. 4, 1999, pp. 669–698; Michael J. Hiscox, *International Trade and Political Conflict: Commerce, Coalitions, and Mobility*, 2002. Stephen P. Magee, "Three Simple Tests of the Stolper-Samuelson Theorem," in P. Oppenheimer ed., *Issues in International Economics*, Boston: Oriel Press, 1980, pp. 138–155; Bumba Mukherjee, Dale Smith and Quan Li, "Labor (Im) mobility and the Politics of Trade Protection in Majoritarian Democracies," *The Journal of Politics*, vol. 71, no. 1, 2009, pp. 291–308.

② "长期"在这些研究中通常意味着数十年。

③ Jeffry Frieden, *Debt, Development, and Democracy: Modern Political Economy and Latin America*, 1965–1985, 1991; Michael J. Hiscox, *International Trade and Political Conflict: Commerce, Coalitions, and Mobility*, 2002; Ronald Rogowski, *Commerce and Coalitions: How Trade Affects Domestic Political Alignments*, 1989.

④ 这同样适用于工会集中度。从长期来看,劳动力跨行业的流动能力总会导致更为强大的集中化的工会,但劳动力流动性的变化不太可能在短期内转化为工会实力的变化。笔者的假定是,从短期来看 ILM 不会影响工会集中度。

当前政府的党派或当前的工会集中度没有显著影响。

表4展示了逆向因果检验的结果,且从所有的检验中可以清楚地看出,滞后的 ILM 水平对当下政府的党派或目前的工会集中度没有统计上的显著影响。这一发现为政府党派和工会集中度对 ILM 的外生性假定提供了支持。

表4 使用 PCSEs 检验逆向因果。自变量为行业间劳动力流动性(滞后一期)

因变量 = 政府党派(连续变量)	逆向模型1	逆向模型3
ILM-Lag1	1.186	1.706
	(2.900)	(3.072)
工会集中度	5.875	6.974*
	(4.029)	(4.042)
时期	−1.350	−2.662
	(1.980)	(1.970)
观测值	118	112
国家数	16	16
因变量 = 工会集中度		
ILM-Lag1	0.090	0.054
	(0.080)	(0.085)
政府党派(连续变量)	0.003	0.004
	(0.002)	(0.002)
时期	0.130***	0.143***
	(0.043)	(0.045)
观测值	118	112
国家数	16	16

注:表注与前表相似。未报告控制变量结果。* $p<0.10$,** $p<0.05$,*** $p<0.01$。

资料来源:笔者自制。

笔者通过展示以下相关表(correlation table)进一步支持了外生性假定。如果 ILM 水平会影响政府党派或工会集中度,那么它们的相关性应该高而稳健。笔者继而分别报告了 ILM 变量与工会化和党派变量之间的相关表。笔者在不同的时间期限中关联这两对变量。除了将一届政府作为一个单位,笔者还展示了它们在一年以及 3/5/10 年移动平均值(moving average)基础上的相关性。

从表5所示的结果可以明显看出，无论时间期限如何，行业间劳动力流动性与工会集中度或政府党派之间都没有显著的相关性，这证实了笔者的假定。

表5　　　　　　　　　　　　各组相关系数

时间期限	变量1	ILM	变量2	ILM
行政部门	工会集中度	0.0195	政府党派	-0.0543
1年	工会集中度	0.0578	政府党派	-0.0562
3年	工会集中度	0.0205	政府党派	-0.0356
5年	工会集中度	-0.0177	政府党派	-0.0110
10年	工会集中度	0.0849	政府党派	-0.0615

注：若在5%水平及以下显著则以"*"标记。
资料来源：笔者自制。

最后，笔者使用工具变量（Instrumental Variable，IV）方法来处理有关政府党派和工会集中度的内生性问题。使用这种方法的困难在于找到与政府党派和工会集中度高度相关但与ILM不相关的好的工具变量。笔者选择通过滞后一期的工会集中度（相关系数为0.86）来作为工会集中度的工具变量，但是保留原有的政府党派变量。这是由于笔者可以合理地假定，未来的劳动力流动性不会影响当下的工会集中度，而未来的劳动力流动性可能会影响当前的政府党派。例如，刚刚输掉选举但尚未移交权力的政府可能会制定一揽子政策来改变未来的劳动力流动性。这种预期可能使滞后的党派无法作为有效的工具变量。笔者将工具变量法运用于基于基准设定的模型1中。表6展示了结果。

表6　　　　　　　　　使用基准设定的工具变量估计

面板A：使用工具变量法，因变量 = ILM	
政府党派（连续变量）	-0.015*
	(0.008)
工会集中度 IV = Lag1	0.251
	(0.385)
政府党派×工会集中度 IV = 政府党派×工会集中度 lag1	0.010**
	(0.005)
时期	-0.138*

续表

面板 A：使用工具变量法，因变量 = ILM	
	(0.077)
常数项	-11.959
	(14.313)
观测值	119
国家数	16
Wald chi2	68.56
面板 B：使用 OLS，因变量 = ILM	
政府党派（连续变量）	-0.017**
	(0.007)
工会集中度	0.123
	(0.231)
政府党派×工会集中度	0.012***
	(0.004)
时期	-0.132*
	(0.067)
常数项	-11.163
	(12.307)
观测值	119
国家数	16

注：未报告控制变量结果。* $p < 0.10$，** $p < 0.05$，*** $p < 0.01$。
资料来源：笔者自制。

表6的面板A展示了使用工具变量法来处理内生性的结果；面板B展示了使用国家固定效应OLS结果以作参考。主要发现是使用工具变量法产生的结果与模型1和面板B非常相似。使用工具变量时关键自变量的系数符号正确，且具有相同量级的统计显著性。

工具变量的结果证实本文所提出的理论关系经受住了内生性检验。下一步研究需要识别出更好的工具变量以处理内生性。

五 结论

政治经济学文献的作者们通常假设国内跨部门要素的流动性是在政治过程之外的。笔者质疑了这一假设并且明确指出，ILM 可能会受到党派的操纵。笔者还认为党派的影响将进一步受到国内集中化的工会制度的制约。当工会分散化时，左翼政府而非右翼政府将关联着更高的 ILM 水平。然而当工会集中度上升时，工会将改变政府的行为，从而使得党派与不同的劳动力流动性水平之间的对应关系变得不那么清楚。实证分析证实了这些预期。

这一逻辑可以让我们推断，例如在亲劳工的左翼政府掌权的那些国家，它们很可能会制造有助于其继续执政的条件，并且在这些条件中就包括了劳动力流动性水平。在发达工业国家中，许多北欧国家比其他国家更适合于这种描述。然而，任何个别国家无法控制的政治和经济冲击都可能在既有联盟中产生种种变数，或仅仅是在一国的政治经济中创造新的联盟，因此左翼或右翼政府的主导地位不太可能是确定不变的。由于 20 世纪 70 年代的石油危机、全球化的新发展，以及像德国这样强大的国际竞争对手等诸多力量，即使像瑞典政治中社会民主党一样强健的政治主导地位也可能最终崩溃。

然而，为了更全面地理解此因果关系，研究应该关注党派政府可能用来影响 ILM 的政策工具。许多研究者表示，各种公共社会支出计划的不同组合可以反映不同政府的不同优先顺序[1]，并且承认政府可以将公共社会支出项目作为重要的政策工具来选择性地干预经济。[2] 循着这些研究，笔者对 OECD 国家进行了初步的时间序列横截面分析，并发现一些公共支出项目，尤其是失业补偿、劳动力市场培训以及就业激励与服务项目，对滞后的劳动力流动性水平具有重要且统计上显著的影响。因此，这些项目可能是党派政府影响 ILM 水平的政策工具。不过

---

[1] Evelyne Huber, Charles Ragin and John D. Stephens, "Social Democracy, Christian Democracy, Constitutional Structure, and the Welfare State," pp. 711 – 749; Stephanie J. Rickard, "Asset Specificity, Domestic Institutions and Policy Choice: Explaining the Form of Compensatory Policies," Unpublished Doctoral Dissertation. Department of Political Science, University of California, San Diego, 2004; Stephanie J. Rickard, "Broad versus Narrow: Explaining the Form of Redistributive Policies," 2005.

[2] Brian Burgoon and Michael J. Hiscox, "Trade Openness and Political Compensation: Labor Demands for Adjustment Assistance," Paper Presented at the Annual Meeting of the American Political Science Association, Washington D. C., August 31 – September 3, 2000; Cathie Jo Martin and Duane Swank, "Does the Organization of Capital Matter? Employers and Active Labor Market Policy at the National and Firm Levels," *American Political Science Review*, vol. 98, no. 4, 2004, pp. 593 – 611.

这已经属于未来研究的主题了。

虽然本文集中关注 OECD 国家,但是这种观察似乎具有一般性。国内的劳动力流动性似乎深刻地影响了一国的政策制定,且政府有动机干预劳动力流动性水平。这一逻辑甚至可能适用于发展中国家。例如,在中国经济改革期间,数亿农民离开农村地区低收入的农业工作,在更高薪的城市地区成为农民工。[1] 这些跨部门的劳动力流动代表了较高的国内劳动力流动性,并且有助于遏制城乡收入不平等。[2] 显然,中国的改革者放松劳动力市场监管的决定使随后的劳动力流动性提高成为可能,而早期成功的劳动力市场改革又为下一步的经济改革蓄力。[3]

---

[1] 2015 年中国国家统计局的官方数据为 2.77 亿人。

[2] Loren Brandt and Thomas G. Rawski, *China's Great Economic Transformation*, Cambridge: Cambridge University Press, 2008.

[3] Barry Naughton, *The Chinese Economy: Transitions and Growth*, Cambridge: The MIT Press, 2007.

考克斯对新的世界秩序的探索

李　滨[*]

【内容提要】　罗伯特·W. 考克斯是西方近几十年最著名的马克思主义国际关系学者（尽管他本人不愿承认是马克思主义者）。他从历史唯物主义角度建构的历史结构分析框架是近三十年西方马克思主义国际政治经济学最具创新的理论框架，影响了一批国际关系的年轻学者。他的理论开创了国际关系的批判理论先河，在其后期的学术生涯中，他始终在探索世界秩序变革的动因，倡导文明互鉴共存，相互促进，追求一种公正的世界秩序。本文悼念考克斯逝世，回顾了他一生的成长经历，以及他的学术思想与他的经历的相关性。

【关键词】　罗伯特·W. 考克斯　马克思主义国际政治经济学　批判理论

2018年10月9日，国际关系学界著名的学者罗伯特·W. 考克斯（Robert Warburton Cox，1926年9月18日—2018年10月9日）逝世。虽然这位近几十年最著名的马克思主义国际关系学者的去世没有在学界引起关注，但是，他那最具马克思主义历史唯物主义特色国际关系理论将是永远留在学界的一份宝贵思想财富。作为一个多年研究和关注他思想的中国学者，笔者特以此文来纪念这位国际关系学界的理论巨擘。

罗伯特·W. 考克斯作为西方马克思主义国际政治经济学最具代表性的学者在西方国际关系学界具有重要影响。他被列入西方具有重要学术影响的50位国

---

[*] 李滨，同济大学政治与国际关系学院同济特聘教授。

际关系思想家之一①,是国际政治经济学界的所谓"七贤人"之一,是国际政治经济学"英国学派"的代表性人物之一②,也被视为国际关系批判理论的首要开创者之一③。考克斯多年来一直处于批判理论的前沿,并且在学术上影响了越来越多的学者,这些学者形成了"后马克思主义"的批判理论学派;而且由于考克斯在批判理论上的开创性研究④,使得在西方国际关系理论中出现了一个不同于占主流地位的,尤其是在美国占主导地位的实证主义的替代理论。⑤

由于考克斯的理论与思想中历史唯物主义色彩太重,作为国际关系主流的美国学界一些人对他评价不高,也不熟悉。可以说,他整体上在美国影响不大。尽管如此,考克斯的影响依旧不容低估,他的学术思想"不仅在国际关系学科上留下了印记,而且在产业关系、社会与政治思想、政治经济学以及文明研究上都留下了印记"。他的历史主义方法给"许多学者以启示,特别是年轻学者,并且继续影响着世界各地(国际研究学者)的研究议题"⑥。即使考克斯在美国受到主流学者一定的排斥,但在美国近三十年来出现的建构主义理论中,还是可以看到考克斯理论的影子。比如,亚历山大·温特(Alexander Wendt)的建构理论中可以见到考克斯一些思想的影响,如"解决问题的理论"与"批判理论"的划分,"理论总是为某些人服务和服务于某些目的"的思想。⑦ 但在欧洲以及加拿大,考克斯拥有大量的拥趸,影响了一大批批判学者。可以说,在国际关系学界谈到批判理论,必然要谈到考克斯,把他视为开拓了国际关系研究视野,开创不同于西方主流国际关系研究范式,致力于改造与解放旨趣的国际关系理论的先

---

① Martin Griffiths, Steven C. Roach and M. Scott Solomon, *Fifty Key Thinkers in International Relations* (2nd Edition), New York: Routledge, 2009.

② 在本杰明·J. 科恩(Benjuntin J. Lohen)所著的《国际政治经济学:学科思想史》中,考克斯被认为是英国学派中仅次于苏珊·斯特兰奇的二号代表人物,见本杰明·J. 科恩:《国际政治经济学:学科思想史》,杨毅、钟飞腾译,上海:上海世纪出版社2010年版,第10、13、92页。

③ Richard Jones, ed., *Critical Theory and World Politics*, London: Lynne Rienner Publishers, 2001, p. 2.

④ 主要是指他在《千禧年》发表的两篇论文:1981年的《社会力量、国家与世界》和1983年《葛兰西、霸权和国际关系》。

⑤ Martin Griffiths, Steven C. Roach and M. Scott Solomon, *Fifty Key Thinkers in International Relations*, p. 163.

⑥ Stephen Gill and James Mittelman, eds, *Innovation and Transformation in International Studies*, Cambridge: Cambridge University Press, 1997, pp. xvii – xviii.

⑦ Alexander Wendt, *Social Theory of International Politics*, Cambridge: Cambridge University Press, 1999, p. 10. 在温特早期的作品中,如在"Collective Identity Formation and International State"一文中,温特就引用了考克斯的生产国际化和国家的国际化的思想,参见 Alexander Wendt "Collective Identity Formation and International State," *American Political Science Review*, vol. 88, no. 2, 1994, p. 393。

驱。随着全球化产生的社会与经济危机不断出现，特别是2008年金融危机之后，在西方国际关系学界，考克斯的思想和理论在欧洲和加拿大受到了越来越广泛的重视。2014年，国际研究学会（ISA）授予考克斯理论领域杰出贡献奖。

一　考克斯的早期成长阶段

每一个学者的世界观与其个人经历、学习有着密切的关联。考察考克斯的理论与思想形成必须要了解其个人的成长环境与学习历程。

考克斯1926年9月18日出生于加拿大魁北克省蒙特利尔市的一个保守而相对富裕的英国后裔家庭。其父亲家庭是来自英国的移民，母亲家庭是来自北爱尔兰的移民。但父母都是新教徒。在考克斯青少年时代，他的家庭与他生活的蒙特利尔都经历着重大的变故。

作为英国前殖民地，加拿大在1926年获得外交独立权，1931年获得议会主权（但没有修宪权）。在这一过程中，加拿大也在逐步脱离对英国的依赖，向着与美国加强政治经济依赖的方向过渡。在这一过程中，加拿大内部存在着亲英的保守势力与倾向美国的自由势力的矛盾。另外，加拿大在这一走向独立的进程中，内部的英裔人口与法裔人口为其在独立政治实体中种族的独特性和地位产生着冲突。

魁北克省是一个多元移民聚集地，宗教信仰与政治倾向多元，而且在此时处于经济与政治的变革期，更是加拿大社会矛盾的集中地。魁北克是法裔族群占人口最多省份，大部分说法语的加拿大人都居住此地，使之成为美洲最大的法语族裔人口聚集地。英裔人口在魁北克处于主导地位，法裔人口在争取自治（甚至是独立）的运动，而且由于种族的问题，这里的宗教也呈现着复杂性。新教人口与天主教人口存在着一定的隔阂。另外，此时的加拿大正处于经济格局的转化期，从过去的东西贸易格局（大西洋到太平洋之间）向南北贸易格局（与美国加强贸易联系）过渡。作为过去东西贸易金融中心的蒙特利尔，此时正处于被渥太华取代的过程中。因此，种族、宗教与经济矛盾，使得蒙特利尔成为加拿大各种社会矛盾的焦点。

在考克斯的青少年时代整个世界处于大萧条、大动荡与大转型期。从第一次世界大战结束后的经济短暂繁荣到大萧条，再到第二次世界大战；资本主义的转型、法西斯主义的兴起、布尔什维克革命及其世界影响……这一切都影响着加拿大及蒙特利尔。

正是在这种世界、国家和城市变故的复杂环境中，考克斯成长起来。在考克斯成长中首先产生影响的是他的家庭。考克斯的父亲是一个保守党人士，是蒙特利尔金融街——圣·詹母斯街上一家金融公司的会计。在考克斯 13 岁（1939年）之前，他父亲的事业比较顺利，这使考克斯家庭从蒙特利尔中下层居住区搬到了上层居住区，也使考克斯在私立学校受到了良好的教育，甚至在周末校外艺术教育中，考克斯还上过一个由中国人民熟悉的白求恩大夫资助的艺术班。但1939 年他父亲由于工作不当，造成公司损失，虽然试图借债弥补，但无济于事。这不仅导致其父亲失业，而且使其再不能获得有以前收入水平的职位，整个家庭的经济状况由此急剧变化。恶化的家庭经济状况不仅使考克斯家庭不能再像过去那样住在上层居住区，也使考克斯不能像过去那样享受私立学校的良好教育和各种校外的艺术教育。而且，由于父亲的失业与负债，父母关系也由此变坏，父亲为了工作远走渥太华，在加拿大战时价格与贸易委员会工作。虽然父母没有离婚，但两人处于考克斯所说的家庭"种族隔离"状态。考克斯父亲虽然在经济上给考克斯少年生活带来了变故，但在知识层面却给考克斯带来不少教益。

考克斯从父亲家庭系列继承的是知识带来的社会尊重以及后来家道没落的经济窘困。因为考克斯的祖父家庭与他父亲都有这样的经历。考克斯的祖父曾是一位大学老师，后来进入法律界，成为一个较为成功的律师。由于疾病中年去世，去世时给家庭留下了一笔让家人可以体面生活的财产。但由于遗嘱执行者的错误决定，使家庭财产不久"挥发"了。只是由于祖母家庭显赫以及遗嘱执行者的帮助，挽回了一些经济损失。考克斯的父亲后来上了费用较少的皇家军事学院，毕业经过辗转到了蒙特利尔一家金融公司工作。他父亲颇具文学才能，发表过诗作，家中藏书颇多。祖父与父亲在知识方面让考克斯受益良多，少年时他就接触到许多重要的书籍，培养了考克斯的知识兴趣。

考克斯母亲虽然来自一个北爱尔兰移民家庭，但也是一位保守的新教徒，而且是一位对家庭颇具进取心的女性：希望家庭进一步富足，子女受到良好的教育。正是在他母亲的倡议下，考克斯进入收费昂贵的私立学校接受教育。考克斯母亲的家境优越，他的外祖父是蒙特利尔银行的部门经理。母亲有 11 个兄弟姐妹，这个家庭成员之间有较强的凝聚力与忠诚感。家里的亲戚之间走动与联系比较频繁。这种凝聚与忠诚在面对文化上的他者时也表现出一种团结性。所以，这个保守家庭具有较强的爱国主义，考克斯母亲的两个兄弟在第一次世界大战中死于法国战场。因此，考克斯曾说，他从母亲家族继承的是适度的物质性追求和爱国主义（他母亲家族对英帝国事业忠诚，而考克斯是追求加拿大成为一个不依附美国的独立国家)。正是母亲家族的这种价值观,在其父亲失业之后,考克斯父母关系发生了变化。一次,考克斯听到其母亲与她妹妹谈话中对其父亲的暗讽,再加上后来母亲对父亲态度,使考克斯对父亲带有一种同情,使他不愿参与"对一个从社会流行的标准来看是不成功的人的排斥"①。可能正是如此,考克斯后来对自由资本主义持批判态度。

家道中落后的考克斯感到了家庭社会地位变化,这种变化不仅表现在宗教的教区活动中,也反映在职业生活中。考克斯个人也由于家庭经济问题只能转到公立学校接受中学教育,并且在课余时间和假期还要做零工,补贴家用。中学毕业后,考克斯1941年进入位于蒙特利尔的加拿大著名高等学府——麦吉尔大学(McGill University)。但上大学的决定因素是他获得了奖学金,否则,他的家庭是无法承担他的大学学费的。最初考克斯希望大学毕业后从政,但是他的家庭经济状况不容许他学习法律。他入学时学的商科,后来可能是由于学习兴趣,他转向了历史。

在大学期间,考克斯广泛接触社会。一是由于经济原因需要他假期打工,使得其接触到农村、工厂。二是由于他参与政治活动接触到加拿大政治。

接触农村是在1939年,当时由于第二次世界大战爆发,许多青年人应征入武,秋收缺乏人手,政府征召城市青年到农村帮助秋收。考克斯在这一过程中被安排到萨斯喀彻温省参加秋收。按要求一个农场配备一个卡车司机,但是由于司机不够,他与两个同学虽然没有这方面的经验,却一同被指定做卡车司机。考克斯从中开始了解了计划过程的官僚思维。②

接触工厂是在暑假到工厂打工。考克斯到蒙特利尔北部一个工厂做装配工。几个假期的工作使他了解了不同于他熟悉的资产阶级和小资产阶级家庭的工人,而且了解了工厂中阶级斗争一些情况。如工厂在按工人工作进度设定工作量时,考克斯所在的工组领导通过把所有工人安排到不熟悉的工序中来降低产量,从而保证大家不需要以最大限度工作但却可以获得较高收入。在工厂工作中,考克斯通过一个比他稍大的女工还接触到蒙特利尔的共产党人。通过这个女工,考克斯可能当时阅读了一些共产主义的书籍,还参加过当地共产党人的私下学习。大概是考克斯在学习中表现出来的自由倾向,不久他被告知不要参加这些会议了。

蒙特利尔当时的政治环境使得考克斯的政治启蒙很早。他10岁时就产生了

---

① Robert Cox, *Universal Foreigner: the Individual and the World*, London: World Scientific Publishing, 2013, p. 32.
② Robert Cox, *Universal Foreigner: the Individual and the World*, p. 36.

政治意识。因为当年保守党人莫莱斯·杜普莱西斯（Maurice Duplessis）联合自由党中一个派别组成的政党——"民族联盟"在魁北克省级选举中击败了长期执政的自由党。这一选举结果使得只有10岁的考克斯感受到了周围成年人对不确定的未来的焦虑不安。

作为法裔人口的大省，魁北克自加拿大独立以后就开始了法裔人口的自治运动。由于历史的原因，保守的英裔人口对法裔人口（和天主教徒）都具有一个自以为是的、颇为自得的优越感。英裔人口与法裔人口很少交往。而且法裔人口在第一次世界大战时就征兵问题与英裔人口存在着矛盾。这使得少年考克斯出于好奇希望了解这些法裔人口。在当时的政治环境下，蒙特利尔的法裔加拿大人在政治动员上比英裔加拿大人搞得有声有色，经常在广场进行演讲。少年考克斯经常混在人群中听一些法裔加拿大政治人物的广场讲演。这是当地英裔人口中很少出现的现象。在这一过程中，考克斯逐步地增加了对法裔人口为什么要保持民族身份的了解，对法裔加拿大人被压制的地位开始抱有同情。在爱德蒙·伯克的思想影响下，他逐步认为，法裔人口是一个具有务实精神和人文主义精神的保守主义，即他们的政治意识专注于社会连带关系和在一个敌对环境下民族的生存。①

上大学后，魁北克的民族问题由于第二次世界大战征兵问题变得尖锐起来。法裔人口的民族主义也由此高涨。考克斯在阅读当地著名法文报纸《责任报》（Le Devoir）时，发现了一个支持魁北克民族主义运动的英裔历史学教授戈登·罗思尼（Golden Rothney），两人由于政治倾向相同在后来成了长期朋友。在当时，罗思尼是法裔民族主义政党"民众集团"（Bloc Populaire）支持者。在他的引见下，考克斯结识当时魁北克"民众集团"的领导安德烈·洛朗多（Andre Laurendeau）。由此，考克斯介入了当地的政治。他为罗思尼和洛朗多竞选助力，为两人准备英文演讲稿，向当地的英裔人口介绍"民众集团"的政治主张。洛朗多反对英美主导的资本主义的社会民主观以及法裔人口在保持文化独立性基础上与英裔人口共处多元文化观，都给后来考克斯的思想留下了重大印记。可以说，考克斯后来的一些思想最初都受到当时魁北克法裔民族主义中左翼派别——"民众集团"的影响，如多元文明共存的世界秩序、反对政治文化上的帝国主义、反对经济全球化中的新自由主义〔他称为极端自由主义（Hyperliberalism）〕。

---

① Robert Cox and Timothy Sinclair, eds., *Approaches to World Order*, Cambridge: Cambridge University Press, 1997, p. 20.

在当时加拿大魁北克以外地区还有一支英裔人口的社会民主力量——"合作共同体联盟"（Cooperative Commonwealth Federation）。但英裔人口中这支社会民主力量与法裔魁北克的社会民主一直没有团结起来。他们都或多或少受到马克思主义的影响，但是两者都受到不同的文化改造。"民众集团"受到了欧洲和天主教文化的改造，"合作共同体联盟"受到英国劳工运动、美国进步运动、新教社会信条的改造。因此，双方互不理解，没有交集。这也对考克斯后来强调多种文明相互尊重与理解有着一定的影响。

在考克斯青少年时代，对他的世界观产生影响的另一个方面是他的阅读。从中学到大学时代，考克斯阅读不少重要的政治、历史、文学作品，其中一些对他的世界观产生了重大影响。这其中有上面提到的伯克作品，其他还有 E. H. 卡尔（E. H. Carr）、乔治·索列尔（Georges Sorel）、R. G. 柯林伍德（R. G. Collingwood）、N. 马基雅维里（N. Machiavelli）、O. 斯宾格勒（O. Spengler）、陀思妥耶夫斯基（Dostoyevsky）的作品。

从伯克那里，如上所言，考克斯接受了一种社会连带主义。但这种社会连带主义已经没有了保守主义的等级成分，考克斯把它与社会主义相联系，认为社会连带是由个人之间相互的义务而形成的社会纽带，而不是自由主义所说的由个人利益形成的社会契约。

青年考克斯几乎读过卡尔的所有作品。卡尔的思想是他最大的思想启蒙。从卡尔那里，考克斯接受了反对自由主义绝对理想化的政治现实主义（《20 年危机：1919—1939》），形成了一种与历史相互结合的现实主义观。从卡尔的《民族主义以及以后》中，他知悉了 19 世纪到 20 世纪之间经济、文化、意识形态、社会因素与政治结合对结构变化的影响；认识到个人、国家和世界是联系的，研究世界不能把各个分析层次孤立起来，具体事件或运动的产生有着更深刻的社会背景。正是这种多层次的结构分析观，使考克斯工作后阅读了费尔南·布罗代尔（Fernand Braudel）和一些法国年鉴学派（the Annales school）作品。布罗代尔的不同结构时长的思想，如事件时间（event time）、变革时间（conjunctural time）和最基础结构长时段等观点，对他后来认识世界、国家和社会的不同结构的变化影响很大。而且，由于卡尔这个"红色教授"（倾向于布尔什维克主义）的色彩，考克斯从他那里，接触到俄国作家如陀思妥耶夫斯基的文学作品以及卡尔·马克思（Karl Marx）、尼古拉·布哈林（Nikolai Bukharin）等人的思想、布尔什维克革命、历史发展的多元因素论。

考克斯的现实主义世界观的另一个源头大概是马基雅维里。在大学时代，考克斯读过一本《马基雅维里主义者》(The Machiavellians)。从这本书中，考克斯从作者那里知道了权力的内在机理和国家之谜，"以简单的'民治'意义的民主在社会学上是不可能的。人们必须了解所有大的组织，包括国家在内，都是由精英统治的。为了使臣民和被压迫者要保持一定的首创性，重要的是人民要知道这一切是怎么发生的"。在这个意义上，考克斯认为，马基雅维里主义者是"自由的保卫者"①。这在某种程度上，类似于马克思对马基雅维里的评价："已经用人的眼光来观察国家了，他们从理性和经验出发，而不是从神学出发来阐明国家的自然规律。"②

　　索列尔作品也是青年考克斯阅读最多的作品。从索列尔那里，考克斯了解社会心理与社会物质环境之间的关系，即社会存在与社会意识之间的关系；接受了索列尔关于在历史的发展进程中，历史发展是不可预测的，意识具有重大的反作用的观点。用考克斯的话说，"没有激情什么都无法实现"③。这是考克斯在接触安东尼奥·葛兰西（Antonio Gramsci）著作之前，最早阅读到关于主观能动性在社会和历史发展中可以发挥促进作用的作品。可以说，正是索列尔的铺垫，才导致后来考克斯接受了葛兰西许多思想，也是考克斯后来批判把马克思主义等同于经济决定主义的观点。但在当时，索列尔的作品唤起了他对人类事务研究上的实证主义和伪科学的怀疑。由于索列尔的社会民主党渊源，考克斯也接触到马克思的历史唯物主义。索列尔的结构主义后来无疑也对考克斯的"历史结构"有着重要影响。

　　从阅读柯林伍德的作品中，考克斯学会了如何学习历史。学习历史就是理解历史，不是从过去收集数据，也不能把历史作为一种线性式的、通往某种终结目标的机械过程，而是要理解各个历史时期的社会心理特征以及它的产生环境，理解这种社会心理是如何引导人们行为的。用考克斯的话说，"思想是一种理解各种物质、文化和意识形态共同影响塑造历史的切入点"④。这种观点与索列尔的主观能动性在历史发展中的作用很相似，但这种对思想的强调并不是一种唯心主义的把所有的历史都看成是思想的产物，有点类似历史唯物主义中所谈的由社会环境产生的主观思想。柯林伍德与索列尔这种强调社会结构中的主观因素都对考克斯后来接受葛兰西的主观革命论思想有着密切的关系。柯林伍德的著作也是后

---

① Robert Cox, *Universal Foreigner: the Individual and the World*, p. 39.
② 《马克思恩格斯全集》（第 1 卷），北京：人民出版社 2002 年版，第 227 页。
③ Robert Cox and Timothy Sinclair, eds., *Approaches to World Order*, p. 27.
④ Robert Cox, *Universal Foreigner: the Individual and the World*, p. 38.

来考克斯专门从事学术研究后去读 G. B. 维科（G. B. Vico）的重要原因。从维科那里，考克斯确认了存在着与实证主义社会科学研究不同的历史主义方法。

另一本对青年考克斯有着重要影响的著作是斯宾格勒的《西方的衰落》（*Decline of the West*）。在这一本书中，吸引考克斯的不是斯宾格勒的西方文明进入最后阶段的悲观主义，而是斯宾格勒在书中展示出来的"文化的所有方面的相互联系、数学与建筑的联系性、政治与性的联系性"①。这种普遍联系的观点与上述卡尔、索列尔、柯林伍德谈到的整体的社会观都有一定的联系。

虽然考克斯从没有提到他在青年时代专门阅读过马克思的书，但其从卡尔、索列尔那里无疑是接触到某种历史唯物主义。而且这种注重主观能动作用的历史唯物主义与"机械式"理解历史唯物主义有着一定的区别。这对考克斯后来从有机的而非机械的观点认识世界秩序并谋求改造是最早的启示。

可以说，考克斯青少年时代处于一个变革的时代，有关历史变革及其背后的原因，什么是结构变革的施动者，施动者的思想状态及其产生的结构背景之类的著述对他影响很大。这也是时代在他心里的反映。另外，作为家庭背景和民族社区的"异类"，他也特别爱读一些描写孤独者的作品，比如考克斯认为，陀思妥耶夫斯基的《白痴》中"梅什金王子"是孤独者的偶像。

二　国际劳工组织的官员

1947 年考克斯从麦吉尔大学硕士毕业后进入国际劳工组织（ILO）当低级公务员。第二次世界大战中因为国际劳工组织逃避战乱而迁到加拿大，正好"借宿"在麦吉尔大学。由于考克斯具有英法双语优势，成绩优异，在大学期间是政治活跃分子，并且曾经在英国驻美国大使馆打工，加之其他一些社会关系，这是他被国际劳工组织招募的优势条件。

战后随着这一组织迁回日内瓦，考克斯 1948 年也到了日内瓦，并在这一组织中总共工作了大约 25 年。考克斯当时之所以愿意到欧洲工作，主要出于两个原因：一是想从被边缘化的环境中找到一个解脱的机会。因为他的政治观点已经与当时加拿大英裔社会环境所接受的一切格格不入，因为他同情魁北克法裔人口的民族主义运动；二是因为他具有两种文化背景和了解两种不同文化是怎样看待世界的经历，他认为这对在联合国体系（ILO 战后属于联合国体系）内工作具有

---

① Robert Cox, *Universal Foreigner: the Individual and the World*, p. 38.

优势。

在国际劳工组织中考克斯先是在行政办公室做低级公务员,处理与其他国际组织的关系。他的直接上司是克拉伦斯·詹克斯(Clarence W. Jenks)。他当时是国际劳工组织的法律顾问,在行政办公室负责国际交流,后来成为国际劳工组织的总干事(1970—1973年)。此人在战后国际劳工组织发展上发挥了重要作用。詹克斯把他的世界观带入了国际劳工组织,这是一种全球主义观,即通过一个扩大的国际法网络把各国的独特性融入不断发展的全球治理体制中。① 在詹克斯手下工作,考克斯感到詹克斯对其追求的事业有一种自以为是的态度,认为他的政策是正确的,是为了改进人类社会,但他不知道理解其他人的思想(尊重他人)。詹克斯这种绝对理想主义的世界观(E. H. 卡尔所描述的"乌托邦主义者"),很快就使起先崇拜他的考克斯不适应,因为他要求他的手下绝对忠诚于他的事业,而考克斯持一种来自卡尔的务实与相对主义的世界观。虽然詹克斯在国际劳工组织和其他国际组织中有许多崇拜者,无疑也是一个魅力性的政治人物,但考克斯与他相处并不轻松。正是在詹克斯手下工作,也使考克斯最初看到了一些国际组织官员所具有的普遍性(universal)思维。

在日内瓦生活过程中,考克斯也见证了日内瓦(甚至整个瑞士)对外国人的等级式对待。日内瓦有两类外国人,一类是有特权的外国人,包括外交官、国际组织和跨国公司的雇员;另一类是处于弱势的外国人,他们是在工作许可中有许多限制的外来者。但两者都处在瑞士的控制监视之下。后者从事一些有钱人不愿从事的工作,如果必要时,这些人不能待在瑞士。在日内瓦生活,考克斯还发现一种现象:一些民族喜欢与本民族的人聚集在一起。美国人一般是通过正式的社交场合聚集,法国人通过非正式的网络联系,而加拿大人则不喜欢聚集起来。考克斯曾经想把当地居住的加拿大组织起来,但是没过多久就失败了。考克斯猜测这可能是由于当时加拿大人之间存在着领导权竞争,也可能是人们不感兴趣,也恐怕是加拿大人在文化上是向外看而非向内看的。当地的加拿大人往往习惯同外国人交朋友。从这一经历中,考克斯比他在魁北克发现了更大的民族差异性。这与他后来提出的世界秩序以多元民族相互尊重为基础相关。

1948年国际劳工组织选举美国人戴维·莫尔斯(David Morse)为总干事。这改变了过去欧洲人主导国际劳工组织的局面,这也是美国主导战后国际秩序的体现。但是,莫尔斯作为罗斯福新政时代的美国官员上任后的第一个工作就由于

---

① Robert Cox, *Universal Foreigner: the Individual and the World*, p. 61.

冷战而夭折。莫尔斯上任积极配合美国把国际劳工组织工作转向具体的战后重建工作。莫尔斯第一个工作是移民工作。他打算在移民问题上配合马歇尔的帮助欧洲重建计划。这一计划设想是从"劳动力过剩"的欧洲移民几百万人到北美、南美和澳洲，这其中包括150万难民和无家可归者。国际劳工组织的工作就是为移民的遴选、运输、培训和安置制订计划并组织实施。但这一工作随着冷战的发展遭到美国和苏联的反对，美国担心移民过程中的共产主义渗透，而苏联要求难民回到母国而不是移民他国。最后美国联合欧洲一些国家成立"欧洲移民跨政府委员会"负责这项工作，以便于美国的直接控制。这一工作的失败对一心与美国对国际组织思维保持一致的莫尔斯是一个打击。莫尔斯原来希望按照美国对国际劳工组织的要求国际劳工组织以一种独立的面貌进行工作，体现一种普遍主义。但这种设想在冷战中没有得到美国的支持。后来类似的事件在莫尔斯任上发生过多次，以致他主要与美国的一些政治势力斗争。在这一项计划中，考克斯作为低级官员虽然没有参与多少，但此事和以后经常出现的国际劳工组织与美国的矛盾使考克斯对国际劳工组织运作内在困境有了深入了解。

1952年正在考克斯对在国际劳工组织中的工作感到无聊，准备回加拿大重找工作时，莫尔斯决定把他纳入他个人的"内阁"成为他的主要行政助理，使他继续留在国际劳工组织。

成为莫尔斯个人"亲信"后，考克斯可以近距离地观察这位国际组织的首脑，体会莫尔斯强烈的普遍性思维，体验国际劳工组织的运行。莫尔斯从没有把其作用置于具体的政策领域，而是希望作为一个国际组织首脑以一个普遍性的角色介入世界的所有冲突。在阿以冲突中，他的这种愿望表现最为突出。莫尔斯是犹太人，虽然他对以色列抱有个人情感，但从不公开流露，并与埃及纳赛尔政府建立了良好的关系，希望作为国际组织首脑以一个普适性的立场来调解阿以冲突。在第二次中东战争中，考克斯跟随莫尔斯到访中东各国，也使他接触到中东各国的国情和复杂的政治社会状况，了解了当时错综复杂的文明冲突，这使他观察到了一个不同于西方的文明。

后来，考克斯跟随莫尔斯访问南亚各国，也使他认识到南亚各国不同的社会发展模式和文化传统。再后来考克斯担任国际劳工组织项目和规划处领导，以及担任国际劳工组织内部的国际劳工研究所所长，这使他有机会访问更多的国家，如拉美、苏联和东欧国家，比较深入地了解一些国家的社会发展与变化状况，工会组织与发展状况，生产组织过程中的社会生产关系。这使得考克斯后来在研究国际政治经济上比只有书斋经历的学者有着无法比拟的优势。他不仅看到了不同国家的工人运动与政治发展状态，以及其背后的社会经济、历史文化的原因，而且体会了不同国家的民族文化心理，形成了一种多元的世界印象；同时，通过这种世界性游历，考克斯也感到，国际劳工组织一些源于西方国家的"一刀切"普适主义的做法并不适应一些国家的国情。这使得从过去青年时代获得的相对主义思维变得更加具体，更加巩固。这对他后来思考世界秩序中普适主义与相对主义的相互关系有着极其重要的作用。

在国际劳工组织 25 年的工作经历，使考克斯亲身体验了冷战中国际劳工组织生存过程中的政治斗争以及这种政治斗争对国际组织所要体现的"普遍性原则"产生的破坏作用。这种作用体现在三个方面：（1）美国对普遍性原则的破坏。莫尔斯来自美国，必须获得美国的支持。但他的国际组织普遍性思维（接纳苏联与东欧国家参与国际劳工组织活动）以及新政时代官员的特征，使他经常受到美国国内劳工运动中冷战强硬派的攻击，指责他"对共产主义软弱"，还受到美国国内商界的反动势力攻击，指责他是"渐进的社会主义"（creeping socialism）。这使得在莫尔斯领导的国际劳工组织所要体现的普遍原则经常受到掣肘。（2）西方国家集体对苏联东欧国家的抵制形成的破坏作用。作为一个普遍性国际组织必须容纳苏联与东欧集团，但在国际劳工组织中由于西方国家占主导地位，能形成投票的多数，他们经常以排他性的、反共的"三边主义"（国家、工会和资方共同参与）口号来排斥苏联与东欧国家。（3）国际劳工组织内部的"封建式"分封制官僚模式的冲击。在国际劳工组织中各构成部门属于一个"男爵式官僚领导"，形成了各个部门自己的独特性，这对国际劳工组织要实现与维护计划的协调性造成了一定的困难。特别是一些主管领导来自不同的国家（国际劳工组织主要在四大国——美英法苏），更是造成工作的协调困难。①

但是，考克斯在国际劳工组织随着他"不合规矩"的思维逐步地变成了"另类"，又一次成为他生活环境中的"异类"。1964 年考克斯利用休假在日内瓦大学研究生院教了一年书，其间写了一篇"行政首脑：论国际政治组织的领导权"的论文（它后来发表在《国际组织》1969 年春季号上）。这一论文对国际组织首脑在一个分裂的无政府国际体系中如何创新国际组织的作用，逐步把国际组织变成一个超国家的全球治理机构，推动国际体系的整合进行了政治分析。在论文中，考克斯提出了行政首脑为实现这一目标应具备怎样的个性和政治素

---

① Robert Cox and Timothy Sinclair, eds., *Approaches to World Order*, pp. 21 – 22.

质,如何在国际组织内部与来自不同国家的国际公务员打交道,如何与各国打交道……①这一论文可以说是考克斯作为高级国际公务员依据其在国际劳工组织经历比照一些国际组织成功与失败的经验进行的现实主义的权力分析。因为这一论文的题目据考克斯说都来自马基雅维里《君主论》。这篇论文立即在国际劳工组织内闹得沸沸扬扬。因为在国际组织中存在着表面的道德理想主义,这篇论文也触动了"国际组织的意识形态的原始神经"。国际劳工组织中的批评者(主要是来自西方国家阵营中的工作人员)认为他是一个没有道德的马基雅维里式的民粹主义者,批判他"亵渎了圣地",对他的人品表示出怀疑。由于他是总干事莫尔斯的亲信,与莫尔斯有着大体相同的世界观,在"老板"的庇护下,这一论文并没有影响他在国际劳工组织的地位。此后,考克斯调入了由他创建的国际劳工研究所,不久担任所长(相当于助理总干事的职位)。并且莫尔斯给予这一研究机构在研究上独立权,不受国际劳工组织已有的陈规观念束缚。

　　1971 年考克斯发表了第二篇在国际劳工组织中"得罪人"的文章。考克斯以化名 N. M. (以马基雅维里 Nicolas Machiavelli 名字首字母开头)在美国《外交》期刊当年春季号上发表了《危机中国际劳工》。在这篇文章中,考克斯提出由于整个世界变化,以西方国家主导的国际劳工组织面临着巨大危机。因为它不能适应苏联与东欧已经成为世界政治的重要力量,不能适应发达国家内部的非工会工人的需求以及社会对公共产品质量的要求,不能适应新独立的发展中国家参与权以及发展的要求和它们国内工人、政治和雇主关系状况的要求,也不能应对正在兴起的生产全球化产生的社会问题。因此,国际劳工组织面临着生存的危机,要摆脱这种危机,国际劳工组织就必须在目的上、运作模式上、工作重点上和人员上进行结构改革,增加其自主性、普遍性和深入介入上述问题。发达国家特别是美国不能短视,沉溺于反共,应当积极主动,支持国际劳工组织的改革。②考克斯这篇论文的发表再一次引起了国际劳工组织内部的争议。但这次没有得到劳工组织的首脑的支持,当时的总干事詹克斯对此非常不满。虽然这篇文章是以匿名发表的,但考克斯作为头号怀疑对象被认为是作者。詹克斯要求今后所有劳工组织的官员发表与工作相关的著述必须得到他的批准。但考克斯认为这是詹克斯对研究所独立工作的干预。这样他与詹克斯个人矛盾开始升级。

---

① Robert Cox, "Executive Head: an Essay on Leadership in International Organization," in Robert Cox and Timothy Sinclair, eds., *Approaches to World Order*, pp. 317 – 438.

② N. M., "International Labor in Crisis," *Foreign Affairs*, no. 2, 1971, pp. 519 – 532.

过去詹克斯曾作为考克斯的直接上司,两人存在哲学观和个性上的差异,考克斯就对他就敬而远之。后来考克斯成为莫尔斯的"亲信",由于莫尔斯与詹克斯的关系不佳考克斯也与其关系不密。更重要的是,1970年莫尔斯辞职,但竞选总干事过程中,考克斯在加拿大政府和一些劳工组织高级官员的鼓动下被动地成为竞争对手。虽然考克斯最终没有参加正式的竞选,但他与詹克斯结下了个人恩怨。这种个人恩怨随着詹克斯的当选不断恶化。最后发展到考克斯不得不辞职。具体原因是考克斯利用休假与密歇根大学的哈罗德·雅可布森(Harold Jacobson)合作编著了由一些著名学者共同撰写的《影响的解剖:国际组织的决策》(*The Anatomy of Influence: decision making in international organization*,此书1975年由耶鲁大学出版社出版)一书。在出版前,考克斯把有关内容向詹克斯作了汇报,但声称这只是为了让詹克斯知道信息,而不是为了寻求他的批准。结果,詹克斯不允许考克斯出版此书。这导致他愤而辞职,到哥伦比亚大学担任政治学教授。多年来考克斯对詹克斯的做法耿耿于怀,认为他"不是一个可以用文明方式就他们之间差异进行对话的人"[①]。

三 大学任教后的学术研究生涯

考克斯虽然在国际劳工组织任职时一直就有回到学术界进行学术研究的想法,但每一次都由于各种原因而没有实现。在20世纪50年代末,他得到洛克菲勒基金资助到伦敦经济学院攻读博士学位也由于工作的需要没有成行。20世纪60年代到他从国际劳工组织辞职前,有许多美国和加拿大著名大学给他优厚的待遇聘请他,也是由于种种原因与工作前景的吸引没有入职。甚至在他辞职前,曾接受了哥伦比亚大学聘请后又毁聘。1972年辞职进入哥伦比亚正式全职进行学术研究可以说是考克斯长期以来的心愿,虽然在一开始也有一个适应的过程。

考克斯全职进行学术研究是有基础的。在担任国际劳工组织国际劳工研究所所长的那些年,考克斯在学术界积累了大量的人脉。他和许多政治学家成了"兄弟",这其中主要是美国学者,也有一些英国、德国与法国学者。因为考克斯利用职务之便邀请这些学者来日内瓦国际劳工研究所进行交流与研究。同时,由于考克斯的这一身份,他也经常受邀参加许多学术会议,到英国、美国、法国

---

① Robert Cox and Timothy Sinclair, eds., *Approaches to World Order*, p. 24.

和加拿大许多大学进行讲学与访学交流。在他辞职前，由于这种外出交流的频次太多，以致当时担任总干事的詹克斯发牢骚，认为考克斯不能成为"缺席的地主"（absentee landlord）。正是在国际劳工组织担任国际劳工研究所所长积累的经历以及由此积下的人脉，使他在入职哥伦比亚大学后很快地就融入了美国相关的学术网络中，并经常组织和参加一些学术活动。

今天中国国际关系学者熟悉的美英老一代学术"大咖"都与考克斯有着或多或少的学术交往，如美国新功能主义的创建者、著名的《超越民族国家》的作者厄内斯特·哈斯（Ernst Haas），美国最著名的国际组织研究者、《化剑为犁》的作者英尼斯·克劳迪（Innis Claude）；英国国际政治经济学创建者苏珊·斯特兰奇（Susan Strange）（考克斯与她后来成为终生的最好的朋友）。包括后来在美国大名鼎鼎的约瑟夫·奈（Joseph Nye）、罗伯特·基欧汉（Robert Keohane）等人都曾与考克斯有过一定的学术交往。如约瑟夫·奈参加过上述"影响的解剖：国际组织的决策"项目，基欧汉曾在著名的《国际组织》期刊编委员会担任编委并做具体的编辑工作，而考克斯此时是《国际组织》编委会主任（考克斯曾两度担任《国际组织》的编委，1969—1975年，1979—1980年，在后一个时期他接替厄内斯特·哈斯担任编委会主任）。

在大学从事学术研究过程中，考克斯的学术思想也有一个转变的过程。从实证功能主义者转变到历史哲学的批判主义者。考克斯说在哥伦比亚大学任教这一段早期，他是后来被本杰明·科恩（Benjamin Cohn）称之的国际政治经济学美国学派的"同路人"。因为当时美国的学者都转向了"科学主义"的方向，考克斯也开始"入乡随俗"。并且他早期的学术著述如上述提到的《行政首脑》《影响的解剖》都带有结构功能主义方法论。但是，结构功能主义的方法是他后来称为"解决问题"的理论方法，这与他青年时代的历史哲学的学术训练不太相契合。更重要的是，它与考克斯对世界的认知有着较大的差异。考克斯自己认为，1968年世界发生的一系列事件（法国的"五月风暴"、美国的民权运动、苏联入侵捷克斯洛伐克）预示着整个世界开始了一场结构性变革，后来世界发生的重大事件在不断地促进这种变革，冷战后建立的霸权不论东方的还是西方的，都在经历着挑战。这一切以及他个人在国际劳工组织的经历促使他逐步脱离功能主义方法，在20世纪70年代转向他学生时代就接受的历史模式的思维以及维科和马克思的批判思想。这一转变整整经历了10年，到1981年和1983年他那两篇著名的论文（《社会力量、国家和世界秩序：超越国际关系理论》《葛兰西、霸权和国际关系》）在《千禧年》（Millennium）发表时才彻底完成这种转变，形成他完整的思想体系。① 在这一过程中，他从哥伦比亚大学转到了加拿大多伦多的约克大学（York University）。

在他回加拿大工作的过程中，约翰·霍尔姆斯（John Holmes）——这位曾经的加拿大著名外交官，后来担任加拿大国际事务研究所所长的加拿大国际研究学界的著名人物——发挥了重要作用。他于1977年致电考克斯，请他考虑回加拿大任教。考克斯感到这一次如果再不接受邀请将不可能再有回加拿大工作的机会。这使得考克斯在离开加拿大30年后彻底回归加拿大。促使他"落叶归根"加拿大的其他原因，除他在美国的移民身份与工作任期不契合，以及他不喜欢所居住的环境（康涅狄格州的一个商业公司高管居住区，这与他以前习惯居住的日内瓦国际社区区别很大）外，很可能主要还是美国大学的研究氛围与考克斯的研究取向与学术趣味不同。因为他认为，回加拿大任教的约克大学政治系是一个活跃而年轻的系，是一个兴趣相投的学术之家。最后一个吸引他回加拿大工作的原因是魁北克的自治政党"魁北克党"在1976年省级选举的胜利。这一胜利重新燃起考克斯青少年时代对魁北克政治的兴趣。这种兴趣甚至使他在1981年魁北克主权公投时到魁北克市的拉瓦勒大学（Laval University）教了一个冬季学期的书②，以便近距离地参与这一选举。

考克斯的这种转变，除与他在青少年时代的教育和经历有关外，也与他在任国际劳工组织国际劳工研究所所长时组织所内的一个课题研究有关。这一项目调查自第二次世界大战后以世界各地的生产关系（当时称为产业关系 industrial relations），去发现整个"劳动"世界中社会生产关系格局的多元性，以及社会生产关系的特征，目的是由此发展一种"概念框架，以此能理解社会结构的变革"，去发现社会变革的刺激因素，并以此来发现国际劳工组织在这种多元而变化的"劳动世界"中怎样面对挑战，使其在促进世界变革中重新在整个世界发挥重要作用。这一课题的基本设想在上述提到的考克斯以化名 N. M. 在《外交》上发表。

这一课题随着考克斯辞职中止了。考克斯任教后又把这一课题重新拾了起来了。这一课题原准备出版四本著作：第一本由考克斯撰写，主要是尽可能结合具体历史形势设计出理论框架；第二本是涉及不发达国家和处于发达国家边缘的未受保护的工人状况，由考克斯在研究所的同事杰里·哈多德（Jeffery Harrod）撰

---

① Robert Cox and Timothy Sinclair, eds., *Approaches to World Order*, p. 26.
② Robert Cox and Timothy Sinclair, eds., *Approaches to World Order*, p. 30.

写；第三本是涉及苏联式社会主义国家社会生产关系；第四本是涉及发达国家常规的劳动生产关系。后两本没有分配给具体人写。正是在组织这一课题的研究过程中，考克斯越来越感到美国主流的学术研究氛围与这一课题的研究不相适应。因为美国主流的学术氛围是一种维护现状的世界观与方法论，而历史唯物主义作为一种世界观与方法论更适用于设计这一课题的理论框架。历史唯物主义与考克斯在青少年时代获得的知识结构更易衔接，更适用于促进社会变革的研究。

正是在这一课题的研究过程中，考克斯在1981年发表了《社会力量、国家和世界秩序：超越国际关系理论》作为整个课题研究的理论框架。论文中的思想是考克斯20年思考的结晶。这一文章在他的终身好朋友苏珊·斯特兰奇（Susan Strange）的鼓励和建议下得以发表。最初这一论文是在美国的国际研究学会（ISA）年会上宣读。斯特兰奇听后建议把文稿寄到伦敦经济学院《千禧年》编辑部，但编辑们并不看好这一论文，对论文做了彻底的批判。在斯特兰奇的支持下，考克斯对批判做了一一回应后才得以发表。可以说，该文中提出的分析国际政治经济和国际关系的理论框架是考克斯学术研究的最大理论创新。他创立了一种全新的以历史唯物主义为基础的国际政治经济学理论分析框架。他后来做的研究大体上都是在这一框架下进行的。这一论文后来成为国际关系中的经典，翻译成多种文字[①]，得到广泛传播。直到2006年文章发表25年后，《千禧年》编辑还告诉考克斯，许多人还在索求文章。正是这篇文章使得考克斯被归入"英国学派"的代表人物，也奠定了他国际关系学界重要思想家的地位。

1983年在《千禧年》发表的《葛兰西、霸权和国际关系》一定程度上是考克斯研究这一课题的方法论。他把葛兰西的一些重要思想与概念引入了国际政治经济学的研究。虽然考克斯后来不太赞成有人把他归入国际政治经济学研究的葛兰西学派代表人物，认为重视思想观念作用的学者在葛兰西之前就存在，是欧洲的思想传统的一支。但是，他后来的研究，特别是对世界秩序变革的研究许多是与葛兰西一致的，如他强调建立新的世界秩序，国际层面的公民社会是促进变革的重要力量，观念变革是促进人们行动去变革世界的先决条件。所以，把考克斯视为国际政治经济学葛兰西学派的代表人物也是有一定道理的。正是葛兰西这种强调主观先行作用的历史唯物主义观被考克斯应用到国际政治经济学，应用到如何改造国际关系和世界秩序中，形成了他的理论框架的独特性。

考克斯领导与参与这一课题研究的最终作品是1987年出版的《生产、权力

---

① 中文版收录在《新现实主义及其批判》（北京：北京大学出版社2002年版）一书中。

和世界秩序：社会力量在塑造历史中的作用》一书。这是用上述的理论框架与方法结合19世纪以来的历史，分析生产、生产关系的变化对塑造世界秩序上的作用的专著。这是考克斯第一本个人专著。在这本书出版过程中，斯特兰奇作为书的审阅者给予了高度评价，认为"能标志着对国际事务感悟起转折点作用，并能成功地向全新方向重新引导思想与观点的书，是凤毛麟角的。公正地说，这本书算是一本，尽管这本书不太容易读"①。这本书出版时，由于西方处在经济全球化的发展期，人们对经济全球化带来的负面作用开始有所感受，因此此书也非常畅销，并译成多国文字②。可以说，这本书更全面地应用了历史唯物主义基本方法与观点阐述了世界秩序变革的内在动因。只要读过马克思与恩格斯写的《德意志意识形态》和《〈政治经济学批判〉序言》，再读一下这本书开头的"主题"，就会感受到书中的历史唯物主义的思维。"生产创造了社会存在所有形式的物质基础。人们在生产过程中共同努力影响着社会生活的其他方面，包括政体。生产产生了发挥权力作用的能力，但权力也决定着生产发生的方式。"③ 这不是历史唯物主义谈到的"经济基础决定上层建筑，上层建筑具有反作用"换了一种表达方式吗？书中坚持的生产过程中的阶级（斗争）分析与一些所谓的西方马克思主义谈历史唯物主义脱离了生产，否定阶级（斗争）形成了鲜明的对比。所以，尽管考克斯不愿被人贴上马克思主义者的标签（可能是出于生活在西方社会的考虑），但他思想中的这些因素很难与马克思主义相剥离。

考克斯大学任教期间第二个研究的方向是文明与世界秩序的关系。在20世纪末，由于苏联解体、东欧剧变和新自由主义的发展，"历史终结论"和"文明冲突论"，作为两种截然不同的观点在世界受到广泛关注。关注世界秩序发展与变革的考克斯对此很不以为然。他认为，美国的自由资本主义文明成为历史的最终文明形态，或新自由主义世界性发展必然导致美式文明与其他文明（主要是伊斯兰文明和儒家文明）冲突，都是以未来的世界秩序以美式文明统一天下为基础的，既违背了历史辩证法，也与世界的现实和西方自身的文明观念史相违背，而且会导致一个灾难性的世界秩序前景。因此，在结合一个联合国的多元文明研究项目，他开始进行"文明与世界秩序"的研究。这一研究更多地带有一种规范性特征。虽然，考克斯对文明的研究没有建立在生产方式的基础上，而是

---

① Robert Cox, *Universal Foreigner: the Individual and the World*, p. 233.
② 中文版由世界知识出版社2004年出版。
③ Robert Cox, *Production, Power and World Order: social forces in the making of history*, New York: Columbia University Press, 1987, *Theme*, p. 1.

建立在社会文化基础上，更多的是把文明看成一种文化现象，但是其中的物质条件仍然是与社会生产相联系的。这从他对文明的定义可以体现出来，"文明的一个可行定义可能是存在的物质条件与主观共识（inter-subjective）意义的契合或对应"①。考克斯认为，在一个全球化的时代，文明作为一种比国家更大的文化载体，具有比过去的阶级与民族更大的身份认同。国际关系研究在当今更主要是一种文明之间相处之道的研究。考克斯在这一研究方向产生的最大研究成果就是 2002 年出版的《多元世界的政治经济学：对权力、道义和文明的批判性反思》。考克斯在这一研究提出的最大思想是，文明的共存与对话是决定未来世界秩序是一个多元文明和平共处相互借鉴还是灾难性冲突的关键。在当今世界，人类面临着共同的生存危机与挑战，文明共存与对话存在着物质与社会基础。在阅读了考克斯关于文明与世界秩序的研究作品后，中国学者会感到其中的许多思想与中国提出的和谐世界、人类命运共同体和新型国际关系有着相当大的契合性。同时，中国学者还感到其中的一些观点与中国学者近年来提出的"关系理论"和"共生理论"有着相当大的近似性。

在西方，关于考克斯的思想与理论系统性评述最重要的专著是安东尼·莱森（Anthony Leysens）所写的《罗伯特·考克斯的批判理论》（*The Critical Theory of Robert W. Cox*）。这是唯一一本专门研究考克斯理论与思想的专著。② 2016 年考克斯 90 岁时，《全球化》期刊当年第 5 期专门出版了一期关于考克斯学术的研究专集。③ 虽然，没有使用专集这一词，这一期收录的 12 篇文章中有 10 篇对考克斯的理论与思想做了重要的分析（另 2 篇是应用考克斯的理论对世界政治经济的分析）。这些论文对考克斯的理论与思想从学术上有褒有贬，以褒为主。除此之外，在考克斯 70 岁从约克大学退休时，为纪念他的学术成就，由剑桥大学出版社出版了他的论文集《世界秩序研究》（*Approaches to World Order*）。在这本论文集开始部分，他的学生提摩太·辛克莱（Timothy Sinclair）写了一个概览，对考克斯的学术成就做了重要的评述。另外，在考克斯 2002 年出版的《多元世界的政治经济学》（*The Political Economy of a Plural World*）中，他的学生迈克尔·谢克特（Michael Schechter）所写的第一章"考克斯理论的批判：从背景到

---

① Robert Cox and Michael G. Schechter, *The Political Economy of a Plural World: Critical reflections on power, morals and civilization*. London: Routledge, 2002, p. 161.
② Anthony Leysens, *The Critical Theory of Robert W. Cox: Fugitive or Guru*, New York.: Palgrave Macmillan, 2008.
③ 参见 *Globalization*, vol. 13, no. 5, 2016。

对话"中，把各种对考克斯理论的正面/负面性评价、赞扬/批判的观点集中地展示出来，并让考克斯对负面的观点进行回应，从中也可以看到西方学术界对考克斯思想与理论的研究状况。

西方学者对考克斯理论与思想的研究以及所做出的评价，由于研究者意识形态的倾向，可谓是泾渭分明。右翼学者可以说对考克斯的思想嗤之以鼻，不屑一顾。最典型的如约翰·亚当斯（John Adams），他认为，考克斯的代表作《生产、权力与世界秩序》是一个完全失败的作品，他对辩证法的应用没有实质意义，与"过时的马克思主义"没有多大区别，其中融入的"剩余价值"、"阶级"和"霸权"的概念，我们过去都见过。[①] 这种观点显然是受意识形态影响太大，已经不能起到真正客观地评价考克斯思想与理论的作用。

相反，一些左翼学者对考克斯的理论与思想推崇备至，把它视之为葛兰西主义在国际研究中的开创者，是国际关系研究理论的创新者和改造者。如在斯蒂芬·基尔（Stephen Gill）所编的《葛兰西、历史唯物主义和国际关系》（这是一本葛兰西主义学派主要人物代表性论文的合集）一书中，基尔在其所写的"葛兰西和全球政治：通往后霸权的研究议程"和"认识论、本体论和'意大利学派'"两篇论文中，对考克斯在这一学派中的学术贡献给予了高度的评价，认为考克斯的作品（1981年的"社会力量、国家与世界"，1983年"葛兰西、霸权和国际关系"）是把葛兰西思想引入国际关系中的开创性作品，并指出考克斯在1983年所写的"葛兰西、霸权和国际关系"和1987年所写的《生产、权力和世界秩序》中把葛兰西所创立的一些概念引入国际层面并发展出自己的概念工具和本体论。[②] 基尔这两篇论文，对考克斯理论以及方法论有着深入的诠释，对理解考克斯理论有着极其重要的引导作用。

[①] John Adams, "Review of Production, Power, and World Order," *Annals of the American Academy*, vol. 501, 1989, pp. 224–225.

[②] Stephen Gill, ed., *Gramsci, Historical Materialism and International Relations*, Cambridge: Cambridge University Press, 1993, p. 4.

Abstracts

World Politics Studies, Vol. 2, No. 1, 2019

Comments in Writing: Changes in World Politics after the Financial Crisis in 2008

Zhang Yuyan et al

[**Editor's Notes**] The financial crisis erupted in the United States in 2008 brought about global impact, and constituted an important watershed in the world's political changes. The world politics has undergone some fundamental changes in the past ten years, and many important academic questions derived from this far-reaching crisis still remain unanswered. The editorial office invited 11 well-known scholars in the field and held discussions around four basic topics: (1) Financial crisis and changes in international power structure; (2) Financial crisis and reforms in global governance mechanism; (3) Financial crisis and restructuring of state governance system; (4) Financial crisis and the development of social and political movements. We hope the this issue will inspire further thinking in the academic communties about the changes in world politics in recent years.

The Emerging Global Role of China: Why China should Be Viewed as a Reformist Power, Not a Revisionist Power?

Zhu Yun-han

[**Abstract**] The rise of China's strength and its greater ambition showing out in global affairs are in stark contrast to US's retreating from the post-WW II liberal international order under president Trump's "America First" strategy, which also arose deep concern over the future of the liberal international order all over the world. Will Pax Sinica succeed a receding Pax Americana? Applying Oran Young's analytical framework on international leadership, this paper finds that China has successfully demonstrated its ability, willingness and skill in exercising structural, entrepreneurial, and intellectual leadership in global governance over the past few years. In the long run, the succession of international leadership has already started from here. While still in the process of being unfolded, the contours of China's emerging global strategy is recognizably composed of four key parts, i. e. , pursuing "constructive engagement" with the incumbent hegemon, safeguarding and reforming multilateralism, deepening South-to-South economic cooperation, protecting the country's economic lifelines. But this does not mean China attempts to establish a comprehensive system as an antithesis to the Western-led word order. This misperception of Western World comes from two kinds of western-centric conceptions-conflating political, economic liberalisms and Liberalism in IR together; conflating the existing hierarchy order with its liberal norms and rules. China is only ready to provide a reformist leadership role in areas where its resources, capability and responsible stewardship is clearly called for under the current liberal international order. The post-hegemonic world order is too complex and diverse to label as either Pax Americana or Pax Sinica to hold.

[**Keywords**] World Order; International Leadership; Revisionist; China's Global Strategy

[**Author**] Zhu Yun-han, Professor of Taiwan University and Academician of Academia Sinica, Wu Yuzhang Chair Professor, Renmin University of China.

Threatening to Exit and Reform of International Institutions: The Cases of the Britain's Efforts to Reduce Its Burden of the European Community Budget

Liu Hongsong   Liu Lingling

[**Abstract**] Disadvantaged states in the distributive arrangement of an international institution may seek to renegotiate the rules of the institution and push institutional reform. For these states, threatening to exit is a relatively effective strategy. The effectiveness of this strategy is determined by the state's reliance on the international institution, the strength of domestic forces supporting exit, the core members' reliance on the state. If the state's reliance on the international institution is low, domestic forces supporting exit are strong, the core members' reliance on the state is high, then the strategy of threatening to exit will be effective. If the first two conditions do not exist, the strategy of threatening to exit will not be effective regardless of the core members' reliance on the state. Therefore, the state will refrain from using the strategy of threatening to exit and turn to the strategy of voicing. By examining the cases of Britain's successful use of the strategy of threatening to exit in an attempt to reduce its burden of the European Community Budget from 1973 to 1978 and Britain's failure to use this strategy from 1979 to 1984, the article demonstrates the explanatory power of the above-mentioned theoretical framework.

[**Keywords**] International Institutions; Threatening to Exit; Britain; Burden of Budget; European Community/European Union

[**Authors**] Liu Hongsong, Professor of the School of International Relations and Public Affairs, and Research Fellow of the Center for EU Studies, Shanghai International Studies University; Liu Lingling, Part-time Researcher of Center for G20 Studies, Shanghai International Studies University.

Identity Anxiety and Preference Falsification
——Research on Polls Deviation and Its Social Psychological Mechanism during the 2016 US Election

Zeng Xianghong　Li Linlin

[**Abstract**] The 2016 US presidential election subverted the expectations of the mainstream media and polling agencies in the United States, with Donald Trump winning the presidency against Hillary Clinton in an underdog race. The unexpected election results have sparked heated discussions in the United States and even in the international community. As for the reasons of the polls deviation of this election, the current research results are mainly focused on the problems of the electoral college and the unscientific operation of the poll. It is worth noting that existing research ignores the important fact that there is a large gap between Trump's support rate during the election period and actual results. Considering the psychological factors of individual voters, it can be found that trump's victory has a fairly solid public opinion foundation. In the process of globalization, the American people, especially the lower and middle class whites, are facing challenges such as unequal distribution of wealth, impact on traditional cultural values, and intensification of ethnic conflicts. These challenges have triggered public identity anxiety in terms of economy, culture, and security. This sentiment has become an important reason why the whites from the middle and lower class support Trump. The reason why the polls failed to predict Trump's victory accurately was that voters disguised their true preferences for fear of social pressure. Preference falsification is widespread within the international community, which makes it more complicated and difficult for researchers and poll institutions to predict and explain social trends through survey methods. It also prompts us to rethink western democratic processes.

[**Keywords**] Donald Trump; American Election; Poll; Identity Anxiety; Preference Falsification

[**Authors**] Zeng Xianghong, Professor of School of Politics and International Relations and Institute for Central Asian Studies, Lanzhou University; Li Linlin, Graduate Student of School of Politics and International Relations, Lanzhou University.

The Legacy of Rich Nation, Strong Army
——Industrialization of Military Technology and Japan's Economic Recovery after the World War II

Wang Guangtao

[**Abstract**] Japan suffered a crushing blow in the World War II, and the modern industrial system with the military industrial production collapsed. Based on the analysis of historical institutionalism, this paper argues that the logic of Japan's rapid economic growth after the World War II, there is a strong driving force for the industrialization of military technology. Under the Constitution of Japan, it did not embark on the path of military nationalization in the early post-war period, but its military technological legacy left under the pre-war and wartime total mobilization system, and post-war response. The military production that was restarted due to the special needs of the Korean War, the technical and economic assistance of the United States to Japan, and the active promotion of relevant interest groups within the Japanese government all promoted the industrialization of military technology from the subjective and objective conditions. The focus of military technology industrialization is not in military weapons development, but the military technology has spread to the civilian sector (spin-off). Most large Japanese enterprises have benefited from their growth. At the same time, the relatively stable environment in the early post-war period did not force Japan to go to extremes on the road to rearmaments. These will help us understand the logic of Japan's post-war recovery and economic growth based on the industrialization of military technology.

[**Keywords**] Rich Nation, Strong Army; Japan's Economic Recovery; Industrialization of Military Technology; Military Enterprises; Industry Policy

[**Author**] Wang Guangtao, Research Associate, Institute of International Studies, Fudan University.

Endogenizing Labor Mobility: A Partisan Politics Explanation

Zhou Qiang

[**Abstract**] Much of the existing literature shows that factor mobility across industries has important political economic implications but that it is exogenous to the political process. This article argues that labor's mobility across industries can be endogenous to changes of power relations due to partisan reasons. Based on a general equilibrium model, the prediction is that, when unions are decentralized, governments led by left-wing parties seek and obtain higher labor mobility than do governments led by rightist parties. However, as unions become more centralized, this distinction becomes less clear-cut. Time series cross-sectional analyses of OECD countries from 1960 to 1999 support this prediction and the endogenous labor mobility hypothesis.

[**Keywords**] Domestic Politics; Endogenous Factor Mobility; Interindustry Labor Mobility; Partisanship; Union Centralization

[**Author**] Zhou Qiang, Assistant Professor of School of Government, Peking University.

Robert W. Cox and His Searching for a New World Order.

Li Bin

[**Abstract**] Robert W. Cox is the most well-known student of Marxism on IR in recent decades, though he did not like the title. The theoretical framework of "historical structure" that Cox developed based upon historical materialism should be the most innovative in Marxist IPE which has influenced a group of young students of IR. Cox is also one of the pioneers of Critical Theory of IR. In his later academic career, Cox focused his research on exploring the dynamic of world order transformation, he advocated mutual learning and promotion among civilizations, and went after a just world order. In memory of Cox who passed away in October 2018, the present paper looks back his life experience and tries to explore its links with Cox's academic thinking.

[**Keywords**] Robert W. Cox; Marxist IPE; Critical Theory

[**Author**] Li Bin, Tongji Distinguished Professor, School of Politics and International Relations, Tongji University.